▌Handelsblatt

Mittelstands-Bibliothek – Band 7

W0053637

Volker Muschalle/Thilo Schultze

Die Haftung des Geschäftsführers

2007

Schäffer-Poeschel Verlag Stuttgart

Handelsblatt Mittelstands-Bibliothek

Bearbeiterübersicht

Volker Muschalle: Teil 1 Kap. 8, Teil 2
Thilo Schultze: Teil 1 Kap. 1-7

Bibliografische Information der Deutschen Nationalbibliothek
Die Deutsche Nationalbibliothek verzeichnet diese Publikation
in der Deutschen Nationalbibliografie; detaillierte bibliografische
Daten sind im Internet über http://dnb.d-nb.de abrufbar.

Gedruckt auf chlorfrei gebleichtem, säurefreiem und alterungs-
beständigem Papier

Band 7: ISBN 978-3-7910-2717-3
Gesamtwerk: ISBN 978-3-7910-2710-4

www.schaeffer-poeschel.de
info@schaeffer-poeschel.de

Einbandgestaltung: Willy Löffelhardt
Satz: pws Print und Werbeservice Stuttgart GmbH
Druck und Bindung: Ebner & Spiegel GmbH, Ulm

Printed in Germany
Oktober 2007

Schäffer-Poeschel Verlag Stuttgart
Ein Tochterunternehmen der Verlagsgruppe Handelsblatt

Vorwort

»Wer eine Pommes-Bude eröffnen will, braucht eine Vielzahl von Genehmigungen, aber jeder kann ohne weiteres Geschäftsführer werden.« Dieses Bonmot eines Kollegen beschreibt überspitzt die Feststellung, dass die Stellung des »Geschäftsführers« kein geschütztes Berufsbild, sondern eine vom Gesetz vorgesehene Organstellung ist, für die keine besonderen Qualifikationen vorgeschrieben sind.

Tatsächlich haben sich die Geschäftsführer in der Praxis jedoch neben ihrem ureigenen kaufmännischen Aufgabenbereich, für den sie in der Regel ausgebildet sind, mit einer Vielzahl rechtlicher Fragestellungen zu beschäftigen. Werden hier Fehler gemacht, kann dies für den Geschäftsführer persönlich existenzgefährdende Haftungsfolgen nach sich ziehen.

Diese Haftungsgefahren bestehen schon im laufenden Geschäftsbetrieb eines wirtschaftlich gesunden Unternehmens, potenzieren sich aber, wenn die Gesellschaft in eine Krisensituation gerät und der Geschäftsführer zusätzliche zivilrechtliche und öffentlich-rechtliche, teils miteinander kollidierende Pflichten erfüllen muss. Auf diese schwierigen Fragen sind die wenigsten Geschäftsführer vorbereitet.

Dies soll das vorliegende Buch ändern und dem Geschäftsführer einen Leitfaden an die Hand geben, mit dem ein Problembewusstsein für die verschiedensten Haftungsgefahren entwickelt werden kann. Das Buch richtet sich daher ausdrücklich an den »Mann der Praxis«, also an Geschäftsführer sowie kaufmännische Leiter. Um diese Praxisnähe zu erreichen und die Risiken zu veranschaulichen, wurden neben der abstrakten Darstellung der Rechtslage zahlreiche Fallbeispiele eingearbeitet, die aus der höchstrichterlichen Rechtsprechung entwickelt wurden.

Sämtliche Angaben und Informationen wurden sorgfältig recherchiert und auf Aktualität geprüft. Dennoch muss vorsorglich darauf hingewiesen werden, dass eine rechtliche Beurteilung jeweils vom konkreten Einzelfall abhängt und vor einer einfachen Übertragung gewarnt werden muss.

Für Kritik, Anregungen und sonstige Hinweise sind wir jederzeit dankbar (c/o Grub Brugger & Partner, Humboldtstraße 16, 70178 Stuttgart, www.grub-brugger.de).

Schließlich dürfen wir darauf hinweisen, dass zwar die beiden Unterzeichner für dieses Buch verantwortlich sind, ein solches Projekt jedoch nicht ohne Mithilfe und Unterstützung realisiert werden kann. Bedanken für diese tatkräftige Hilfe möchten wir uns vor allem bei unserem Kollegen Herrn Ulrich Brugger sowie unseren Mitarbeiterinnen Frau Katja di Prinzio und Frau Ellen Fellmann.

Dr. Volker Muschalle

Stuttgart, im Juli 2007   Dr. Thilo Schultze

Die Autoren

Rechtsanwalt Dr. **Volker Muschalle** trat nach seinem Studium in Passau und Toulouse/Frankreich im Jahr 1997 in die wirtschafts- und insolvenzrechtlich ausgerichtete Kanzlei GRUB BRUGGER & PARTNER, Stuttgart, ein. Er bearbeitet dort die Tätigkeitsschwerpunkte Sanierungsberatung, Unternehmenskauf, Handels-, Gesellschafts- und Insolvenzrecht.

Dr. **Thilo Schultze** studierte in Tübingen Rechtswissenschaften und ist seit dem Jahr 2000 als Rechtsanwalt tätig. In die Kanzlei GRUB BRUGGER & PARTNER trat er im Jahr 2002 ein und bearbeitet die Tätigkeitsschwerpunkte Insolvenzrecht, Sanierungsberatung, Unternehmenskauf, Handels- und Gesellschaftsrecht.

Beide Autoren haben aus zahlreichen Mandaten und aus Sicht aller Beteiligten umfangreiche praktische Erfahrung mit der Geschäftsführerhaftung.

Inhaltsverzeichnis

Vorwort V
Die Autoren VII

Teil 1	Die Haftung des Geschäftsführers im laufenden Unternehmen 1	
1	Einleitung 3	
2	Grundstrukturen der Personen- und Kapitalgesellschaften 5	
2.1	Organe der GmbH 5	
2.2	Die GmbH im Vergleich zu anderen Gesellschaften 5	
2.2.1	Einteilung der Gesellschaftsformen 5	
2.2.1.1	Überblick 5	
2.2.1.2	Körperschaftliche Struktur der Kapitalgesellschaften . . . 6	
2.2.1.3	Personale Struktur der Personengesellschaften 6	
2.2.1.4	Gesellschafterstruktur/Ein-Personen-Gesellschaft 7	
2.2.2	Entstehung 7	
2.2.2.1	Entstehung der Körperschaften 7	
2.2.2.2	Entstehung der Personen(handels)gesellschaften 7	
2.2.3	Rechtsfähigkeit 8	
2.2.3.1	Rechtsfähigkeit der Kapitalgesellschaften 8	
2.2.3.2	Rechtsfähigkeit der Personengesellschaften 8	
2.2.4	Haftung der Gesellschafter 8	
2.2.4.1	Haftung der Gesellschafter einer Kapitalgesellschaft 8	
2.2.4.2	Haftung der Gesellschafter einer Personengesellschaft . . 9	
2.2.5	Gesellschaftsvermögen 9	
2.2.5.1	Das Vermögen der Kapitalgesellschaft 9	
2.2.5.2	Das Vermögen der Personengesellschaft 9	
2.2.6	Geschäftsführung und Vertretung 9	
2.2.6.1	Geschäftsführung und Vertretung bei der Kapital- gesellschaft 9	
2.2.6.2	Geschäftsführung und Vertretung bei der Personen- gesellschaft 10	
2.2.7	Haftungsbeschränkung bei der Personengesellschaft . . . 10	

2.2.8   Verfolgter Zweck................................. 11
2.2.8.1 Zweck der Kapitalgesellschaften 11
2.2.8.2 Zweck der Personengesellschaften.................. 12
2.2.9   Ausscheiden eines Gesellschafters.................. 12
2.2.9.1 Ausscheiden aus einer Kapitalgesellschaft........... 12
2.2.9.2 Ausscheiden aus einer Personengesellschaft.......... 12
2.3   Umwandlung/Rechtsformwechsel................... 12
2.3.1   Überblick....................................... 12
2.3.1.1 Umwandlungsformen............................. 12
2.3.1.2 Ablauf einer Umwandlung......................... 13
2.3.2   Verschmelzung (§§ 2 ff. UmwG)..................... 13
2.3.3   Spaltung (§§ 123 ff. UmwG) 14
2.3.3.1 Aufspaltung..................................... 15
2.3.3.2 Abspaltung 15
2.3.3.3 Ausgliederung................................... 15
2.3.4   Vermögensübertragung (§§ 174 ff. UmwG)............ 15
2.3.5   Formwechsel (§§ 190 ff. UmwG)..................... 16
2.3.6   Zusammenfassung Umwandlung.................... 16
2.4   Die Stellung des GmbH-Geschäftsführers 17
2.4.1   Befähigung zum Geschäftsführer 17
2.4.2   Bestellung und Anstellung des Geschäftsführers 18
2.4.3   Der Geschäftsführer als Organ der Gesellschaft 18
2.4.4   Sozialversicherungspflicht des Geschäftsführers 19
2.4.5   Vertretungsmacht................................ 20
2.4.5.1 Allgemeines..................................... 20
2.4.5.2 Widersprechende Erklärungen..................... 21
2.4.5.3 Stellung/Rücknahme Insolvenzantrag 21
2.4.5.4 Missbrauch der Vertretungsmacht.................. 22
2.4.6   Abberufung des Geschäftsführers................... 22
2.4.7   Kündigung des Geschäftsführers.................... 23
2.4.8   Niederlegung des Amts des Geschäftsführers 24
2.4.9   Pflichten des Geschäftsführers..................... 25
2.4.10   Entlastung und Generalerledigung 25
2.5   Die Gesellschafterversammlung.................... 25
2.5.1   Zwingende Zuständigkeit der Gesellschafter.......... 26
2.5.2   Dispositive Zuständigkeit 26
2.6   Aufsichtsrat..................................... 27
2.6.1   Fakultativer Aufsichtsrat.......................... 27
2.6.2   Obligatorischer Aufsichtsrat 27
2.7   Zusammenfassung................................ 28

3	**Die Haftung bei Gründung und Entstehung der GmbH**	**29**
3.1	Vorgründungsgesellschaft.	30
3.1.1	Haftung der BGB-Gesellschafter.	30
3.1.2	Haftung des Geschäftsführers der Vorgründungsgesellschaft.	30
3.1.3	Selbständigkeit neben der späteren Vor-GmbH	31
3.1.4	Auflösung der Vorgründungsgesellschaft durch GmbH-Gründung	32
3.2	Vorgesellschaft (»Vor-GmbH«).	32
3.2.1	Überblick	32
3.2.2	Beschränkte Vertretungsmacht des Geschäftsführers der Vor-GmbH	33
3.2.3	Haftung der Gründungs-Gesellschafter	33
3.2.3.1	Minderwertige Sacheinlage (§ 9 GmbHG)	34
3.2.3.2	Falsche Angaben des Geschäftsführers über Leistung der Einlage	34
3.2.3.3	Schädigung durch Einlagen oder Gründungsaufwand (§ 9 Abs. 2 GmbHG)	35
3.2.4	Unterbilanzhaftung nach Eintragung (»Vorbelastungshaftung«, »Differenzhaftung«)	35
3.2.4.1	Grundlagen der Unterbilanzhaftung	35
3.2.4.2	Haftung der GmbH für Verbindlichkeiten der Vor-GmbH	36
3.2.4.3	Anteilige Haftung.	36
3.2.4.4	Feststellung der Unterbilanz.	37
3.2.4.5	Pflicht des Geschäftsführers zur Durchsetzung der Unterbilanzhaftung	37
3.2.4.6	Prozessuale Durchsetzung der Unterbilanzhaftung	37
3.2.5	Außenhaftung der Gesellschafter der Vor-GmbH.	38
3.2.6	Handelndenhaftung (§ 11 GmbHG).	38
3.2.6.1	Keine Haftung für gesetzliche Ansprüche	38
3.2.6.2	Ausschluss der Handelndenhaftung	39
3.2.6.3	Ende der Handelndenhaftung mit Eintragung der GmbH.	39
3.2.7	Automatischer Übergang von Aktiva und Passiva	39
3.3	Unechte Vorgesellschaft.	40
3.3.1	Von Anfang an fehlende Eintragungsabsicht	40
3.3.2	Nachträgliche Aufgabe der Eintragungsabsicht	40
3.3.2.1	Verlustdeckungshaftung für Altverbindlichkeiten der echten Vor-GmbH.	40
3.3.2.2	Neue Verbindlichkeiten der unechten Vor-GmbH.	41
3.4	Haftung in der nicht eingetragenen GmbH	41
3.4.1	Fortbestand der Handelndenhaftung.	41
3.4.2	Keine Unterbilanzhaftung.	41

3.4.3   Verlustdeckungshaftung............................42
3.5   Inanspruchnahme der Gesellschafter durch
         den Geschäftsführer 42
3.6   Zusammenfassung.................................42

4   Haftung des Geschäftsführers gegenüber
         den Gesellschaftern..............................44
4.1   Überblick..44
4.2   Anstellungsvertrag mit Schutzwirkung zugunsten
         der Gesellschafter................................44
4.3   Verletzung der Beteiligung 45
4.4   Erstattung verbotener Rückzahlungen 45
4.5   Zusammenfassung.................................46

5   Die Haftung des Geschäftsführers gegenüber
         der Gesellschaft 47
5.1   Einleitung 47
5.2   Beginn und Ende der Haftung......................47
5.3   Pflichten bei der Geschäftsführung (§ 43 GmbHG) 48
5.3.1   Überblick..48
5.3.2   Anspruchsberechtigte 49
5.3.2.1 Gesellschaft......................................49
5.3.2.2 Aufgelöste Gesellschaft 49
5.3.2.3 Unternehmensverkauf an neue Gesellschafter.........49
5.3.2.4 Geltendmachung durch einen Gesellschafter
         (»actio pro socio«)................................50
5.3.2.5 Insolvenzverwalter................................50
5.3.2.6 Rückgriff einer Versicherungsgesellschaft 51
5.3.2.7 Die vertretene Kommanditgesellschaft
         in der GmbH & Co. KG 51
5.3.3   Anspruchsgegner 51
5.3.4   Allgemeine Sorgfalts- und Treuepflichten
         des Geschäftsführers 51
5.3.4.1 Sorgfaltspflicht 52
5.3.4.2 Treuepflicht......................................52
5.3.4.3 Persönliche Eigenschaften des Geschäftsführers.......53
5.3.4.4 Eigenschaften und Unternehmensgegenstand
         der Gesellschaft 53
5.3.4.5 Pflicht zur sorgfältigen Unternehmensleitung.........54
5.3.4.6 Finanzplanung 54
5.3.4.7 Interne Organisation und Dokumentation.............55
5.3.4.8 Rentabilität 57
5.3.4.9 Risikogeschäfte...................................57
5.3.4.10 Risikomanagement (KonTraG) 59

5.3.4.11 US-Business Judgment Rule 61
5.3.4.12 Corporate Governance 61
5.3.4.13 Rechtmäßiges Verhalten der Gesellschaft 61
5.3.4.14 Entscheidungen und Weisungen der Gesellschafter 62
5.3.5   Beispiele für Pflichten des Geschäftsführers 63
5.3.5.1   Corporate Opportunities 63
5.3.5.2   Wettbewerbsverbot 63
5.3.5.3   Pflicht zur Verschwiegenheit (»due diligence«) 63
5.3.5.4   Vorleistungen/Kreditgeschäfte 64
5.3.5.5   Einkauf 65
5.3.5.6   Durchsetzung von Ansprüchen der Gesellschaft 65
5.3.5.7   Unterlassene Abschlussprüfung 66
5.3.5.8   Keine Haftung des Allein-Gesellschafter-
          Geschäftsführers bis zur Stammkapitalgrenze 66
5.3.5.9   Zweckwidrige Verwendung von Baugeld 66
5.3.5.10 Spenden 67
5.3.5.11 Bestechung 67
5.3.5.12 Bestechlichkeit 68
5.3.5.13 Verfrühter Insolvenzantrag 69
5.3.5.14 Untreue 69
5.3.5.15 Eigener Vorteil 69
5.4   Anmeldung einer Kapitalerhöhung (§ 57 Abs. 4 GmbHG) 70
5.5   Pflichten in der Krise 71
5.6   Verschulden 72
5.6.1   Verschuldensmaßstab und Verschuldensvermutung.... 72
5.6.2   Ressortaufteilung 72
5.6.3   Entlastung 74
5.6.3.1   Wirkung der Entlastung 74
5.6.3.2   Umfang der Entlastung 74
5.6.3.3   Grenzen der Entlastung 75
5.6.3.4   Nichtigkeit und Anfechtbarkeit der Entlastung 76
5.6.3.5   Verweigerung der Entlastung 76
5.6.4   Generalerledigung/Generalbereinigung 77
5.6.4.1   Abgrenzung zur Entlastung 77
5.6.4.2   Zuständigkeit/Gesellschafterbeschluss 77
5.6.4.3   Grenzen der Generalerledigung 78
5.6.4.4   Vergleichsweise Erledigung 78
5.6.5   Haftungsbeschränkung 78
5.7   Prozessuale Durchsetzung 79
5.7.1   Gesellschafterbeschluss 79
5.7.2   Prozessvertretung der Gesellschaft 79
5.7.3   Beweislast 80
5.7.3.1   Objektive Pflichtverletzung 80
5.7.3.2   Schaden 80

5.7.3.3   Kausalität. 81
5.7.3.4   Verschulden. 82
5.7.3.5   Zusammenfassung Beweislast 82
5.7.4   Verjährung 82
5.8   Haftung des Strohmann-Geschäftsführers 83
5.9   Haftung des faktischen Geschäftsführers. 83
5.9.1   Voraussetzungen 83
5.9.2   Gesamtschuldnerische Haftung 84
5.10   Der Geschäftsführer der GmbH & Co. KG 85
5.11   Zusammenfassung. 85

6   Die Haftung gegenüber Dritten 87
6.1   Pflichtverletzung bei Vertragsverhandlungen (c. i. c.) . . . 87
6.1.1   Pflichtverletzung 88
6.1.2   Persönliches Vertrauen 89
6.1.3   Wirtschaftliches Eigeninteresse. 93
6.1.4   Besondere Sachkunde 95
6.1.5   Fehlende Vertretungsmacht 95
6.1.6   Beweislast 96
6.2   Unerlaubte Handlungen 96
6.2.1   Allgemeines. 96
6.2.2   Unmittelbare Rechtsgutverletzungen
       (§ 823 Abs. 1 BGB) 97
6.2.2.1   Absolute Rechte. 97
6.2.2.2   Verschulden. 97
6.2.2.3   Haftung für Mitarbeiter. 98
6.2.3   Organisationsmängel, Verkehrssicherungspflicht 98
6.2.4   Verletzung von Schutzgesetzen (§ 823 Abs. 2 BGB) 99
6.2.4.1   Schutzgesetze 100
6.2.4.2   Angaben auf Geschäftsbriefen (§ 35a GmbHG) 100
6.2.4.3   Betrug und Untreue (§§ 263, 266 StGB). 101
6.2.4.4   Zeichnung der Liquidatoren (§ 68 GmbHG) 101
6.2.4.5   Keine Schutzgesetze. 101
6.2.5   Sittenwidrige Schädigung (§ 826 BGB) 101
6.2.5.1   Sittenwidrigkeit 101
6.2.5.2   Schädigungsvorsatz 102
6.2.5.3   Vorsätzlich sittenwidrige Vermögensgefährdung. 102
6.2.5.4   Offenbarungspflichten in der Krise 103
6.3   Durchgriffshaftung 104
6.3.1   Vermögensvermischung 105
6.3.2   Sphärenvermischung. 106
6.3.3   Unterkapitalisierung 107
6.3.4   Existenzvernichtender Eingriff. 108
6.3.4.1   Überblick 108

6.3.4.2   Existenzgefährdung/-vernichtung................. 109
6.3.4.3   Insolvenz der Gesellschaft........................ 110
6.3.4.4   Existenzvernichtung als Fall des § 826 BGB.......... 110
6.3.4.5   Haftung der Mitgesellschafter 111
6.3.4.6   Haftungsumfang................................ 112
6.3.4.7   Haftungsbeschränkung durch Nachweis
          eines geringeren Schadens 112
6.3.4.8   Subsidiarität 112
6.3.4.9   Beweislast 112
6.3.4.10 Haftung des Fremdgeschäftsführers 113
6.3.5   Anspruchsinhaber 113
6.3.6   Untreue 114
6.4   Haftung für Produktfehler 114
6.4.1   Produkthaftungsgesetz 114
6.4.2   (Organisations-)Verschulden des Geschäftsführers.... 115
6.4.3   Verletzung eines absoluten Rechts................. 115
6.4.4   Beweislast 115
6.4.5   Spezialgesetze.................................. 116
6.4.5.1   Gerätesicherheitsgesetz (GSG) 116
6.4.5.2   Produktsicherheitsgesetz (ProdSG) 116
6.4.5.3   Gesetz über die elektromagnetische Verträglichkeit
          von Geräten (EMVG).......................... 116
6.4.5.4   Medizinproduktegesetz (MPG).................... 117
6.4.5.5   Lebensmittel- und Bedarfsgegenständegesetz (LMBG) 117
6.5   Wettbewerbsrecht/Gewerbliche Schutzrechte 118
6.5.1   Gesetz gegen unlauteren Wettbewerb 118
6.5.1.1   Gesetzliche Regelbeispiele....................... 118
6.5.1.2   Irreführende Werbung............................ 119
6.5.1.3   Vergleichende Werbung.......................... 120
6.5.1.4   Rechtsfolgen 120
6.5.1.5   Verjährung 120
6.5.2   Schutzrechte im Überblick 121
6.5.2.1   Marke... 121
6.5.2.2   Patent und Gebrauchsmuster 122
6.5.2.3   Urheberrecht und Geschmacksmuster............... 123
6.5.3   Rechtsfolgen der Verletzung...................... 123
6.5.4   Persönliche Haftung des Geschäftsführers.......... 124
6.5.4.1   Haftung im Außenverhältnis gegenüber Dritten 124
6.5.4.2   Haftung im Innenverhältnis gegenüber
          der Gesellschaft 124
6.6   Zusammenfassung................................ 124

7	**Strafrecht und Öffentliches Recht**	126
7.1	Strafrecht	126
7.1.1	Überblick	126
7.1.2	Buchführung und Bilanzierung	126
7.1.2.1	Erstellung der Bilanz (§ 283b StGB)	126
7.1.2.2	Richtigkeit der Bilanz (§ 331 Nr. 1 HGB)	127
7.1.3	Betrug (§ 263 StGB)	128
7.1.3.1	Überblick	128
7.1.3.2	Täuschung	128
7.1.3.3	Irrtum	130
7.1.3.4	Vermögensverfügung	130
7.1.3.5	Schaden	130
7.1.3.6	Täterschaft durch Unternehmensleitung	130
7.1.4	Subventionsbetrug	131
7.1.5	Kreditbetrug	132
7.1.6	Untreue	132
7.1.6.1	Missbrauchstatbestand	133
7.1.6.2	Treubruchtatbestand	133
7.1.6.3	Einwilligung der Gesellschafter	134
7.1.7	Vorenthalten von Sozialversicherungsbeiträgen	136
7.1.8	Bestechung und Bestechlichkeit (§ 299 StGB)	136
7.1.9	Verrat von Geschäfts- und Betriebsgeheimnissen (§ 17 UWG)	136
7.1.10	Strafbare Werbung	137
7.1.11	Insolvenzverschleppung (§ 84 GmbHG)	137
7.1.12	Strafrechtliche Produkthaftung	137
7.2	Öffentliches Recht	139
7.2.1	Umweltrecht	139
7.2.1.1	Überblick	139
7.2.1.2	Störerhaftung	139
7.2.1.3	Umweltstrafrecht (§§ 324 ff. StGB)	140
7.3	Steuerrecht	141
7.4	Außenwirtschaft/Exportkontrolle	141
7.5	Antiterror-Verordnungen	141
8	**Versicherung**	143
8.1	Vermögensschadenshaftpflichtversicherung (D&O-Versicherung)	143
8.2	Versicherung gegen Sach- und Personenschäden	144

Teil 2 Typische Fehler des Geschäftsführers in der Krise ...145

1 Einleitung 147

2 Krisenfrüherkennung 148
2.1 Begriff der Krise 148
2.2 Krisenursachen 148
2.3 Bedeutung der Krisenfrüherkennung 149
2.3.1 Instrumentarien zur Krisenfrüherkennung 149
2.3.2 Bedeutung der Krisenfrüherkennung aus Sicht
       des Unternehmens als Gläubiger eines in der Krise
       befindlichen Unternehmens 150
2.3.3 Bedeutung der Krisenfrüherkennung aus Sicht
       des Unternehmens als Schuldner 150

3 Insolvenzverschleppung 152
3.1 Gesetzliche Vorgabe 152
3.2 Insolvenzgründe 153
3.2.1 Überblick 153
3.2.2 Zahlungsunfähigkeit 153
3.2.2.1 Definition 153
3.2.2.2 Feststellung der Zahlungsunfähigkeit 155
3.2.3 Überschuldung 156
3.2.3.1 Definition 156
3.2.3.2 Feststellung der Überschuldung 156
3.2.3.3 Die Fortbestehensprognose 160
3.2.3.4 Ansatz und Bewertung im Überschuldungsstatus 161
3.2.4 Drohende Zahlungsunfähigkeit 167
3.2.4.1 Definition 167
3.2.4.2 Rechtliche Bedeutung und Konsequenzen 167
3.2.5 Dokumentation der Kontrolle von Liquiditäts-
       und Vermögenssituation 168
3.3 Pflichten des Geschäftsführers bei Eintritt eines
       Insolvenzgrundes 169
3.4 Zivilrechtliche Konsequenzen der verspäteten
       Insolvenzantragstellung 171
3.4.1 Überblick 171
3.4.2 Haftung gegenüber der Gesellschaft 171
3.4.3 Haftung gegenüber Dritten 174
3.4.3.1 Differenzierung zwischen Alt- und Neugläubigern 174
3.4.3.2 Haftung gegenüber Altgläubigern 174
3.4.3.3 Haftung gegenüber Neugläubigern 175
3.5 Strafrechtliche Konsequenzen der verspäteten
       Insolvenzantragstellung 177

3.6   Exkurs 1: Der verfrühte Insolvenzantrag 178
3.7   Exkurs 2: Verspätete Insolvenzantragstellung
        bei der Limited 179
3.8   Ungeeignete bzw. unzulässige Abwehrstrategien 180
3.8.1   Überblick 180
3.8.2   Rechtsformwechsel 180
3.8.3   Amtsniederlegung 182
3.8.4   »Gewerbliche Firmenbestattung« 183

4   Die Nichteinberufung der Gesellschafterversammlung
        nach § 49 Abs. 3 GmbHG 186
4.1   Voraussetzungen und Rechtsfolgen 186
4.2   Pflicht zur Einberufung der Gesellschafter-
        versammlung bei Insolvenzreife 187

5   Haftung für Steuerschulden 189
5.1   Grundlage 189
5.2   Haftungsumfang 192
5.2.1   Grundsatz der anteiligen Tilgung 192
5.2.2   Lohnsteuer 194
5.3   Durchsetzung der Steueransprüche 195
5.4   Strafbarkeit 196

6   Verletzung von Schutzgesetzen
        nach § 823 Abs. 2 BGB 198
6.1   Überblick 198
6.2   Verletzung der Buchführungspflicht 198
6.2.1   Buchführungspflicht 198
6.2.2   Rechtsfolgen 199
6.3   Vorenthaltung von Sozialversicherungsbeiträgen 201
6.3.1   Voraussetzungen 201
6.3.1.1 Arbeitnehmeranteil 201
6.3.1.2 Fälligkeit 201
6.3.1.3 Vorsatz 202
6.3.1.4 Unzumutbarkeit normgemäßen Verhaltens 204
6.3.2   Rechtsfolgen 205
6.4   § 1 Abs. 1 Gesetz über die Sicherung
        von Bauforderungen (GSB) 206
6.4.1   Überblick 206
6.4.2   Voraussetzungen 207
6.4.2.1 Persönlicher Schutzbereich 207
6.4.2.2 Baugeld 207
6.4.2.3 Baugeldempfänger 207
6.4.2.4 Baugeldverwendungspflicht 208

6.4.2.5   Vorsatz 209
6.4.3   Rechtsfolgen eines Verstoßes 209
6.5   Insolvenzsicherung von Altersteilzeit-Wertguthaben
         (§ 7d Abs. 1 SGB IV bzw. § 8a AltTZG) 210
6.5.1   Überblick 210
6.5.2   § 7d Abs. 1 SBG IV bzw. § 8a AltTZG als Schutzgesetz? . 210

7   Eigenkapitalersetzende Gesellschafterleistungen . . .212
7.1   Einführung 212
7.2   Grundfall 215
7.2.1   Voraussetzungen 215
7.2.2   Rechtsfolgen 216
7.3   Eigenkapitalersetzende Sicherheiten 218
7.3.1   Voraussetzungen 218
7.3.2   Rechtsfolgen 219
7.4   Insbesondere: Eigenkapitalersetzende
         Nutzungsüberlassung 220
7.5   Exkurs: Eigenkapitalersetzende Forderungen
         im Überschuldungsstatus 222
7.6   Haftungsrisiken des Geschäftsführers 224
7.6.1   Überblick 224
7.6.2   Grundfall 224
7.6.3   Eigenkapitalersetzende Sicherheiten 224

8   Kapitalerhaltung bei Management Buy-Out
     und Cash-Management 226
8.1   Einführung 226
8.2   Grundlage: Der Kapitalbindungstatbestand des
         § 30 Abs. 1 GmbHG. 226
8.3   Verstoß gegen die Kapitalbindungspflicht beim
         typischen Fall des Management Buy-Out?. 227
8.4   Cash-Management 230
8.4.1   Wirtschaftlicher Zweck des Cash-Managements 230
8.4.2   Gefahren des Cash-Managements 230
8.4.3   Haftungsgefahren für den Geschäftsführer 231
8.4.3.1   Verstoß gegen den Kapitalbindungstatbestand. 231
8.4.3.2   Haftung wegen existenzvernichtenden Eingriffs. 233
8.4.4   Vermeidung der Haftung durch richtige
         Ausgestaltung des Cash-Managements 234

Glossar 237
Literaturverzeichnis 241
Stichwortverzeichnis 243

Teil 1 Die Haftung des Geschäftsführers im laufenden Unternehmen

1   Einleitung

Die GmbH ist die einzige Rechtsform, die die Haftungsbeschränkung bereits im Namen trägt. Dies könnte ein Grund dafür sein, dass die GmbH der Inbegriff der risikolosen Gesellschaft ist und von den Geschäftsführern und Gesellschaftern oft weder die Voraussetzungen und Bedingungen der Haftungsbeschränkung noch deren zahlreiche Ausnahmen wahrgenommen werden.

Um ein Verständnis für das komplexe Zusammenspiel zwischen Haftungsbeschränkung und persönlicher Haftung zu ermöglichen, werden zunächst die Grundstrukturen der verschiedenen Gesellschaftsformen und die Stellung des Geschäftsführers innerhalb dieses Systems dargestellt. Anschließend werden die Kompetenzen und Risiken auf dem Weg zur Entstehung der Gesellschaft näher erläutert: Solange die Gesellschaft mit beschränkter Haftung noch nicht entstanden ist, ist die Haftung auch noch nicht beschränkt.

Während der operativen Geschäftstätigkeit der Gesellschaft sind die Haftungsrisiken so vielfältig wie die unterschiedlichen Gesellschaften. Um die Risiken des Geschäftsführers zu strukturieren, wird deshalb zwischen der drohenden Haftung im Innenverhältnis gegenüber der Gesellschaft und Haftungsrisiken im Außenverhältnis gegenüber Kunden, Geschäftspartnern und sonstigen Dritten differenziert.

Innen- und Außenverhältnis

Das Außenverhältnis schlägt aber oft auf das Innenverhältnis durch: Eine Pflichtverletzung im Außenverhältnis, die eine Haftung der Gesellschaft begründet, führt in der Regel auch gleichzeitig zu einer Haftung des Geschäftsführers im Innenverhältnis, weil es seine Aufgabe ist, die Gesellschaft keinen (Schadensersatz-) Ansprüche von Dritten auszusetzen.

Solche Ansprüche können nicht nur bei Geschäftspartnern entstehen, sondern auch bei völlig unbekannten Dritten, z. B. wenn gegen wettbewerbsrechtliche Vorschriften verstoßen wird oder gewerbliche Schutzrechte verletzt werden. Jeder Geschäftsführer weiß, dass er fremde Rechte nicht verletzen darf, es ist aber kaum bekannt, welche Rechte es gibt, wie diese entstehen und wann sie verletzt werden. Dabei gehört es zum zentralen Aufgabenbereich des Geschäftsführers, die eigene Leistung der GmbH zu schützen und die enormen Risiken einer Wettbewerbs- oder Schutzrechtsverletzung zu vermeiden; Voraussetzung dafür ist, dass der Geschäftsführer die rechtlichen Grundstrukturen des Wettbewerbsrechts und des Gewerblichen Rechtsschutzes beherrscht, die am Ende von Kapitel 6 behandelt werden.

Strafrecht

Sowohl Pflichtverletzungen gegenüber der Gesellschaft als auch gegenüber Dritten können empfindliche strafrechtliche Folgen haben, die hier ebenso wie die umfangreichen öffentlich-rechtlichen Pflichten in einem kurzen Überblick dargestellt werden (s. Teil 1, Kap. 7). In Anbetracht der meist unterschätzten Haftungsrisiken wird die in Kapitel 8 behandelte Möglichkeit einer D&O-Versicherung oft ausgesprochen leichtfertig vernachlässigt.

D&O-Versicherung

Pflichten in der Unternehmenskrise

Im zweiten Teil werden die kumulierten und umso strengeren Pflichten des Geschäftsführers in der Krise dargestellt, die dieser eigentlich nur erfüllen kann, wenn er während des laufenden Geschäftsbetriebes bereits entsprechend vorgesorgt hat. Insoweit beinhaltet jede in Teil 1 behandelte Pflicht gleichzeitig die Vorbereitung der sorgfältigen Pflichterfüllung in der Krise.

2 Grundstrukturen der Personen- und Kapitalgesellschaften

2.1 Organe der GmbH

Die GmbH hat in der Regel nur zwei Organe:
- den Geschäftsführer und
- die Gesellschafterversammlung.

Die Gesellschaft kann sich in der Satzung selbst einen Aufsichtsrat geben, zwingend ist ein Aufsichtsrat aber nur in wenigen besonders geregelten Fällen (s. Kap. 2.6).

2.2 Die GmbH im Vergleich zu anderen Gesellschaften

2.2.1 Einteilung der Gesellschaftsformen
2.2.1.1 Überblick
Die wichtigsten Gesellschaftsformen sind bei den Kapitalgesellschaften GmbH und Aktiengesellschaft (AG) und bei den Personengesellschaften BGB-Gesellschaft, Offene Handelsgesellschaft (OHG) und Kommanditgesellschaft (KG), auf die sich die Darstellung im Folgenden beschränkt.

Mittlerweile sind auch ausländische Gesellschaftsformen mit Sitz in Deutschland möglich, insbesondere die englische Limited (Ltd.) wird von einer ganzen Beratungsindustrie vermarktet. Dabei handelt es sich um eine relativ neue Entwicklung, es liegen also bislang kaum Erfahrungen mit solchen Gesellschaften im deutschen Rechtsverkehr vor. Allerdings werden schon bei der GmbH die Haftungsrisiken oft übersehen, bei der Wahl einer ausländischen Rechtsform ist deshalb erst recht besondere Vorsicht zu empfehlen (vgl. zur Limited: *Just*, Die engl. Limited in der Praxis, 2005). Im Übrigen ist es nicht mit der Aufbringung des im Vergleich zur deutschen GmbH niedrigeren Stammkapitals getan, denn die Geschäftstätigkeit einer englischen Limited in Deutschland verursacht ganz erhebliche weitere Kosten (Buchführung nach englischem und nach deutschem

Limited

Recht), die vorab genau kalkuliert werden sollten (*Dierksmeier*, BB 2005, 1516, 1518).

Insbesondere den Geschäftsführer wird die Rechtsform der Limited aber kaum entlasten: selbstverständlich haftet auch der Geschäftsführer einer in Deutschland tätigen Limited nach deutschem Delikts- und Strafrecht, also z. B. auf Schadensersatz wegen sittenwidriger Schädigung (§ 826 BGB) oder bei Verletzung eines Schutzgesetzes aus § 823 Abs. 2 BGB (s. Teil 2, Kap. 6; *Goette*, ZIP 2005, 1481, 1482).

2.2.1.2   Körperschaftliche Struktur der Kapitalgesellschaften

Körperschaften

Bei den Kapitalgesellschaften steht die Kapitalbeteiligung im Mittelpunkt, persönliche Beziehungen spielen überhaupt keine oder nur eine sehr untergeordnete Rolle. Für die Kapitalgesellschaft ist wichtig, dass Kapital vorhanden ist, es ist dagegen weitgehend egal, wer dieses Kapital einbringt und an der Gesellschaft beteiligt ist. Die Kapitalgesellschaften sind deshalb Körperschaften, d. h. vom Wechsel ihrer Mitglieder unabhängige juristische Personen, also selbst Träger von Rechten und Pflichten.

Diese Struktur zeigt sich deutlich bei einer börsennotierten Aktiengesellschaft: die Aktien werden börsentäglich gehandelt, jeder kann sich durch Erwerb von Aktien an dem Unternehmen beteiligen, ohne dass dies die Gesellschaft oder die anderen Aktionäre irgendwie beeinflusst (bis zur Grenze der feindlichen Übernahme).

2.2.1.3   Personale Struktur der Personengesellschaften

Bedeutung der konkreten Gesellschafter einer Personengesellschaft

Bei den Personengesellschaften geht es gerade um die persönliche Beteiligung der Gesellschafter, weshalb diese auch stärker vom Bestand der Gesellschafter abhängig sind. Entscheidend ist dabei nicht die Aufbringung eines bestimmten Kapitals, sondern die Person (und das Vermögen) des jeweiligen Gesellschafters. Bei der Personengesellschaft bringt der Gesellschafter nicht nur ein bestimmtes Haftkapital ein, sondern sich selbst.

Soweit die Personengesellschaften trotzdem selbst Träger von Rechten und Pflichten sind, werden sie auch als quasi-juristische Personen bezeichnet.

BGB-Gesellschaft

Grundform aller Personengesellschaften ist die BGB-Gesellschaft (auch als GbR bezeichnet – Gesellschaft bürgerlichen Rechts). Sie entsteht (formlos), sobald sich zwei oder mehr Personen zu einem gemeinsamen Zeck zusammenschließen (§ 705 BGB).

Besteht der gemeinsame Zweck im Betrieb eines Handelsgeschäftes, liegt eine Offene Handelsgesellschaft (OHG) vor, also eine Personenhandelsgesellschaft (§§ 105 HGB ff.).

Die Kommanditgesellschaft (KG) ist eine OHG, bei der die Gesellschafter unterschiedlich haften: Der Komplementär haftet unbeschränkt, der Kommanditist aber nur beschränkt auf seine Kommanditeinlage (§§ 161 ff. HGB). Eine GmbH & Co. KG ist eine KG, deren Komplementär eine GmbH ist.

Dieser Aufbau zeigt, dass auf die KG ergänzend die Regeln über die OHG anwendbar sind und auf diese wiederum ergänzend die Regeln über die BGB-Gesellschaft (§§ 161 Abs. 2, 105 Abs. 2 HGB).

2.2.1.4 Gesellschafterstruktur/Ein-Personen-Gesellschaft

Aufgrund der körperschaftlichen Struktur spielt es für die Kapitalgesellschaften GmbH und AG keine Rolle, wer ihr Gesellschafter ist, Hauptsache sie wird mit dem erforderlichen Haftkapital ausgestattet. Wie viele Gesellschafter sich die Aufbringung dieses Kapitals teilen, ist für die Gesellschaft vollkommen unerheblich, es gibt also auch eine Ein-Personen-GmbH/-AG (§§ 1 GmbHG, 42 AktG).

Ein-Mann-GmbH

Eine Personen(handels)gesellschaft hängt dagegen gerade von dem Miteinander natürlicher Personen ab, es gibt also keine Ein-Personen(handels)gesellschaft. Eine »Ein-Personen-BGB-Gesellschaft« wäre eine Privatperson, eine »Ein-Personen-Handelsgesellschaft« ein Einzelkaufmann.

2.2.2 Entstehung

2.2.2.1 Entstehung der Körperschaften

Zur Gründung einer Körperschaft sind im Allgemeinen **mehrere Personen** nötig. Dabei können Gesellschafter sowohl natürliche als auch juristische Personenen (GmbH, AG), Personengesellschaften (OHG, KG) oder Personenzusammenschlüsse, z.B. eine Erbengemeinschaft, sein. Zulässig kann auch die Gründung mit nur einer Person sein (z.B. bei einer GmbH). Die Gründung einer Körperschaft erfolgt durch Abschluss eines Gesellschaftsvertrags, die Entstehung folgt erst mit Ihrer Eintragung im Handelsregister.

Entstehung erst mit Handelsregistereintrag

2.2.2.2 Entstehung der Personen(handels)gesellschaften

Personengesellschaften entstehen alleine durch den Abschluss eines Gesellschaftsvertrages. Die Eintragung einer BGB-Gesellschaft in ein Register ist nicht einmal möglich. Die Eintragung der OHG in das Handelsregister ist zwar gesetzlich vorgeschrieben, aber nur deklaratorisch (§ 123 Abs. 2 HGB). Sobald eine BGB-Gesellschaft ein Handelsgewerbe betreibt, ist sie auch ohne Registereintrag automatisch eine OHG.

Entstehung mit Abschluss des Gesellschaftervertrages

Lediglich eine Haftungsbeschränkung für den Kommanditisten setzt zwingend einen Registereintrag voraus: Solange die Haftungsbeschränkung nicht eingetragen ist, haftet er unbeschränkt (§ 176 HGB). Eine nicht eingetragene KG ist also faktisch eine OHG.

2.2.3 Rechtsfähigkeit

2.2.3.1 Rechtsfähigkeit der Kapitalgesellschaften

Eigene Rechte und Pflichten der Kapitalgesellschaften

Als juristische Personen sind Kapitalgesellschaften vollständig rechtsfähig, sind also selbst Träger von Rechten und Pflichten, nicht etwa deren Gesellschafter oder gar Geschäftsführer.

2.2.3.2 Rechtsfähigkeit der Personengesellschaften

OHG und KG sind zumindest quasi-juristische Personen, d. h. sie können eigene Rechte und Pflichten haben (§ 124 HGB).

Für die BGB-Gesellschaft war lange umstritten, ob diese als solche überhaupt existiert, also eigene Rechte und Pflichten haben kann oder nur die gesamtschuldnerische Haftung der Gesellschafter begründet.

Dazu hat der BGH in einer Grundsatzentscheidung vom 29.01.2001 (II ZR 331/00; NJW 2001, 1056) entschieden, dass auch die BGB-Gesellschaft rechts- und parteifähig ist und als Teilnehmer im Rechtsverkehr eigene Rechte und Pflichten begründen kann.

Die BGB-Gesellschaft ist damit weitgehend der OHG angenähert: Die Gesellschaft haftet selbst mit dem Gesellschaftsvermögen, die Gesellschafter haften aber zusätzlich noch akzessorisch (wie ein Bürge) mit ihrem Privatvermögen für die Verbindlichkeiten der Gesellschaft.

2.2.4 Haftung der Gesellschafter

2.2.4.1 Haftung der Gesellschafter einer Kapitalgesellschaft

Alleinige Haftung der Kapitalgesellschaft

Bei einer Kapitalgesellschaft gilt das Prinzip der Trennung zwischen Gesellschafts- und Gesellschaftervermögen: die Gesellschafter müssen das Stammkapital aufbringen, anschließend haftet aber nur noch die Gesellschaft mit ihrem eigenen Vermögen, nicht mehr die Gesellschafter (vgl. § 13 Abs. 2 GmbHG).

Dies gilt aber nur, wenn und so lange sich die Gesellschafter selbst an das Trennungsprinzip halten. Vermischen sie die beiden Vermögensmassen oder greifen sie existenziell in die Belange der Gesellschaft ein, heben sie das Trennungsprinzip selbst auf und haften wieder persönlich und unbeschränkt, wie in einer Personengesellschaft (s. Kap. 6.3).

2.2.4.2 Haftung der Gesellschafter einer Personengesellschaft

Bei den Personengesellschaften haften die Gesellschafter persönlich mit ihrem Privatvermögen (bei den Kommanditisten beschränkt auf die Kommanditeinlage, ansonsten unbeschränkt).

2.2.5 Gesellschaftsvermögen

2.2.5.1 Das Vermögen der Kapitalgesellschaft

Kapitalgesellschaften sind juristische Personen, das Gesellschaftsvermögen gehört ausschließlich der Gesellschaft selbst.

Eigenes Vermögen der Kapitalgesellschaft

2.2.5.2 Das Vermögen der Personengesellschaft

Die Gesellschafter einer BGB-Gesellschaft bilden eine Gesamthandsgemeinschaft, Rechtsträger des Gesellschaftsvermögens ist also nicht die BGB-Gesellschaft selbst, sondern die Gesamtheit der Gesellschafter (§ 718 BGB). Auch wenn die BGB-Gesellschaft mittlerweile als rechtsfähig anerkannt ist, stehen dahinter doch unverändert die Gesellschafter als Gesamthänder (*Palandt/Sprau*, BGB, § 718 Rz. 1). Der BGB-Gesellschafter hat also nicht eine Beteiligung an einer Gesellschaft mit eigenem Vermögen, sondern das gesamte Vermögen gehört den Gesellschaftern gemeinschaftlich.

Gesamthandsvermögen

Dieses Vermögen, das dem Zweck der Gesellschaft dient, ist aber streng vom sonstigen Privatvermögen der Gesellschafter zu trennen. Jeder BGB-Gesellschafter hat also zwei verschiedene Vermögensmassen: sein freies Privatvermögen und das gesamthänderische gebundene Gesellschaftsvermögen.

Die OHG und die KG sind jeweils selbst Rechtsträger ihres Vermögens, nicht deren Gesellschafter (§§ 124, 161 Abs. 2 HGB).

2.2.6 Geschäftsführung und Vertretung

Die Geschäftsführung betrifft die Aufgabenerfüllung im Innenverhältnis gegenüber der Gesellschaft, die Vertretung das Handeln für die Gesellschaft im Außenverhältnis gegenüber Dritten.

Geschäftsführung = Innenverhältnis Vertretung = Außenverhältnis

2.2.6.1 Geschäftsführung und Vertretung bei der Kapitalgesellschaft

Für Geschäftsführung und Vertretung ist bei den Kapitalgesellschaften ein Organ zuständig, das von den Gesellschaftern bestellt wird, bei der GmbH der Geschäftsführer (s. Kap. 2.4.5), bei der AG der Vorstand.

2.2.6.2 Geschäftsführung und Vertretung bei der Personengesellschaft

Bei der BGB-Gesellschaft sind alle Gesellschafter gemeinschaftlich zur Geschäftsführung berufen (§ 709 BGB). Gemeinschaftlich heißt dabei nicht »jeder«, sondern »alle einstimmig zusammen«.

Die Vertretungsbefugnis im Außenverhältnis folgt der Befugnis zur Geschäftsführung im Innenverhältnis (§ 714 BGB): Führen die BGB-Gesellschafter die Geschäfte im Innenverhältnis gemeinschaftlich, sind sie auch im Außenverhältnis nur gemeinschaftlich vertretungsberechtigt.

Tipp

> Es ist dringend zu empfehlen, dass Verträge mit einer BGB-Gesellschaft durch alle Gesellschafter unterzeichnet werden.

Ressortzuständigkeiten in der BGB-Gesellschaft

Ist dagegen einem Gesellschafter ein konkretes Ressort zugeordnet, für das er im Innenverhältnis alleine zuständig ist, hat er für dieses Ressort auch im Außenverhältnis Alleinvertretungsmacht.

Die OHG ist als quasi-juristische Person schon etwas der Kapitalgesellschaft angenähert, es gilt deshalb im Innenverhältnis Einzelgeschäftsführungsbefugnis und dem entsprechend im Außenverhältnis Einzelvertretungsmacht (§§ 114, 125 HGB).

Hier zeigt sich, wie gefährlich die Aufnahme eines Handelsgewerbes als vermeintliche BGB-Gesellschaft sein kann: Aufgrund des kaufmännischen Geschäftsbetriebes handelt es sich zwingend und kraft Gesetzes um eine OHG, bei der jeder Gesellschafter einzelvertretungsberechtigt ist, solange im Handelsregister nichts anderes eingetragen wird.

Tipp

> Es sollte regelmäßig mit größter Vorsicht überprüft werden, ob die Gesellschaft tatsächlich (noch) eine BGB-Gesellschaft ist. Betreibt sie ein Handelsgewerbe im Sinne des § 1 HGB, ist sie eine OHG, also jeder Gesellschafter einzelvertretungsberechtigt. Eine Beschränkung der Vertretungsmacht ist dann nur nach Eintragung im Handelsregister wirksam.

Die Kommanditisten einer KG sind sowohl von der Geschäftsführung als auch von der Vertretung ausgeschlossen (§§ 164, 170 HGB).

2.2.7 Haftungsbeschränkung bei der Personengesellschaft

Keine GbR mbH

In der Praxis wurde immer wieder versucht, die Vorteile der Personengesellschaft mit der Haftungsbeschränkung einer Kapitalgesellschaft zu kombinieren, beispielsweise durch die Bezeichnung als »GbR mbH«.

Solchen Versuchen hat der BGH eine klare Absage erteilt (BGH, Urteil vom 27.09.1999 – II ZR 371/98, NJW 1999, 3483): Eine GbR mbH wäre eine neue Gesellschaftsform, bei der den Gläubigern nur das ungesicherte Gesellschaftsvermögen haftet, aber dessen Höhe und künftige Erhaltung weder fest steht noch in irgendeiner Form gesichert ist.

Der gesetzliche Rahmen ermöglicht den Gesellschaftern ohne weiteres eine Beschränkung ihres Risikos: die dafür vorgesehene Rechtsform ist die GmbH, der Preis der Haftungsbeschränkung ist das Mindestkapital, die Registerpublizität und die Einhaltung strenger Vorschriften über die Erhaltung des Stammkapitals. Eine faktische GmbH ohne Stammkapitalgarantie gibt es nicht.

Eine Haftungsbeschränkung ist natürlich auch für die BGB-Gesellschaft bzw. deren Gesellschafter möglich, aber nicht durch eine einseitige Erklärung, nicht haften zu wollen, sondern nur durch individualvertragliche Vereinbarung mit dem Geschäftspartner.

Haftungsbeschränkung bei der BGB-Gesellschaft

Beispiel: Vertragliche Haftungsbeschränkung
Die beiden Architekten A und B betreiben als BGB-Gesellschaft ein gemeinsames Architekturbüro. Als sie den Auftrag zur Planung und Bauüberwachung eines Wolkenkratzers erhalten, vereinbaren sie mit dem Auftraggeber eine Haftungsbeschränkung auf ihre Versicherungssumme in Höhe von 5 Mio. €.

Lösung:
Eine solche Haftungsbeschränkung ist zulässig und wirksam, weil sie nicht durch einseitige Erklärung bewirkt werden soll, sondern durch eine individualvertragliche Regelung zwischen den Parteien. Unwirksam wäre dagegen eine solche Haftungsbeschränkung auf dem Briefkopf oder in Allgemeinen Geschäftsbedingungen.

> Eine Haftungsbeschränkung ist nicht nur für persönlich haftende Gesellschafter sinnvoll, sondern auch für die Gesellschaft selbst – diese kann durch eine unbegrenzte Haftung in ihrer Existenz gefährdet sein.

Tipp

2.2.8   Verfolgter Zweck
2.2.8.1   Zweck der Kapitalgesellschaften
Eine GmbH oder AG ist zu jedem gesetzlich zulässigen Zweck möglich, also auch für karitative, private oder sportliche Zwecke. Trotz-

dem ist die GmbH immer eine Handelsgesellschaft, auch wenn sie kein Gewerbe im eigentlichen Sinne betreibt (§§ 13 Abs. 3 GmbHG, 3 AktG).

2.2.8.2   Zweck der Personengesellschaften

Auch eine BGB-Gesellschaft kann zu jedem gesetzlich zulässigen Zweck errichtet werden. Betreibt eine BGB-Gesellschaft ein Handelsgewerbe ist sie aber automatisch eine OHG, eine BGB-Gesellschaft kann es also nur ohne kaufmännischen Geschäftsbetrieb geben.

Als Personenhandelsgesellschaften betreiben OHG und KG immer zwingend ein Handelsgewerbe.

2.2.9   Ausscheiden eines Gesellschafters
2.2.9.1   Ausscheiden aus einer Kapitalgesellschaft

Ausscheiden aus der Gesellschaft

Scheidet ein Gesellschafter aus einer Kapitalgesellschaft aus, berührt das die Gesellschaft selbst überhaupt nicht, es stellt sich lediglich die Frage, was mit dem Anteil geschieht. Dieser kann z. B. vererbt oder von der Gesellschaft (gegen Abfindung) eingezogen werden.

2.2.9.2   Ausscheiden aus einer Personengesellschaft

Bei Kündigung, Tod oder Insolvenz eines Gesellschafters wird die BGB-Gesellschaft automatisch aufgelöst (§§ 723, 727, 728 BGB).

Bei OHG und KG scheidet der Gesellschafter dagegen nur aus, die Gesellschaft existiert weiter und übernimmt den Gesellschaftsanteil des ausscheidenden Gesellschafters gegen entsprechende Abfindung (§ 131 HGB).

Größere Bauprojekte werden regelmäßig durch mehrere Unternehmen durchgeführt, die sich für das konkrete Projekt zu einer Arbeitsgemeinschaft (ARGE/BGB-Gesellschaft) zusammenschließen. Hier wäre es völlig unpraktikabel, wenn die Insolvenz eines Gesellschafters zur Auflösung der gesamten ARGE führen würde. Deshalb vereinbaren die Gesellschafter untereinander, die BGB-Gesellschaft wie eine OHG zu behandeln, d.h., die Gesellschaft abweichend von der gesetzlichen Regelung auch bei Ausscheiden/Insolvenz eines Gesellschafters fortzusetzen und automatisch den Anteil des ausgeschiedenen Gesellschafters jeweils anteilig zu übernehmen.

2.3   Umwandlung/Rechtsformwechsel

2.3.1   Überblick
2.3.1.1   Umwandlungsformen

Umwandlung

Das Umwandlungsgesetz kennt vier verschiedene Formen der Umwandlung (§ 1 UmwG):

1. Verschmelzung,
2. Spaltung (Aufspaltung, Abspaltung, Ausgliederung),
3. Vermögensübertragung,
4. Formwechsel.

2.3.1.2   Ablauf einer Umwandlung

Der grundsätzliche Ablauf einer Umwandlung ist bei allen Umwandlungsarten vergleichbar:

- Umwandlungsvertrag: Verschmelzungsvertrag (§§ 4–7 UmwG), Spaltungsvertrag (§§ 125, 126 UmwG), Spaltungsplan bei Spaltung zur Neugründung (§ 136 UmwG), Übertragungsvertrag (§§ 176, 177 UmwG) oder Umwandlungsbeschluss (§§ 193, 194 UmwG),
- Umwandlungsbericht,
- Umwandlungsprüfung,
- Umwandlungsbilanz: Schlussbilanz (§ 17 Abs. 2 UmwG) oder Vermögensaufstellung (§ 192 Abs. 2 UmwG),
- Eintragung der Umwandlung im Handelsregister.

Im Unterschied zu den anderen Umwandlungsarten ist bei einem Formwechsel nur ein Rechtsträger beteiligt, der lediglich seine Rechtsform ändert. Der zweiseitige Umwandlungsvertrag wird deshalb durch einen einseitigen Umwandlungsbeschluss ersetzt.

2.3.2   Verschmelzung (§§ 2 ff. UmwG)

Bei einer Verschmelzung wird das gesamte Vermögen von einem Rechtsträger auf einen anderen übertragen.

Übertragender und aufnehmender Rechtsträger können unterschiedliche Rechtsformen haben. Beteiligt sein können auf beiden Seiten z. B. Kapitalgesellschaften, Personenhandelsgesellschaften, Vereine und Genossenschaften.

Als Gegenleistung für die Übertragung des Gesellschaftsvermögens werden die Gesellschafter des übertragenden Rechtsträgers (das Umwandlungsgesetz spricht von Anteilsinhabern) an dem aufnehmenden Unternehmen beteiligt.

Übertragung des gesamten Vermögens gegen Beteiligung der Gesellschafter

---

Beispiel: Verschmelzung einer OHG auf eine GmbH

Die B-OHG überträgt ihr gesamtes Vermögen im Wege der Verschmelzung auf die A-GmbH. Die beiden Gesellschafter der B-OHG werden im Gegenzug zu jeweils 10 % Gesellschafter der A-GmbH. Obwohl die B-GmbH ihr eigenes Vermögen überträgt, wird nicht sie selbst dafür entschädigt, sondern ihre Gesellschafter persönlich, weil die Gesellschaft durch die Verschmelzung untergeht.

> **Beispiel: Verschmelzung durch Neugründung**
> *Die A-GmbH und die B-GmbH gründen gemeinsam die C-GmbH und übertragen dieser gleichzeitig ihr gesamtes Vermögen. A-GmbH und B-GmbH gehen dadurch in der C-GmbH auf, existieren also nicht mehr.*

Rechtsfolgen

§ 20 UmwG regelt die Wirkungen der Verschmelzung:

- Das Vermögen (Aktiva und Passiva) geht vollständig auf den übernehmenden Rechtsträger über.
- Der übertragende Rechtsträger erlöscht automatisch, eine besondere Löschung im Handelsregister ist nicht erforderlich.
- Die Gesellschafter/Anteilsinhaber des übertragenden Rechtsträgers werden Gesellschafter/Anteilsinhaber des übernehmenden Rechtsträgers.
- Die Wirkungen der Handelsregistereintragung treten auch bei Mängeln der Verschmelzung ein (§ 20 Abs. 2 UmwG).
- Wenn der übertragende Rechtsträger im Grundbuch, Markenregister o.ä. als Eigentümer oder Inhaber eingetragen ist, wird das Register unrichtig, berechtigt ist ab jetzt alleine der aufnehmende Rechtsträger.
- Die Anstellungsverträge von Arbeitnehmern bleiben wirksam und gehen auf den aufnehmenden Rechtsträger über, die Ämter der Organmitglieder der übertragenden Gesellschaft erlöschen allerdings; eine erloschene Gesellschaft kann auch keinen Geschäftsführer mehr haben.
- Die Prokura/Vollmacht für den übertragenden Rechtsträger geht mit Wegfall dieses Rechtsträgers unter – eine erloschene Gesellschaft kann auch nicht mehr vertreten werden.
- Anteile der übertragenden Gesellschaft an anderen Kapitalgesellschaften gehen automatisch auf den aufnehmenden Rechtsträger über, die Mitgliedschaft in einem Verein dagegen nur, wenn dies die Vereinssatzung vorsieht (§§ 38, 40 BGB). Ob auch die Beteiligung an einer Personengesellschaft übergeht, ist vollkommen umstritten (vgl. *Kallmeyer*, UmwG, § 20 Rz. 7 und *Kiem*, Unternehmensumwandlung, Rz. 68).

2.3.3 Spaltung (§§ 123 ff. UmwG)

Wie bei der Verschmelzung wird auch bei der Spaltung im Gegenzug für die Übertragung von Gesellschaftsvermögen eine Beteiligung an der übernehmenden Gesellschaft gewährt. Allerdings wird bei der Verschmelzung das gesamte Vermögen übertragen, bei der Spaltung dagegen nur ein Teil des Vermögens.

Formen der Spaltung

Das Umwandlungsgesetz kennt drei verschiedene Formen der Spaltung:

1. Aufspaltung,
2. Abspaltung,
3. Ausgliederung.

2.3.3.1   Aufspaltung

Bei der Aufspaltung überträgt ein Rechtsträger sein gesamtes Vermögen auf mindestens zwei andere Rechtsträger gegen Gewährung
von Anteilen oder Mitgliedschaften. Mit der Aufspaltung geht der
übertragende Rechtsträger automatisch unter. Von der Verschmelzung unterscheidet sich die Aufspaltung also nur dadurch, dass das
gesamte Vermögen nicht auf einen, sondern auf mehrere Rechtsträger übertragen wird.

Übertragung des gesamten Vermö-gens auf mehrere gegen Beteiligung der Gesellschafter

2.3.3.2   Abspaltung

Bei der Abspaltung wird nur ein Teil des Vermögens auf einen oder
mehrere Rechtsträger übertragen, ein Teil bleibt bei der übertragenden Gesellschaft zurück. Der übertragende Rechtsträger bleibt
also in seiner rechtlichen Form unverändert bestehen, allerdings mit
geringerem Vermögen.

Übertragung eines Teils des Vermögens gegen Beteiligung der Gesellschafter

Auch bei der Abspaltung erfolgt die Gegenleistung für die Vermögensübertragung in Form von Anteilen an den übernehmenden
Rechtsträger für die Anteilsinhaber des übertragenden Rechtsträger.

Beispiel: Abspaltung einer Immobilie
*Die A-GmbH ist Eigentümerin mehrerer Immobilien und überträgt eine
davon im Wege der Abspaltung auf die B-AG. Im Gegenzug werden die
Gesellschafter der A-GmbH automatisch auch Aktionäre der B-AG.*

2.3.3.3   Ausgliederung

Bei der Ausgliederung wird ebenfalls nur ein Teil des Gesellschaftsvermögens übertragen, die Gegenleistung in Form der Beteiligung
an dem aufnehmenden Rechtsträger erhält aber die Gesellschaft
selbst, also nicht deren Anteilsinhaber.

Übertragung eines Teils des Vermögens gegen Beteiligung der Gesellschaft

Beispiel: Ausgliederung einer Immobilie
*Die A-GmbH übereignet der B-AG eine Immobilie. Im Gegenzug wird die
A-GmbH an der B-AG beteiligt, die Gesellschafter der A-GmbH werden
nicht Aktionäre der B-AG.*

2.3.4   Vermögensübertragung (§§ 174 ff. UmwG)

Wie bei der Verschmelzung oder Aufspaltung handelt es sich auch
bei der Vermögensübertragung um den Übergang des gesamten Vermögens eines Rechtsträgers im Wege der Gesamtrechtsnachfolge auf
einen anderen Rechtsträger, wobei der übertragende Rechtsträger
aufgelöst wird.

Übertragung des gesamten Vermö-gens gegen andere Entschädigung der Gesellschafter

Als Gegenleistung für die Übertragung erhalten die Gesellschafter/ Anteilsinhaber des übertragenden Rechtsträger aber keine Beteiligung an dem übernehmenden Rechtsträger, sondern eine andere Gegenleistung, z. B. in Form einer Geldentschädigung.

Eine Vermögensübertragung soll nach der Konzeption des Gesetzes nur in bestimmten Ausnahmefällen möglich sein, wenn öffentlich rechtliche Versicherungsunternehmen, Versicherungsvereine auf Gegenseitigkeiten oder Versicherungs-Aktiengesellschaften beteiligt sind (§ 175 UmwG).

Eine GmbH kann an einer Vermögensübertragung nicht beteiligt sein.

2.3.5   Formwechsel (§§ 190 ff. UmwG)

Änderung der Rechtsform

An allen anderen Umwandlungsvorgängen sind mindestens zwei Gesellschaften/Rechtsträger beteiligt, bei dem Formwechsel ändert dagegen ein einziger Rechtsträger seine Rechtsform, beispielsweise von einer GmbH in eine AG, von einer OHG in eine GmbH oder von einer KG in eine GmbH.

Bei allen anderen Umwandlungsformen ändert sich der jeweilige Vermögensbestand, bei dem Formwechsel bleibt die Gesellschaft wirtschaftlich identisch, es ändert sich nur die Rechtsform.

Zur Vermeidung einer Insolvenzantragspflicht wird häufig der Formwechsel von der GmbH in eine OHG oder bei einer Ein-Mann-GmbH in ein einzelkaufmännisches Unternehmen durchgeführt, weil dort keine Antragspflicht besteht. Dadurch wird zwar auf den ersten Blick die Antragspflicht beseitigt, aber nicht die eigentliche Ursache der Krise, gleichzeitig übernimmt der Gesellschafter eine vollumfängliche persönliche Haftung und geht ein erhebliches strafrechtliches Risiko ein (s. Teil 2, Kap. 3.8.2).

2.3.6   Zusammenfassung Umwandlung

Die verschiedenen Formen der Umwandlung sind auf den ersten Blick etwas unübersichtlich, lassen sich aber schlagwortartig folgendermaßen zusammenfassen:

Verschmelzung:	Übertragung des ganzen Vermögens auf einen Rechtsträger. Gegenleistung: Beteiligung der Gesellschafter	**Formen der Umwandlung**
Aufspaltung:	Übertragung des ganzen Vermögens auf mehrere Rechtsträger. Gegenleistung: Beteiligung der Gesellschafter	
Abspaltung:	Übertragung eines Teils des Vermögens. Gegenleistung: Beteiligung der Gesellschafter	
Ausgliederung:	Übertragung eines Teils des Vermögens. Gegenleistung: Beteiligung der Gesellschaft	
Vermögensübertragung:	Übertragung des ganzen Vermögens auf einen Rechtsträger. Gegenleistung: (Geld-) Entschädigung, keine Beteiligung	
Formwechsel:	Änderung des Rechtsträgers, keine Übertragung von Vermögen. Keine Gegenleistung	

2.4   Die Stellung des GmbH-Geschäftsführers

Die GmbH ist eine juristische Person, die eigene Rechte und Pflichten hat, aber selbst nicht handlungsfähig ist. Sie muss deshalb zwingend einen oder mehrere Geschäftsführer haben (§ 6 Abs. 1 GmbHG), sonst wird sie nicht in das Handelsregister eingetragen, kann also überhaupt nicht entstehen. Der Geschäftsführer hat die (Vor-) Gesellschaft zum Handelsregister anzumelden, muss also bereits vor der Eintragung bestellt sein (§ 78 GmbHG).

Bestellung des Geschäftsführers vor Entstehung der GmbH

2.4.1   Befähigung zum Geschäftsführer

Grundsätzlich kann jede natürliche Person Geschäftsführer sein, eine besondere Qualifikation ist nicht erforderlich. Die Verurteilung wegen eines Bankrottdelikts schließt die Tätigkeit als Geschäftsführer aber für die Dauer von fünf Jahren ab der Verurteilung aus (§ 6 Abs. 1 Satz 2 GmbHG).

Der Geschäftsführer einer deutschen Gesellschaft hat in Deutschland Pflichten zu erfüllen und muss deshalb entweder einen Wohnsitz im Inland oder zumindest die Möglichkeit haben, jederzeit einreisen zu können. Daran fehlt es beispielsweise, wenn ein ausländischer Staatsbürger mit ausländischem Wohnsitz für jeden Besuch in Deutschland ein Visum beantragen muss – er kann deshalb in Deutschland nicht Geschäftsführer sein.

2.4.2   Bestellung und Anstellung des Geschäftsführers

Die Bestellung des Geschäftsführers erfolgt entweder im Gesellschaftsvertrag oder durch die Gesellschafterversammlung (§§ 6 Abs. 3, 46 Ziff. 5 GmbHG). Das Gesetz spricht dabei nur von dem Recht der Gesellschafter, den Geschäftsführer zu bestellen und erwähnt diesen selbst nicht, trotzdem kann der Geschäftsführer (selbstverständlich) nicht gegen seinen Willen bestellt werden, sondern muss die Bestellung auch annehmen. Bis zur Annahme der Bestellung durch den Geschäftsführer ist sie schwebend unwirksam. Die Annahme ist formlos möglich.

Organ durch Bestellung

Die Person des Geschäftsführers und dessen Vertretungsbefugnis ist in das Handelsregister einzutragen (§ 10 Abs. 1 GmbHG), diese Eintragung ist aber nur deklaratorisch, d. h. der Geschäftsführer ist durch die bloße Bestellung bereits Organ der Gesellschaft, der Handelsregistereintrag dokumentiert dies lediglich nach außen.

Wenn der Geschäftsführer in das Handelsregister eingetragen ist, ist er auch Geschäftsführer, selbst dann, wenn die Bestellung aus irgendeinem Grunde unwirksam sein sollte.

Auflösend bedingte Bestellung

Die Bestellung kann auch bereits unter einer auflösenden Bedingung erfolgen, mit Eintritt der Bedingung verliert der Geschäftsführer dann automatisch seine Organstellung (BGH, Urteil vom 24.10.2005 – II ZR 55/04, NZG 2006, 62).

Die Bestellung selbst ist formfrei möglich, die Anmeldung der Bestellung ist aber zum Handelsregister anzumelden und damit öffentlich zu beglaubigen (§§ 78 GmbHG, 12 HGB, 129 BGB, 39 ff. BeurkG).

Durch die Bestellung zum Geschäftsführer wird dieser (nur) zu einem Organ der GmbH, erlangt dadurch aber noch keine Rechte gegen die Gesellschaft, also insbesondere keinen Vergütungsanspruch. Dazu ist ein Anstellungsverhältnis erforderlich, für das die Gesellschafterversammlung zuständig und ein Gesellschafterbeschluss erforderlich ist (*Rowedder/Koppensteiner*, § 46 Rz. 25).

2.4.3   Der Geschäftsführer als Organ der Gesellschaft

Der Geschäftsführer ist kein Kaufmann und kein Arbeitnehmer

Die Gesellschaft handelt durch den Geschäftsführer, er ist also deren ausführendes Organ, aber weder Arbeitnehmer der Gesellschaft noch selbst Kaufmann. Dies gilt sowohl für den Gesellschafter-Geschäftsführer, der gleichzeitig an der GmbH beteiligt ist, als auch für den Fremdgeschäftsführer, der nicht gleichzeitig Gesellschafter ist.

Das Bundesarbeitsgericht hat allerdings festgehalten, dass auch das Anstellungsverhältnis eines GmbH-Geschäftsführers im Einzelfall ein Arbeitsverhältnis sein kann, entscheidend dafür sind die Eingliederung in eine fremde Arbeitsorganisation und besonders umfassende Weisungsrechte der Gesellschafter (BAG, Urteil vom

26.05.1999, NJW 1999, 3731, 3732). Im Normalfall bleibt es aber dabei, dass der Geschäftsführer nicht Arbeitnehmer ist und deshalb weder das Betriebsverfassungsgesetz (§ 5 Abs. 3 BetrVG), das Arbeitszeitgesetz (§ 18 Abs. 2 ArbZG), das Kündigungsschutzgesetz (§ 14 Abs. 1 Ziff. 1 KündSchG), das Entgeltfortzahlungsgesetz, Bundesurlaubsgesetz oder Bundeserziehungsgeldgesetz noch die Schutzvorschrift des § 613a BGB für den Fall eines Betriebsübergangs auf den Geschäftsführer anwendbar sind.

Immerhin kann auch das Gehalt eines Fremdgeschäftsführers nicht unbeschränkt gepfändet werden, sondern nur innerhalb der Grenzen der §§ 850 ff. ZPO.

Weil der Geschäftsführer nicht Arbeitnehmer ist, ist für Rechtsstreitigkeiten zwischen ihm und der Gesellschaft auch nicht das Arbeitsgericht, sondern das Zivilgericht zuständig.

2.4.4 Sozialversicherungspflicht des Geschäftsführers

Obwohl er nicht Arbeitnehmer ist, ist der Fremdgeschäftsführer in der Regel sozialversicherungspflichtig. Gesellschafter-Geschäftsführer, die über 50 % der Anteile der Gesellschaft haben oder aus anderem Grunde weitgehend frei entscheiden können, sind dagegen von der Sozialversicherungspflicht befreit.

Sozialversicherung

Entscheidend ist immer die Weisungsabhängigkeit, wer weisungsabhängig beschäftigt ist, ist sozialversicherungspflichtig, wer weitgehend selbständig entscheiden kann, unterliegt nicht der Sozialversicherungspflicht.

Beispiel: Tatsächliche Gesellschafterbefugnisse
Der G ist Alleingeschäftsführer der X-GmbH, deren Alleingesellschafterin seine 89-jährige Mutter ist, die ihm völlig freie Hand lässt.

Lösung:
Hier ist der G auch als Fremdgeschäftsführer ausnahmsweise nicht sozialversicherungspflichtig.

Für erhebliche Verunsicherung hat eine Entscheidung des BSG vom 24.11.2005 (B 12 RA 1/04 R, NJW 2006, 1162) gesorgt, nach der ein Unternehmensberater, der alleiniger Gesellschafter und Geschäftsführer einer Ein-Personen-GmbH war, als sogenannter »arbeitnehmerähnlicher Selbständiger« der Rentenversicherungspflicht unterliegt. Diese Entscheidung widerspricht zwar den oben dargestellten Grundsätzen, ist über den konkreten Einzelfall hinaus aber nicht zu verallgemeinern: In dem vom BSG entschiedenen Fall kam es entscheidend darauf an, dass die Gesellschaft seit Jahren nur einen einzigen Auftraggeber hatte, so dass der Gesellschafter-Ge-

Arbeitnehmer-ähnlicher Selbständiger

schäftsführer über die Zwischenschaltung einer GmbH scheinselbständig war. Auf andere Konstellationen ist dieses Urteil daher nicht übertragbar. So hat auch die Deutsche Rentenversicherung Bund bereits von sich aus mitgeteilt, dass sie diese Entscheidung nicht allgemein anwenden wird (Pressemitteilung vom 04.04.2006 unter www.deutscherentenversicherung.de).

Auch das BSG selbst hat in einer späteren Entscheidung noch einmal grundsätzlich festgestellt: »Der Alleingesellschafter einer GmbH ist aufgrund mangelnder Weisungsgebundenheit grundsätzlich nicht als Arbeitnehmer anzusehen und unterliegt damit auch nicht der Sozialversicherungspflicht« (BSG, Urteil vom 25.01.2006 – B 12 KR 30/04 R, ZIP 2006, 678).

Statusfeststellung Besonders riskant ist, dass eine Sozialversicherungspflicht auch nachträglich festgestellt werden und damit erhebliche Nachforderungen der Sozialversicherungsträger verursachen kann. Um dies zu vermeiden, reicht keine bloße Auskunft des Sozialversicherungsträgers, es bestehe keine Versicherungspflicht, sondern es ist eine förmliche Entscheidung in einem eigenständigen Statusfeststellungsverfahren nach § 7a Abs. 1 Satz 1 SGB IV erforderlich. Diese Statusfeststellung erfolgt auf schriftlichen Antrag durch die Deutsche Rentenversicherung Bund; das Antragsformular (»VO 27«) und die zugehörigen Erläuterungen (»VO 28«) können von der Internetseite www.deutsche-rentenversicherung.de heruntergeladen werden.

Insolvenzgeld In der Insolvenz der GmbH hat der Fremdgeschäftsführer regelmäßig Anspruch auf Insolvenzgeld, der Gesellschafter-Geschäftsführer nicht.

2.4.5 Vertretungsmacht
2.4.5.1 Allgemeines

Vertretungsmacht; mehrere Geschäftsführer sind nur gesamtvertretungsberechtigt, soweit die Satzung nichts anderes bestimmt (§ 35 Abs. 2 GmbHG) Die Gesellschafter bestimmen die grobe Richtung des Unternehmens, der Geschäftsführer leitet das Tagesgeschäft und hat dazu im Innenverhältnis einen Anspruch auf vollständige Information und im Außenverhältnis unbeschränkte und unbeschränkbare Vertretungsmacht, d.h., der Geschäftsführer kann im Außenverhältnis rechtlich unbeschränkt wirksam handeln, darf dies gegebenenfalls aber aufgrund interner Weisungen nicht.

Beispiel: Missbrauch der Vertretungsmacht
Nach der Satzung und dem Anstellungsvertrag darf der Geschäftsführer G nur mit Zustimmung der Gesellschafter Grundstücke kaufen. Trotzdem kauft er (im Namen der GmbH) ohne diese Zustimmung eine Immobilie und verpflichtet die Gesellschaft zur Bezahlung des Kaufpreises in Höhe von 1 Mio. €.

Lösung:
Der G kann die Gesellschaft bei solchen Geschäften zwar vertreten (Außenverhältnis), der Vertrag ist deshalb wirksam. Er darf es aber nicht, hat also seine Pflichten gegenüber der Gesellschaft verletzt (Innenverhältnis).

> Eine solche Grenzüberschreitung kommt insbesondere in Betracht, wenn die Vertragskonditionen bei Abschluss gegenseitiger Verträge für die Gesellschaft grob nachteilig sind oder wenn die Bestimmung der Vergütung weitgehend dem Vertragspartner und eine effektive Kontrolle der Höhe der Vergütung der Gesellschaft nicht möglich ist.

Tipp

2.4.5.2 Widersprechende Erklärungen

Bei mehreren einzelvertretungsberechtigten Geschäftsführern kann es zu Meinungsverschiedenheiten und sich widersprechenden Erklärungen kommen.

Ein Geschäftsführer kann die Erklärung des anderen beseitigen/widerrufen

Werden solche Erklärungen gleichzeitig oder in so engem zeitlichem Zusammenhang abgegeben, dass die erste Erklärung noch keine Auswirkungen hatte, heben sich die beiden Erklärungen gegenseitig auf, weil ein eindeutiger Wille der GmbH nicht erkennbar ist.

Werden die Erklärungen deutlich nacheinander abgegeben, sind beide wirksam, d. h. die nachfolgende beseitigt unter Umständen die vorangehende.

Beispiel: Rücknahme der Klage
Die X-GmbH hat zwei einzelvertretungsberechtigte Geschäftsführer, A und B. A ist der Meinung, dass die Gesellschaft einen Anspruch gegen den Schuldner S hat und lässt den Anwalt RA-1 Klage einreichen. B ist dagegen der Auffassung, dass kein Anspruch besteht, sondern die Klage nur Kosten verursacht und den Geschäftspartner verstimmt. Er lässt die Klage deshalb durch RA-2 zurücknehmen.

Lösung:
Beide Erklärungen sind wirksam, d. h. die Klage wurde zunächst erhoben und dann wieder zurückgenommen.

2.4.5.3 Stellung/Rücknahme Insolvenzantrag

Eine Besonderheit gilt für Erklärungen, die nicht alleine im Interesse der Gesellschaft abgegeben werden, sondern die (zumindest auch) im öffentlichen Interesse erforderlich sind, insbesondere den Insolvenzantrag über das Vermögen der Gesellschaft. Den Antrag auf Insolvenz kann jeder Geschäftsführer alleine stellen (§ 15 InsO). Den

Den Insolvenzantrag kann nur der jeweilige Antragsteller zurücknehmen

Antrag auf Insolvenz zurücknehmen kann aber nur der Antragsteller selbst, nicht jedoch ein anderer Vertreter der Gesellschaft.

2.4.5.4 Missbrauch der Vertretungsmacht

Missbraucht der Geschäftsführer im Außenverhältnis seine Vertretungsmacht entgegen den Beschränkungen aus dem Innenverhältnis, ist das Geschäft trotzdem grundsätzlich wirksam, es sei denn der Vertragspartner weiß davon oder es drängt sich ihm ohne nähere Überprüfung auf, dass der Geschäftsführer seine Grenzen aus dem Innenverhältnis überschreitet (BGH, Urteil vom 13.11.1995 – II ZR 113/94, NJW 1996, 589, 590):

In diesen Fällen wird regelmäßig auch eine Untreue vorliegen (s. Kap. 6.1.6).

Der Geschäftsführer muss dabei nicht bewusst zum Nachteil der Gesellschaft handeln, ausreichend ist die objektive Pflichtverletzung (OLG Stuttgart, Urteil vom 02.06.1999 – 9 U 246/98, NZG 1999, 1009).

Wird die Gesellschaft nach diesen Grundsätzen ausnahmsweise nicht durch ihren Geschäftsführer vertreten, ist sie weder im Außenverhältnis verpflichtet, noch hat sie Ansprüche gegenüber dem Geschäftsführer. Ist die Pflichtwidrigkeit dagegen nicht so evident, dass sie sich dem Dritten aufdrängen musste, ist die Gesellschaft verpflichtet und hat ihrerseits Rückgriffsansprüche gegenüber ihrem Geschäftsführer (s. Kap. 5.3, Kap. 7.1.6).

2.4.6 Abberufung des Geschäftsführers

Die Abberufung beendet die Organstellung

Die Abberufung des Geschäftsführers beendet die Geschäftsführerstellung und ist jederzeit möglich. Die Angabe eines besonderen Grundes ist grundsätzlich unnötig, soweit nicht nach der Satzung ein die Angabe erforderlich ist (§ 38 GmbHG).

Hat ein Gesellschafter schon in der (notariell beurkundeten) Satzung das Geschäftsführeramt übernommen, muss auch dessen Abberufung notariell beurkundet werden, weil insoweit eine Satzungsänderung vorliegt.

Die Abberufung beendet die Organstellung sofort, die Berichtigung des Handelsregisters (§ 39 GmbHG) ist für die Wirksamkeit der Abberufung nicht erforderlich, beseitigt aber den Vertrauensschutz in die Vertretungsmacht des Geschäftsführers.

Bei einer regulären Abberufung ist auch der betroffene Gesellschafter-Geschäftsführer selbst stimmberechtigt, bei einer Abberufung aus wichtigem Grund dagegen nicht (*Rowedder/Koppensteiner*, GmbHG, § 47 Rz. 71, 77).

Die Auflösung oder Insolvenz der Gesellschaft beendet die Organstellung des Geschäftsführers nicht (BGH, Urteil vom 18.12.1980 – II ZR 140/79, NJW 1981, 1097).

Wenn der Geschäftsführer nur auflösend bedingt bestellt worden war, verliert er mit Bedingungseintritt automatisch sein Amt (BGH, Urteil vom 24.10.2005 – II ZR 55/04, NZG 2006, 62).

2.4.7 Kündigung des Geschäftsführers

Die Abberufung als Geschäftsführer beendet lediglich die Organstellung, nicht aber das Anstellungsverhältnis (§ 38 Abs. 1 GmbHG). Dazu ist eine gesonderte Kündigung erforderlich, die einen rechtfertigenden Grund voraussetzt.

Die Kündigung beendet die Anstellung

Ein Kündigungsgrund liegt regelmäßig in groben Pflichtverletzungen, wie z.B. interne Kompetenzüberschreitung, Vornahme riskanter Geschäfte oder Konkurrenztätigkeit.

Beispiel: BGH, Urteil vom 10.09.2001 – NJW-RR 2002, 173
Nach dem Anstellungsvertrag benötigt der Geschäftsführer G für jede Nebentätigkeit und alle ungewöhnlichen Geschäfte die vorherige Zustimmung des Aufsichtsrates. Ohne diese Zustimmung hat der G Gesellschaften gegründet, sich selbst jeweils zum Geschäftsführer bestellt und privat Anteile von einigen Gesellschaften erworben. Anschließend hat er 51 % einer vollständigen Tochtergesellschaft auf einen Treuhänder übertragen und dieser Gesellschaft Immobilien im Wert von 17,5 Mio. DM für rund 7 Mio. DM verkauft. Als die Gesellschafter davon erfahren haben, haben sie den G mit sofortiger Wirkung abberufen, der (hier zuständige) Aufsichtsrat hat den Anstellungsvertrag sofort aus wichtigem Grund gekündigt.

Lösung:
Der BGH hat die Wirksamkeit dieser Kündigung in vollem Umfang bestätigt – der G hat seine Kompetenzen mehrfach grob überschritten.

Für die Kündigungsfristen sind dabei Unterschiede zu beachten: Für den Gesellschafter-Geschäftsführer gelten die kürzeren Kündigungsfristen für Dienstverhältnisse (§ 621 BGB), für den Fremdgeschäftsführer die längeren Kündigungsfristen bei Arbeitsverhältnissen (§ 622 BGB).

Unterschiedliche Kündigungsfristen

Insbesondere ist aber auf die Zwei-Wochen-Frist des § 626 Abs. 2 BGB für außerordentliche Kündigungen hinzuweisen: Diese Frist beginnt mit Kenntnis des Gremiums, das über die fristlose Kündigung zu entscheiden hat (BGH, Urteil vom 10.09.2001, NJW-RR 2002, 173). Die Kündigung muss innerhalb von zwei Wochen ab dieser Kenntnis erfolgen, ansonsten ist sie verspätet und damit unwirksam.

Zuständig für die Kündigung des Geschäftsführers ist die Gesellschafterversammlung.

Dies gilt auch für die Kündigung eines bereits abberufenen, also ehemaligen Geschäftsführers (OLG Frankfurt, Urteil vom 16.12.2005 – 24 U 145/05, GmbHR 2006, 650) und sogar dann, wenn die Gesellschafter die Kündigung des Anstellungsverhältnisses bereits beschlossen haben. Ein solcher Beschluss alleine begründet noch keine Zuständigkeit des verbleibenden Geschäftsführers, die Kündigung auch tatsächlich auszusprechen. Entweder muss die Gesellschafterversammlung ihren Beschluss selbst umsetzen, also kündigen, oder einen Geschäftsführer ausdrücklich zur Kündigung des anderen/ ehemaligen Geschäftsführers ermächtigen.

Kündigt der Geschäftsführer von sich aus, ist ebenfalls die Gesellschafterversammlung zuständig, es genügt aber, wenn die Kündigung gegenüber einem Mit-Geschäftsführer erklärt wird (§ 35 Abs. 2 Satz 3 GmbHG; *Lutter/Hommelhoff*, GmbHG, Anh § 6 Rz. 52).

2.4.8 Niederlegung des Amts des Geschäftsführers

Die Niederlegung beendet die Organstellung

Unabhängig von der (zwangsweisen) Abberufung durch die Gesellschafter kann der Geschäftsführer auch jederzeit von sich aus sein Amt niederlegen (soweit dies in der Satzung nicht ausgeschlossen oder an einen wichtigen Grund gebunden ist). Wie die Bestellung wirkt auch die Niederlegung sofort, also unabhängig von ihrer Eintragung im Handelsregister.

Richtiger Adressat der Niederlegung ist das Organ, das auch für die Bestellung zuständig ist, also Aufsichtsrat oder Gesellschafterversammlung, aber nicht ein Mitgeschäftsführer (OLG Düsseldorf, Beschluss vom 03.06.2005 – I-3 Wx 118/05, NZG 2005, 632). Ausreichend ist aber, wenn die Niederlegung gegenüber einem einzelnen Gesellschafter erklärt wird, sogar wenn dieser die anderen Gesellschafter nicht informiert (BGH, Urteil vom 17.09.2001 – II ZR 378/99).

Niederlegung zur Unzeit

Problematisch ist die Niederlegung zur Unzeit; insbesondere ist die Niederlegung rechtsmissbräuchlich und unwirksam, wenn der Alleingesellschafter und -geschäftsführer die Gesellschaft dadurch bewusst handlungsunfähig macht (OLG Düsseldorf, Beschluss vom 06.12.2000 – 3 Wx 393/00, ZIP 2001, 25; zur Niederlegung bei Insolvenzantragspflicht s. Teil 2, Kap. 3.8.3).

Auch hier ist zwischen der Niederlegung der Organstellung und der Kündigung des Anstellungsverhältnisses zu unterscheiden: Zur Kündigung des Anstellungsverhältnisses braucht auch der Geschäftsführer einen Rechtfertigungsgrund. D. h. zusammenfassend:

● Beide Vertragsteile können die Organstellung jederzeit beenden, ein besonderer Grund ist nicht erforderlich.

 * Zur Kündigung des Anstellungsvertrages brauchen aber beide Parteien eine entsprechende Begründung.

2.4.9   Pflichten des Geschäftsführers

Den Geschäftsführer treffen zahlreiche Pflichten gegenüber der Gesellschaft (s. Kap. 5.3), insbesondere muss er als deren Handlungsorgan für die Erfüllung der Pflichten der Gesellschaft sorgen. Da eine Pflichtverletzung regelmäßig zu einer eigenen Haftung führt, werden die möglichen Pflichtverletzungen hier zentral erörtert. Es handelt sich dabei beispielsweise um

Pflichtenkatalog

 * Organisationspflichten (s. Kap. 5.3.4.5 ff.),
 * die Pflicht zur ordnungsgemäßen Buchführung (§ 41 GmbHG),
 * Verbot von Rückzahlungen zur Vermeidung einer Unterdeckung (§ 30 GmbHG),
 * Rückzahlungsverbot für kapitalersetzende Gesellschafterleistungen (s. Teil 2, Kap. 6),
 * Abgabe der Steuererklärung für die GmbH (§ 34 AO),
 * Abführung der Arbeitnehmeranteile zur Sozialversicherung (§ 28e SGB IV),
 * Risikovorsorge (s. Kap. 5.3.4.10),
 * Wettbewerbsverbot (s. Kap. 5.3.5.2),
 * Insolvenzantragspflicht (§ 64 GmbHG, s. Teil 2, Kap. 3).

Die Pflichten des Geschäftsführers lassen sich auch negativ abgrenzen: Was in den Zuständigkeitsbereich der Gesellschafter fällt, ist dem Geschäftsführer automatisch entzogen, für alles andere ist er zuständig.

2.4.10   Entlastung und Generalerledigung

Schon während der Tätigkeit des Geschäftsführers, insbesondere aber bei Beendigung dieser Organstellung stellt sich die Frage nach der Genehmigung der bisherigen Geschäftsführung und Erledigung eventueller Ansprüche durch Entlastung oder Generalerledigung (s. Kap. 5.6.3 ff.).

Entlastung, Generalerledigung

2.5   Die Gesellschafterversammlung

Die Gesellschafterversammlung ist das zentrale Organ der GmbH und kann grundsätzlich alles an sich ziehen, soweit dem nicht ausnahmsweise zwingende gesetzliche Vorschriften entgegenstehen (die Insolvenzantragspflicht obliegt z. B. zwingend dem Geschäftsführer).

Weisungsabhängigkeit

Der Geschäftsführer ist deshalb an Weisungen der Gesellschafter gebunden (s. Kap. 5.3.4.14).

2.5.1   Zwingende Zuständigkeit der Gesellschafter

Keine Übertragung auf Geschäftsführer möglich

Für bestimmte Angelegenheiten ist zwingend die Gesellschafterversammlung zuständig, eine Übertragung auf den Geschäftsführer ist nicht möglich. Dabei handelt es sich um:

- Satzungsänderungen (§ 53 GmbHG),
- jede Form der Umwandlung (§§ 13, 125, 174 ff., 193 UmwG, s. Kap. 2.3),
- Unternehmensverträge (Beherrschungs- und Gewinnabführungsverträge),
- Auflösung der Gesellschaft (§ 60 GmbHG),
- Fortsetzung der aufgelösten aber nicht beendeten Gesellschaft,
- Einforderung von satzungsmäßigen Nachschüssen (§ 26 GmbHG),
- Bestellung und Entlastung der Aufsichtsratsmitglieder (kann theoretisch einem gesonderten Beirat übertragen werden, aber jedenfalls nicht dem Geschäftsführer, vgl. *Baumbach/Hueck/Zöllner*, GmbHG, § 52 Rz. 28),
- Bestellung und Abberufung der Liquidatoren (§ 66 GmbHG),
- Verweigerung von Auskünften gegenüber dem Gesellschafter (§ 51a Abs. 2 Satz 2 GmbHG),
- Bestellung und Abberufung von Geschäftsführern (§ 46 Ziff. 5 GmbHG; bei der mitbestimmten GmbH ist der Aufsichtsrat zuständig: BGH, Urteil vom 14.11.1983 – II ZR 33/83, NJW 1984, 733).

2.5.2   Dispositive Zuständigkeit

In § 46 GmbHG sind bestimmte Aufgaben den Gesellschaftern vorbehalten, die also grundsätzlich nicht in die Zuständigkeit des Geschäftsführers fallen. Dies sind:

- Feststellung des Jahresabschlusses und Ergebnisverwendung,
- Einforderung von Einzahlungen auf die Stammeinlagen,
- Rückzahlung von Nachschüssen,
- Teilung und Einziehung von Geschäftsanteilen,
- Bestellung und Abberufung von Geschäftsführern und deren Entlastung,
- Maßregeln zur Prüfung und Überwachung der Geschäftsführung,
- Bestellung von Prokuristen und Handlungsbevollmächtigten,
- Verfolgung von Ersatzansprüchen gegen Geschäftsführer oder Gesellschafter.

Nach § 45 Abs. 2 GmbHG gilt diese Kompetenzzuweisung aber nur **»in Ermangelung besonderer Bestimmungen des Gesellschaftsvertrages«**, ist also dispositiv. Mit Ausnahme der Bestellung anderer Geschäftsführer (s. Kap. 2.5.1) können diese Angelegenheiten deshalb in der Satzung generell auf den Geschäftsführer übertragen werden.

Daneben ist auch die konkrete Übertragung eines Einzelfalls durch Gesellschafterbeschluss möglich. Dadurch nehmen die Gesellschafter ihre Aufgabe wahr und bedienen sich lediglich zur Erfüllung einer Einzelmaßnahme des Geschäftsführers. Der Geschäftsführer ist dabei nicht generell zuständig, sondern ihm wird nur eine Aufgabe delegiert (*Rowedder/Koppensteiner*, GmbHG, § 45 Rz. 17).

Tipp

Ein Geschäftsführer muss unbedingt mit der Zuständigkeitsordnung vertraut sein: er haftet sowohl, wenn er eine Aufgabe wahrnimmt, für die er nicht zuständig ist, als auch, wenn er eine Aufgabe nicht wahrnimmt, für die er zuständig wäre.

Die Übertragung/Delegation einer Aufgabe aus dem Zuständigkeitsbereich der Gesellschafter auf den Geschäftsführer sollte deshalb ausdrücklich erfolgen und beweiskräftig dokumentiert werden.

2.6   Aufsichtsrat

2.6.1   Fakultativer Aufsichtsrat

Nach dem GmbHG ist ein Aufsichtsrat nicht zwingend erforderlich, aber fakultativ möglich. Wenn die Satzung (freiwillig) einen Aufsichtsrat vorsieht, kann sie auch Zuständigkeit und Kompetenzen des Aufsichtsrats selbst regeln, so lange nicht in die zwingende Zuständigkeit der Gesellschafterversammlung eingegriffen wird (s. Kap. 2.5.1).

Die GmbH braucht i.d.R. keinen Aufsichtsrat

Soweit die Satzung keine konkreten Regelungen enthält, verweist § 52 GmbHG weitgehend auf die Vorschriften des Aktienrechts (dazu *Baumbach/Hueck/Zöllner*, GmbHG, § 52 Rz. 13 ff.).

2.6.2   Obligatorischer Aufsichtsrat

Ein Aufsichtsrat ist in den folgenden fünf Fällen gesetzlich vorgeschrieben:
1. bei mehr als 500 Mitarbeitern (seit dem 01.07.2004: § 1 Abs. 1 Ziff. 3 Drittelbeteiligung; bis zum 31.06.2004: § 77 BetrVG 1952 i.V.m § 129 BetrVG),
2. bei mehr als 2.000 Mitarbeitern (§§ 6, 1 MitbestG),
3. in der Montanindustrie (§§ 3, 1 MontanMitbestG),

4. wenn die GmbH ein Unternehmen der Montanindustrie beherrscht (§§ 1, 3 Abs. 1 Satz 2 MontanMitbestErgG),
5. bei Investmentgesellschaften (§ 3 KAGG).

Für einen gesetzlich vorgeschriebenen Aufsichtsrat gilt nicht § 52 GmbHG, sondern die jeweiligen Spezialregelungen (dazu *Baumbach/Hueck/Zöllner*, GmbHG, § 52 Rz. 73 ff).

2.7   Zusammenfassung

Die GmbH ist eine selbständige juristische Person mit eigenen Rechten und Pflichten.

Eine Gesellschaft kann sich umwandeln durch Verschmelzung, Spaltung, Formwechsel oder Vermögensübertragung auf die öffentliche Hand.

Die Gesellschafterversammlung ist das oberste Organ, die Gesellschafter können grundsätzlich (fast) jede Angelegenheit an sich ziehen, aber nicht jede Aufgabe übertragen oder delegieren.

Das ausführende Organ ist regelmäßig der Geschäftsführer, der die Interessen der Gesellschaft im Innenverhältnis wahrnimmt und im Außenverhältnis vertritt und dazu mit entsprechender Vertretungsmacht ausgestattet ist.

Ein Aufsichtsrat kann gebildet werden, ist aber nur in Ausnahmefällen gesetzlich vorgeschrieben.

3   Die Haftung bei Gründung und Entstehung der GmbH

Mit der Gründung einer GmbH wollen die Gesellschafter vor allem ihre Haftung ausschließen und auf das Vermögen der GmbH beschränken (Trennungsprinzip, § 13 Abs. 2 GmbHG). Dazu sind ein notarieller Gesellschaftsvertrag, die Aufbringung des Stammkapitals und die Eintragung im Handelsregister erforderlich (§§ 2, 11 GmbHG).

Die GmbH wird durch Gesellschaftsvertrag gegründet, entsteht aber erst mit Eintragung im Handelsregister

Die GmbH ist mit Abschluss des Gesellschaftsvertrages »gegründet«, aber erst mit Eintragung im Handelsregister »entstanden«. Bis zur Eintragung der Gesellschaft im Handelsregister existiert noch keine Gesellschaft mit beschränkter Haftung, die Haftung ist deshalb bis zu diesem Eintrag also gerade noch nicht beschränkt.

Trotzdem werden in diesem Stadium meist schon Geschäfte getätigt, z. B. Geschäftsräume angemietet, eine Marke angemeldet, Maschinen gekauft oder juristischer Rat eingeholt. Wenn die GmbH noch nicht existiert, kann sie für diese Geschäfte naturgemäß auch nicht haften. Die Haftung für Geschäfte vor Eintragung, also vor Entstehung der GmbH, kann deshalb ausschließlich die beteiligten Personen treffen, die bei Geschäften in diesem Stadium ein entsprechend hohes persönliches Risiko eingehen. Dabei sind zwei verschiedene Stadien zu unterscheiden:

- die Zeit zwischen der bloßen Planung bis zum Abschluss eines notariellen Gesellschaftsvertrages (»Satzung«);
- die Zeit zwischen Abschluss des Gesellschaftsvertrages (Gründung) und Entstehung der GmbH durch Eintragung im Handelsregister.

In der ersten Phase bis zum Abschluss des Gesellschaftsvertrages existiert (nur) eine Vorgründungsgesellschaft. In der zweiten Phase bis zur Eintragung ist die GmbH schon fast entstanden, sie existiert in dieser Zeit in der eigenständigen Rechtsform einer Vorgesellschaft (»Vor-GmbH«), auf die weitgehend schon die Regelungen über die spätere GmbH anwendbar sind.

3.1   Vorgründungsgesellschaft

Vor der Gründung der GmbH durch Abschluss eines Gesellschaftsvertrages stellt der Zusammenschluss von mindestens zwei (natürlichen oder juristischen) Personen, die gemeinsam eine GmbH gründen wollen, eine Vorgründungsgesellschaft in der Rechtsform einer BGB-Gesellschaft (»GbR«, § 705 BGB) dar.

Wenn die Errichtung einer Ein-Mann-GmbH geplant ist, haftet der Alleingesellschafter bis zum Abschluss des Gesellschaftsvertrages persönlich und unbeschränkt, eine Ein-Mann-BGB-Gesellschaft gibt es nicht, also auch keine Ein-Mann-Vorgründungsgesellschaft (s. Kap. 2.2.1.3).

3.1.1   Haftung der BGB-Gesellschafter

Die Vorgründungsgesellschaft ist eine BGB-Gesellschaft, die Gesellschafter der späteren GmbH sind jetzt also Gesellschafter einer BGB-Gesellschaft und haften deshalb neben dieser persönlich mit ihrem gesamten Vermögen. Ein Gläubiger kann sowohl die Gesellschaft als auch deren Gesellschafter in Anspruch nehmen.

Eine Haftungsbeschränkung lässt sich (wie bei jeder BGB-Gesellschaft) nur durch eine ausdrückliche Vereinbarung mit den Gläubigern erreichen.

Formulierungsvorschlag Höchstbetrag

A, B und C beabsichtigen, eine GmbH zu errichten, wollen aber bereits jetzt mit X einen Vertrag über die zukünftige Lieferung von Maschinen abschließen. Zur Vermeidung einer unbeschränkten persönlichen Haftung wird hiermit vereinbart, dass A, B und C gegenüber X gesamtschuldnerisch haften, diese Haftung der Höhe nach aber auf maximal 7.500 € begrenzt ist. (Unterschriften von A, B, C und X).

Formulierungsvorschlag (Verpflichtung der GmbH)

A, B und C wollen die K-GmbH errichten, schließen aber bereits heute mit X einen Vertrag, aus dem die künftige K-GmbH berechtigt und verpflichtet sein soll. Aufschiebend bedingt durch die Eintragung der K-GmbH im Handelsregister verzichtet X auf alle Ansprüche gegen A, B und/oder C persönlich. (Unterschriften von A, B, C und X).

3.1.2   Haftung des Geschäftsführers
der Vorgründungsgesellschaft

Wegen der unbeschränkten persönlichen Haftung führen bei einer BGB-Gesellschaft die Gesellschafter die Geschäfte grundsätzlich gemeinschaftlich (§ 709 BGB), also alle zusammen und einstimmig.

Wenn statt aller BGB-Gesellschafter nur ein Geschäftsführer als Vertreter handeln soll, muss er **von allen Gesellschaftern dazu bevollmächtigt** sein. Anderenfalls kann er die GbR bzw. deren Gesellschafter nicht vertreten, sondern handelt als Vertreter ohne Vertretungsmacht, haftet dem Vertragspartner also persönlich auf Erfüllung oder Schadensersatz (§ 179 BGB).

Tipp

Geschäfte vor Abschluss des notariellen Gesellschaftsvertrages sind ausgesprochen riskant und sollten möglichst vermieden werden.

Sowohl für die Gesellschafter als auch für den Geschäftsführer bestehen während des Gründungsvorgangs erhebliche Haftungsrisiken, die nur vermieden werden können, wenn die Gesellschaft vor Eintragung im Handelsregister keine Geschäftstätigkeit aufnimmt.

Wenn Geschäfte vor Eintragung unvermeidbar sind, sollte sich der Geschäftsführer von allen Gesellschaftern schriftlich bevollmächtigen lassen und seine persönliche Haftung gegenüber dem Vertragspartner möglichst ausschließen oder zumindest beschränken.

3.1.3 Selbständigkeit neben der späteren Vor-GmbH

Die Vorgründungsgesellschaft ist eine eigene Gesellschaft und Rechtspersönlichkeit.

Diese Selbständigkeit behält die Vorgründungsgesellschaft auch nach Gründung der GmbH, also nach Abschluss des Gesellschaftsvertrages, sie wird nicht zur Vor-GmbH, sondern existiert neben dieser.

Die Vorgründungsgesellschaft geht nicht automatisch unter, sondern ist von der späteren (Vor-)GmbH unabhängig

Wenn die Vorgründungsgesellschaft eigenes Vermögen erworben hat, muss dieses durch ein besonderes Rechtsgeschäft auf die Vor-GmbH übertragen werden. Verpflichtungen der Vorgründungsgesellschaft muss die Vor-GmbH im Innenverhältnis übernehmen, ein vollständiger Austausch des Schuldners zur Enthaftung der Vorgründungsgesellschaft ist nur mit Zustimmung des Gläubigers möglich.

Beispiel: BGH, Urteil vom 09.03.1998, NJW 1998, 1645
Vorgründungsgesellschafter K kauft bei V im Namen der X-GmbH eine Werkzeugmaschine ein, die noch nicht errichtet wurde. Nach Entstehung der Gesellschaft nimmt V den K auf Bezahlung des Kaufpreises in Anspruch. K verteidigt sich damit, dass die X-GmbH die Schuld übernommen habe und V deshalb nur diese Gesellschaft in Anspruch nehmen könne.

Lösung:
Der BGH hat den K zur Zahlung verurteilt: Zum Zeitpunkt des Vertragsschlusses gab es die X-GmbH noch nicht, Vertragspartner des K war

also die Vorgründungsgesellschaft, die lediglich falsch als X-GmbH bezeichnet wurde. Für die Verbindlichkeiten der Vorgründungsgesellschaft haftet der K persönlich.
Der Austausch des Vertragspartners und damit des Schuldners geht nicht ohne Zustimmung des V, K kann sich nicht einseitig von seiner Schuld gegenüber V befreien. Es spielt dabei auch keine Rolle, dass V bei Abschluss des Vertrages gedacht hatte, sein Vertragspartner sei die X-GmbH: Es war klar, dass K für das hinter ihm stehende Unternehmen handeln wollte. Dieses Unternehmen war die Vorgründungsgesellschaft mit der entsprechenden persönlichen Haftung aller Gesellschafter.

3.1.4   Auflösung der Vorgründungsgesellschaft durch GmbH-Gründung

Gesellschaftszweck der Vorgründungsgesellschaft war die Gründung der GmbH, mit Abschluss des GmbH-Gesellschaftsvertrages hat die Vorgründungsgesellschaft also ihren Zweck erreicht und ist aufgelöst (§ 726 BGB).

Eine aufgelöste Gesellschaft existiert noch und muss auseinander gesetzt werden (§ 730 BGB). Dazu müssen die Aktiva verwertet und die Verbindlichkeiten beglichen werden, anschließend wird der Überschuss anteilig unter den Gesellschaftern verteilt (§§ 731 ff. BGB).

Die Vorgründungsgesellschaft wird in der Regel dadurch auseinander gesetzt und voll beendigt, dass sie ihr gesamtes Vermögen auf die Vor-GmbH überträgt und diese die bereits entstandenen Verbindlichkeiten begleicht.

Solange die Verbindlichkeiten nicht ausgeglichen wurden, haften auch die Gesellschafter der Vorgründungsgesellschaft unverändert persönlich.

3.2   Vorgesellschaft (»Vor-GmbH«)

3.2.1   Überblick

Vor-GmbH zwischen Abschluss des Gesellschaftsvertrages und Eintragung im Handelsregister

Mit Abschluss des Gesellschaftsvertrages ist die GmbH gegründet, bis zur Eintragung im Handelsregister aber noch nicht entstanden (§ 11 GmbHG). In dieser hat die Gesellschaft die eigenständige Rechtsform der Vorgesellschaft. Es existiert zwar noch keine GmbH, die Vor-GmbH ist aber schon »fast eine GmbH« und unterliegt deshalb auch weitgehend denselben Vorschriften wie die spätere GmbH.

Die Vor-GmbH kann eigene Rechte und Pflichten haben, Grundeigentum besitzen und insolvent werden: Wenn die Vor-GmbH zahlungsunfähig oder überschuldet ist, muss der Geschäftsführer Insolvenzantrag stellen (s. Teil 2, Kap. 2).

Besondere Probleme treten hier auf, wenn die Vor-GmbH nicht eingetragen oder das Stammkapital bereits angegriffen wird.

3.2.2 Beschränkte Vertretungsmacht des Geschäftsführers der Vor-GmbH

Ein wesentlicher Unterschied zwischen Vor-GmbH und GmbH liegt in der Vertretung: Die Vor-GmbH kann sowohl durch den Geschäftsführer als auch durch jeden Gesellschafter vertreten werden, die spätere GmbH nur durch den/die Geschäftsführer (§ 35 GmbHG).

Der Geschäftsführer soll nur die Eintragung veranlassen

Zweck der Vor-GmbH ist es, eine GmbH zu werden. Die Vertretungsmacht des Geschäftsführers beschränkt sich deshalb auf Geschäfte, die zur Entstehung der GmbH erforderlich sind, also z. B. die Korrespondenz mit dem Handelsregister oder die Eröffnung eines Kontos, auf das die Stammeinlagen der Gesellschafter eingezahlt werden können (s. Kap. 3.2.4.2).

> Vor der Eintragung im Handelsregister hat der Geschäftsführer noch keine unbeschränkte Vertretungsmacht und sollte sich deshalb zu allen Geschäften, die über die Entstehung der GmbH hinausgehen, ausdrücklich durch alle Gesellschafter bevollmächtigen lassen. Anderenfalls haftet er persönlich als Vertreter ohne Vertretungsmacht.

Tipp

Musterformulierung Bevollmächtigung

Herr Marco Bauer wird hiermit bevollmächtigt, die durch Gesellschaftsvertrag vom 17.09.2005 errichtete K-GmbH bereits vor deren Eintragung im Handelsregister bei allen Geschäften zu vertreten und bereits jetzt Verbindlichkeiten der Gesellschaft zu begründen.

(Unterschriften **aller** *Gesellschafter)*

3.2.3 Haftung der Gründungs-Gesellschafter

Durch die Gründung einer GmbH soll die persönliche Haftung der Gesellschafter auf die Einlage beschränkt werden (Trennungsprinzip, § 13 Abs. 2 GmbHG). Wesentlicher Grundgedanke dieser Haftungsbeschränkung ist deshalb, dass zumindest das Stammkapital auch tatsächlich vorhanden ist. Die Aufbringung dieser Haftungsmasse ist zwingende Voraussetzung der angestrebten beschränkten Haftung (zum späteren Wegfall durch Aufhebung des Trennungsprinzips s. Kap. 6.3).

3.2.3.1   Minderwertige Sacheinlage (§ 9 GmbHG)

Der Grundgedanke, dass die Haftungsmasse auch tatsächlich vorhanden sein muss, zeigt sich deutlich in der Regelung des § 9 GmbHG über minderwertige Sacheinlagen: Wenn eine Sacheinlage **im Zeitpunkt der Anmeldung** der Gesellschaft zum Handelsregister weniger wert ist als der Betrag der dafür übernommenen Stammeinlage, muss der Gesellschafter den Rest seiner Einlage in bar leisten.

Es reicht also nicht, dass das Stammkapital überhaupt einmal aufgebracht worden war, sondern es muss auch bei Entstehung der Gesellschaft noch vorhanden sein, die GmbH soll zumindest unbelastet und mit voller Kapitalausstattung entstehen können.

3.2.3.2   Falsche Angaben des Geschäftsführers über Leistung der Einlage

Die Regelung des § 9 GmbHG betrifft unmittelbar nur die Fehlbetragshaftung der Gesellschafter. Der Geschäftsführer muss der Registeranmeldung allerdings die Erklärung beifügen, dass der Wert der Sacheinlage dem Betrag der Stammeinlage entspricht (§ 8 Abs. 1 Ziffer 5 GmbHG).

Haftung für fehlende/minderwertige Einlage

Keine Einlage in Cash-Pool

Entspricht diese Erklärung nicht den Tatsachen, haften Gesellschafter und Geschäftsführer als Gesamtschuldner gegenüber der Gesellschaft auf Einzahlung des Fehlbetrages (§ 9a Abs. 1 GmbHG). Diese gesamtschuldnerische Haftung besteht auch für den Ersatz von Zahlungen der Gesellschaft, die nicht ausdrücklich als Gründungsaufwand übernommen wurden und natürlich erst recht für überhaupt nicht geleistete Einlagen (§ 9a Abs. 1 GmbHG). Die Einzahlung in ein Cash Pool-System ist beispielsweise keine Einlage, weil die Zahlung nicht unmittelbar der Gesellschaft zur freien Verfügung steht (BGH, Urteil vom 16.01.2006 – II ZR 76/04, NJW 2006, 1736).

Tipp

> Die Bewertung von Sacheinlagen beinhaltet ganz erhebliche Haftungsrisiken und muss deshalb objektiv erfolgen und beweiskräftig dokumentiert werden.
>
> Gefährlich sind auch verdeckte Sacheinlagen: Die Abtretung einer Forderung gegen einen Dritten ist keine Bar-, sondern eine Sacheinlage.

Die Verpflichtung des Gesellschafters zur Bareinlage wird durch eine Sacheinlage nicht erfüllt, er bleibt also trotz Sacheinlage zur vollen Bareinlage verpflichtet (zur dinglichen Unwirksamkeit der verdeckten Sacheinlage: BGH, Versäumnisurteil vom 07.07.2003 – II ZR 235/01, NJW 2003, 3127). Wenn der Geschäftsführer versichert, die Bareinlage sei erbracht, haftet er für einen eventuellen Ausfall des Drittschuldners persönlich.

Dies gilt im Übrigen nicht nur bei Gründung, sondern auch bei einer späteren Kapitalerhöhung (s. Kap. 5.4).

3.2.3.3 Schädigung durch Einlagen oder Gründungs- aufwand (§ 9 Abs. 2 GmbHG)

Eine objektiv werthaltige Sacheinlage kann für die Gesellschaft völlig nutzlos sein, z. B. weil sie für den konkreten Geschäftsbetrieb ungeeignet ist. Ein formal korrekt übernommener Gründungsaufwand kann unangemessen hoch sein. Auch in diesen (eher seltenen) Fällen haften die Gesellschafter gegenüber der Gesellschaft als Gesamtschuldner auf Schadensersatz. Der Geschäftsführer haftet zwar nicht unmittelbar, hat aber die Pflicht, solche Ansprüche zu erkennen und durchzusetzen (s. Kap. 3.2.5).

3.2.4 Unterbilanzhaftung nach Eintragung (»Vorbelastungshaftung«, »Differenzhaftung«)

3.2.4.1 Grundlagen der Unterbilanzhaftung

Das gesamte Haftungssystem der GmbH wird von dem Grundsatz beherrscht, dass die Gesellschaft zumindest zu Beginn ihrer Existenz ohne Vorbelastungen entstehen soll.

Die Rechtsprechung erweitert deshalb die Fehlbetragshaftung für minderwertige Sacheinlagen (s. Kap. 3.2.3.1) auf jede Unterbilanz:

Die Gründer haften gegenüber der Gesellschaft ganz allgemein dafür, dass das Stammkapital zum Zeitpunkt der Eintragung im Handelsregister auch tatsächlich vorhanden ist.

Wenn das Stammkapital zunächst einmal vorhanden war, aber durch Geschäfte vor Eintragung angegriffen wurde, müssen die Gesellschafter diese Verluste auffüllen und das Stammkapital wieder herstellen.

Es ist dabei vollkommen unerheblich, weshalb das Stammkapital angegriffen ist, entscheidend ist alleine, dass es nicht vollständig vorhanden ist, bei Eintragung aber vorhanden sein muss, die Gesellschaft also bei Entstehung nicht vorbelastet sein darf (deshalb auch »Vorbelastungshaftung«).

Die Unterbilanzhaftung betrifft also die Differenz zwischen dem nominalen Stammkapital und dem im Zeitpunkt der Eintragung tatsächlich vorhandenen Stammkapital (deshalb auch »Differenzhaftung«). Kommt es nicht zur Eintragung, fehlt der Anknüpfungspunkt für die Berechnung einer solchen Differenz, es kann dann also auch keine Unterbilanzhaftung geben. Stattdessen greift aber die Verlustdeckungshaftung der Gesellschafter der Vor-GmbH (s. Kap. 3.4).

Bei Eintragung ins Handelsregister muss das volle Stammkapital vorhanden sein, sonst haften die Gesellschafter auf Erstattung der Differenz (Unterbilanzhaftung)

3.2.4.2   Haftung der GmbH für Verbindlichkeiten der Vor-GmbH

Unterbilanzhaftung   Die Unterbilanzhaftung wird in der Regel nur dann relevant, wenn sich bereits die Vor-GmbH am Rechtsverkehr beteiligt hat und daraus Verluste entstanden sind.

Die GmbH haftet für diese Verluste aber nur dann, wenn sie auch selbst berechtigt und verpflichtet wurde. Dies ist nicht selbstverständlich, weil sich die Vertretungsmacht der Geschäftsführer der Vor-GmbH darauf beschränkt, die Eintragungen im Handelsregister zu veranlassen (s. Kap. 3.2.2).

Wenn die Gesellschafter den Geschäftsführer nicht (einstimmig) zu den vorgenommenen Geschäften bevollmächtigt haben, konnte dieser die Gesellschaft nicht verpflichten. Es haftet dann auch nicht die Gesellschaft, sondern der Geschäftsführer persönlich.

Beispiel: Einkauf von Betriebsmitteln
Der Geschäftsführer G der X-Vor-GmbH kauft bei dem Verkäufer V ohne Wissen der Gesellschafter für 1 Mio. € völlig veraltete und überteuerte Maschinen. Der V nimmt die X-GmbH nach deren Eintragung im Handelsregister auf Zahlung in Anspruch.

Lösung:
Das Geschäft diente nicht dem Registereintrag der Vor-GmbH und war deshalb von der Vertretungsmacht des G nicht gedeckt. Der G hat weder die X-Vor-GmbH noch die spätere X-GmbH verpflichtet, sondern haftet selbst als Vertreter ohne Vertretungsmacht. Das Geschäft führt also auch nicht zu einer Unterbilanz der X-GmbH.

Eine Unterbilanzhaftung setzt also immer voraus, dass die Gesellschafter mit der Geschäftsführung einverstanden waren und der Geschäftsführer die Gesellschaft verpflichten konnte und verpflichtet hat. Anderenfalls hat die Gesellschaft keine Schulden und damit auch keine Unterbilanz, für die die Gesellschafter haften würden.

3.2.4.3   Anteilige Haftung

Keine gesamt-schuldnerische, sondern anteilige Haftung der Gesellschafter   Die Gesellschafter haften gegenüber der Gesellschaft nicht als Gesamtschuldner auf den vollen Fehlbetrag, sondern nur anteilig in der Höhe ihrer jeweiligen Beteiligung.

Kann der anteilige Fehlbetrag von einem Gesellschafter nicht erlangt werden, haften die anderen allerdings wiederum anteilig für diesen Ausfall (§ 24 GmbHG).

Beispiel: Ausfall des Mehrheitsgesellschafters

An der X-GmbH ist der A mit 75% und der B mit 25% beteiligt. Bei Eintragung der X-GmbH beträgt das Stammkapital statt nominal 100 T€ tatsächlich nur 60 T€.

Lösung:

Die Gesellschafter haben diese Unterbilanz in Höhe von 40 T€ anteilig zu beseitigen, der A zu 75% also in Höhe von 30 T€, der B zu 25%, also in Höhe von 10 T€. Fällt der A aus, z. B. weil er insolvent ist oder sich ins Ausland absetzt, haftet der B auch für dessen Anteil und muss das fehlende Stammkapital alleine aufbringen.

3.2.4.4 Feststellung der Unterbilanz

Zur Feststellung der Unterbilanzhaftung ist eine besondere Vorbelastungsbilanz auf den Stichtag der Handelsregistereintragung aufzustellen. In dieser Bilanz dürfen die ordnungsgemäß übernommenen Gründungskosten aktiviert werden, das vorhandene Vermögen ist nach der Ertragswertmethode zu bilanzieren.

Bilanz zum Stichtag der Eintragung ins Handelsregister

3.2.4.5 Pflicht des Geschäftsführers zur Durchsetzung der Unterbilanzhaftung

Der Geschäftsführer hat vorbehaltlos die Interessen der Gesellschaft zu vertreten. Dazu gehört es selbstverständlich auch, Ansprüche der Gesellschaft durchzusetzen. Er muss also zunächst die (Unterbilanz-) Haftung der Gesellschafter erkennen und diese Ansprüche dann auch durchsetzen.

Dies entspricht naturgemäß nicht dem Willen der Gesellschafter und ist deshalb unangenehm. Setzt der Geschäftsführer diese Ansprüche aber nicht durch, haftet er selbst auf Schadensersatz (§ 43 GmbHG, s. Kap. 5.3.5.6) und begeht in der Regel eine Untreue zum Nachteil der Gesellschaft (s. Kap. 7.1.6).

3.2.4.6 Prozessuale Durchsetzung der Unterbilanzhaftung

Die Gesellschafter haften grundsätzlich nur gegenüber der beweispflichtigen Gesellschaft oder dem späteren Insolvenzverwalter, nicht gegenüber deren Gläubigern (BGH, Urteil vom 24.10.2005 – II ZR 129/04, NZG 2006, 64; BGH, Urteil vom 27.01.1997 – II ZR 123/94, ZIP 1997, 679; a. A. u. a. BAG, Urteil vom 27.05.1997 – 9 AZR 483/96, ZIP 1997, 2199).

Diese können aber einen Vollstreckungstitel gegen die Gesellschaft erwirken und damit deren Anspruch gegen ihre Gesellschafter pfänden. Grundsätzlich muss die Gesellschaft (bzw. der Insolvenzverwalter) die Unterbilanz beweisen, es sei denn, es liegen einerseits Anhaltspunkte für den Verbrauch des Stammkapitals im

Gründungsstadium vor oder es fehlt andererseits auch noch eine geordnete Buchhaltung (BGH, Urteil vom 17.02.2003 – II ZR 281/00, NZG 2003, 393). Nimmt ein Gläubiger die Gesellschafter aus abgetretenem oder gepfändetem Recht in Anspruch, fällt ihm der Nachweis der Unterbilanz regelmäßig schwer. Er muss deshalb nur beweisen, dass die Gesellschaft bereits vor Eintragung werbend tätig war.

Der Gesellschafter muss dann beweisen, dass das Gesellschaftsvermögen zum Zeitpunkt der Eintragung im Handelsregister nicht vorbelastet war. Dies wird in der Regel nur durch eine Vorbelastungsbilanz gelingen, die deshalb dringend empfehlenswert ist, wenn die Gesellschaft ihre Geschäfte vor Eintragung aufnimmt (vgl. *Schulze*, GmbHR 2003, 469).

3.2.5   Außenhaftung der Gesellschafter der Vor-GmbH

Abgesehen von der Pfändung der Ansprüche durch einen Gläubiger (s. Kap. 3.2.4.6) kommt die persönliche Unterbilanzhaftung der Gesellschafter gegenüber den Gesellschaftsgläubigern nur in den folgenden wenigen Ausnahmefällen in Betracht:

- bei der Ein-Personen-GmbH,
- bei nur einem Gläubiger,
- wenn die Gesellschaft keinen Geschäftsführer hat,
- wenn die Vor-GmbH vermögenslos ist.

3.2.6   Handelndenhaftung (§ 11 GmbHG)

Auch vor Eintragung handelt für die Vor-GmbH meist schon der (künftige) Geschäftsführer.

Unabhängig von der konkreten Organstellung haftet aber jeder, der für die Vorgesellschaft handelt, automatisch »persönlich und solidarisch« (§ 11 Abs. 2 GmbHG).

3.2.6.1   Keine Haftung für gesetzliche Ansprüche

Durch die strenge Handelndenhaftung sollen Geschäfte vor Eintragung möglichst vermieden und der Geschäftsführer zu einer beschleunigten Anmeldung motiviert werden. Die Haftung knüpft dabei immer an das konkrete Handeln an und gilt deshalb nicht für Ansprüche, die nicht unmittelbar rechtsgeschäftlich begründet werden, z.B. Sozialversicherungsbeiträge oder Grundsteuern.

Wenn der Geschäftsführer der Vor-GmbH (Arbeitnehmer-)Sozialversicherungsbeiträge nicht abführt, droht ihm also keine Haftung aus § 11 Abs. 2 GmbHG wohl aber aus § 823 Abs. 2 BGB i.V.m. § 266a StGB (s. Teil 2, Kap. 6.2).

(Randspalte:) Haftung aller für die Vor-GmbH handelnden Personen

3.2.6.2 Ausschluss der Handelndenhaftung

Die Handelndenhaftung kann stillschweigend ausgeschlossen sein, dazu müssen aber konkrete Anhaltspunkte vorliegen, dass nur die Vorgesellschaft haften soll. Empfehlenswert ist jedenfalls eine ausdrückliche Regelung des Ausschlusses der Haftung.

Vertraglicher Ausschluss der Handelndenhaftung

Für die Erfüllung der Pflichten aus diesem Vertrag soll alleine die X-GmbH haften, der Vertrag steht deshalb unter der aufschiebenden Bedingung der Entstehung der X-GmbH. Die Haftung des Unterzeichners nach § 11 GmbHG wird ausgeschlossen.

3.2.6.3 Ende der Handelndenhaftung mit Eintragung der GmbH

Die Handelndenhaftung setzt voraus, dass nicht irgendwie gehandelt wurde, sondern »im Namen der Gesellschaft« (§ 11 Abs. 2 GmbHG). Die Handelndenhaftung ist dogmatisch also eine Haftung neben der Vorgesellschaft für deren Verbindlichkeiten.

Wegfall der Handelndenhaftung mit Entstehung der GmbH

Mit Eintragung der GmbH gehen alle Rechte und Pflichten der Vor-GmbH automatisch und ohne besonderen Übertragungs- oder Übernahmeakt auf die GmbH über. Damit hat die Vor-GmbH keine Verbindlichkeiten mehr, für die ein Handelnder haften könnte. Mit Eintragung der GmbH endet deshalb auch die Handelndenhaftung, ab jetzt haftet nur noch die GmbH.

Ein solcher Übergang von der Vor-GmbH auf die GmbH kann sich naturgemäß nur auf Rechte und Pflichten der Vor-GmbH beziehen (s. Kap. 3.2.4.2).

Wenn der Geschäftsführer seine Vertretungsmacht überschreitet, verpflichtet er aber gerade nicht die Vor-GmbH, sondern haftet selbst als Vertreter ohne Vertretungsmacht. Diese persönliche Haftung des Geschäftsführers ist keine Verbindlichkeit der Vor-GmbH und geht nicht auf die GmbH über. Die Eintragung entlastet den Geschäftsführer also nicht, wenn er seine Vertretungsmacht überschritten hat (s. Kap. 3.2.2).

3.2.7 Automatischer Übergang von Aktiva und Passiva

Anders als bei der Vorgründungsgesellschaft gehen Aktiva und Passiva der Vor-GmbH automatisch mit Eintragung im Handelsregister auf die dadurch entstandene GmbH über.

3.3   Unechte Vorgesellschaft

3.3.1   Von Anfang an fehlende Eintragungsabsicht

Ohne Eintragungs-
absicht keine Vor-
GmbH, sondern
BGB-Gesellschaft

Sinn und Zweck einer Vor-GmbH ist immer die Eintragung im Handelsregister, also die Entstehung als GmbH.

War die Eintragung überhaupt nie beabsichtigt, gab es auch nie eine Vor-GmbH, sondern immer nur eine vermeintliche, also unechte Vor-GmbH.

Die unechte Vor-GmbH bei von Anfang an fehlender Eintragungsabsicht ist dementsprechend auch von Anfang an eine »normale« BGB-Gesellschaft und hat nichts mit einer Vor-GmbH oder einer GmbH zu tun.

Die Gesellschafter einer unechten Vor-GmbH, deren Eintragung überhaupt nie beabsichtigt war, haften deshalb als BGB-Gesellschafter persönlich und unbeschränkt für alle Verbindlichkeiten der unechten Vor-GmbH.

3.3.2   Nachträgliche Aufgabe der Eintragungsabsicht

Hatten die Vor-GmbH-Gesellschafter zumindest anfänglich die Absicht, die Gesellschaft ins Handelsregister eintragen zu lassen, ist zunächst eine echte Vor-GmbH entstanden.

Geben die Gesellschafter dieser Vor-GmbH später die Eintragungsabsicht wieder auf, ändert sich nachträglich der Gesellschaftszweck der Vor-GmbH und sie wird zu einer unechten Vorgesellschaft, also einer BGB-Gesellschaft (oder ggf. auch einer OHG).

Chronologisch lässt sich der Weg zur unechten Vorgesellschaft so darstellen:

- Vorgründungsgesellschaft (BGB-Gesellschaft) ab gemeinsamer Planung,
- daneben echte Vor-GmbH ab Gründung der GmbH (Gesellschaftsvertrag),
- unechte Vor-GmbH (BGB-Gesellschaft) ab Aufgabe der Eintragungsabsicht.

3.3.2.1   Verlustdeckungshaftung für Altverbindlichkeiten der echten Vor-GmbH

Die vor Aufgabe der Eintragungsabsicht bereits entstandenen Verbindlichkeiten der echten Vor-GmbH gehen ohne weiteres auf die unechte Vor-GmbH über.

Es müssen also alle Verluste ausgeglichen und alle Gläubiger der echten Vor-GmbH vollständig befriedigt werden (»Verlustdeckungshaftung«).

Die Haftung der Gesellschafter ist auch nicht durch die Höhe des Stammkapitals beschränkt, das Prinzip getrennter Vermögensmassen gilt erst ab der Eintragung ins Handelsregister (§ 13 Abs. 2 GmbHG).

Während der Existenz der echten Vor-GmbH, also bis zur Aufgabe der Eintragungsabsicht, gilt für die Haftung der Gesellschafter aber bereits § 24 GmbHG, d. h. die Gesellschafter haften nicht gesamtschuldnerisch, sondern nur anteilig.

Nur anteilige Haftung

Bei dieser Regelung bleibt es auch, wenn aus der echten eine unechte Vor-GmbH wird, es wurde ja nur eine anteilige Haftung begründet. Insoweit unterscheidet sich die nachträgliche unechte Vor-GmbH (anteilige Haftung) von der anfänglich unechten Vor-GmbH, also von einer »normalen« BGB-Gesellschaft (gesamtschuldnerische Haftung).

Trotzdem kann die Ausfallhaftung nach § 24 GmbHG dazu führen, dass ein Gesellschafter alleine die gesamten Verluste zu tragen hat, z. B. wenn der einzige andere Gesellschafter ausfällt (s. Kap. 3.2.4.3).

3.3.2.2   Neue Verbindlichkeiten der unechten Vor-GmbH

Wenn die unechte Vor-GmbH nach Aufgabe der Eintragungsabsicht als normale BGB-Gesellschaft weiter am Rechtsverkehr teilnimmt, haften die Gesellschafter ohne weiteres persönlich, soweit sie selbst die werbende Tätigkeit fortsetzen oder zumindest billigen.

Für die Gesellschafter, die nichts von der Fortsetzung der Geschäftstätigkeit wissen oder damit nicht einverstanden sind, bleibt es bei der Verlustdeckungshaftung im Innenverhältnis gegenüber der unechten Vorgesellschaft: Sie sind an der »neuen« unechten Vor-GmbH nicht beteiligt und haften deshalb auch nicht über ihre Beteiligung am ursprünglich geplanten Stammkapital hinaus.

3.4   Haftung in der nicht eingetragenen GmbH

3.4.1   Fortbestand der Handelndenhaftung

Wenn die GmbH nicht eingetragen wird, kann auch die Handelndenhaftung nicht untergehen (s. Kap. 3.2.7), sondern besteht unverändert fort.

3.4.2   Keine Unterbilanzhaftung

Die Unterbilanz bezieht sich auf die Differenz zwischen dem Stammkapital der Gesellschaft und dem tatsächlich vorhandenen Vermögen im Zeitpunkt der Eintragung. Ohne Eintragung kann es also auch keine Unterbilanzhaftung geben (s. Kap. 3.2.4).

Keine Unterbilanzhaftung ohne Eintragung

3.4.3   Verlustdeckungshaftung

Der Unterbilanz-
haftung nach
Eintragung ent-
spricht die Verlust-
deckungshaftung
ohne/bis zur
Eintragung

Die Unterbilanzhaftung wird durch die Verlustdeckungshaftung ersetzt, wenn die Vor-GmbH nicht eingetragen wird. Danach sind die Gesellschafter verpflichtet, alle Verbindlichkeiten auszugleichen, entweder unbeschränkt, wenn von Anfang an keine Eintragung beabsichtigt war, oder anteilig, wenn die Eintragung zunächst geplant war aber später aufgegeben wurde (s. Kap. 3.3).

3.5   Inanspruchnahme der Gesellschafter durch den Geschäftsführer

Wenn es Ansprüche der (Vor-) GmbH gegen ihre Gesellschafter gibt, muss der Geschäftsführer diese im Interesse der Gesellschaft (und deren Gläubigern) durchsetzen, sonst haftet er wegen Verletzung eigener Pflichten gegenüber der Gesellschaft.

Checkliste

Dabei sind folgende Punkte zu beachten:

✔ Zur Vermeidung einer persönlichen Haftung muss der Geschäftsführer Ansprüche gegen die Gesellschafter erkennen und durchsetzen.

✔ Wurden Bareinlagen tatsächlich bar geleistet oder gibt es verdeckte Sacheinlagen?

✔ Sind Sacheinlagen richtig bewertet und ist dieser Wert bei Eintragung der Gesellschaft unverändert vorhanden?

✔ Bestehen Ansprüche der Gesellschaft gegen die Gesellschafter auf Ausgleich einer Unterbilanz oder von Verlusten?

3.6   Zusammenfassung

1. Vorgründungsgesellschaft

Bis zum Abschluss des Gesellschaftsvertrages besteht zwischen den Gesellschaftern eine Vorgründungsgesellschaft in der Rechtsform einer BGB-Gesellschaft: Die Gesellschafter haften persönlich und unbeschränkt.

Tipp

Die unbeschränkte Haftung vor Abschluss des Gesellschaftsvertrages kann nur durch eine gesonderte Vereinbarung ausgeschlossen oder beschränkt werden.

2. Vor-GmbH

Mit Abschluss des Gesellschaftsvertrages entsteht eine Vor-GmbH, wenn die Eintragung im Handelsregister tatsächlich beabsichtigt ist. Für alle während dieser Zeit begründeten Verbindlichkeiten haften die Gesellschafter nur anteilig. Diese Haftung geht mit Eintragung unter, es folgt dann ggf. die Unterbilanzhaftung.

Die unechte Vor-GmbH bei von Anfang an fehlender Eintragungs-absicht ist von Anfang an eine BGB-Gesellschaft, die Gesellschafter haften also nicht nur anteilig, sondern persönlich und unbeschränkt.

Besteht zunächst die Eintragungsabsicht, besteht auch eine echte Vor-GmbH, bis diese Absicht aufgegeben wird. Für Verbindlich-keiten, die vor Aufgabe der Eintragungsabsicht begründet werden, also für die echte Vor-GmbH, haften die Gesellschafter nur anteilig. Für Verbindlichkeiten, die nach Aufgabe der Eintragungsabsicht be-gründet werden, also für die unechte Vor-GmbH, haften sie als BGB-Gesellschafter persönlich und unbeschränkt.

Das Nach- und Nebeneinander verschiedener Haftungen ist auf den ersten Blick etwas unübersichtlich, es ist deshalb einerseits zwi-schen der Haftung der Gesellschafter und der Haftung des Geschäft-führers zu unterscheiden und andererseits, ob die GmbH später ein-getragen wird oder nicht.

Unechte Vor-GmbH

Echte Vor-GmbH

3. Handelndenhaftung

Wer für die Vor-GmbH im Außenverhältnis handelt, haftet dafür au-tomatisch persönlich, diese Haftung entfällt aber mit Eintragung der Gesellschaft ins Handelsregister. Überschreitet der Geschäftsführer seine (auf die Eintragung beschränkte) Vollmacht, handelt er nicht für die Vor-GmbH und wird deshalb auch durch die Eintragung nicht von seiner persönlichen Haftung befreit.

> Ist der Geschäftsführer der Vor-GmbH durch alle Gesellschafter bevollmächtigt, die Geschäftstätigkeit schon aufzunehmen?

Tipp

4. Stammkapitalhaftung der Gesellschafter

Unabhängig von der Handelndenhaftung im Außenverhältnis schul-den die Gesellschafter im Innenverhältnis gegenüber der Gesell-schaft das Stammkapital.

Wenn die GmbH eingetragen wird, muss das gesamte Stammka-pital in voller Höhe zur Verfügung stehen, anderenfalls haften die Gesellschafter gegenüber der Gesellschaft auf den Ausgleich dieser Unterbilanz. Wird die Gesellschaft dagegen nicht eingetragen, haf-ten die Gesellschafter gegenüber der Gesellschaft auf den Ausgleich des gesamten entstandenen Verlustes.

4 Haftung des Geschäftsführers gegenüber den Gesellschaftern

4.1 Überblick

Der Geschäfts-
führer ist der
GmbH verpflichtet,
nicht deren
Gesellschaftern

Der Geschäftsführer steht in zwei unterschiedlichen Rechtsbeziehungen zu der Gesellschaft: Er ist einerseits deren Organ und andererseits deren Angestellter. Er hat deshalb die Interessen der Gesellschaft wahrzunehmen, nicht die Interessen ihrer Gesellschafter, ist im Gegenteil im Interesse der Gesellschaft gegebenenfalls dazu verpflichtet, Ansprüche der Gesellschaft gegen die Gesellschafter durchzusetzen (s. Kap. 4.2.4.5, Kap. 6.3.5.6). Eine Haftung des Geschäftsführers unmittelbar gegenüber den Gesellschaftern besteht deshalb grundsätzlich nicht.

4.2 Anstellungsvertrag mit Schutzwirkung zugunsten der Gesellschafter

Im Normalfall regelt der Anstellungsvertrag des Geschäftsführers lediglich das Verhältnis zwischen ihm und seinem Dienstherrn, also der Gesellschaft. Eine Verletzung der vertraglichen Pflichten kann deshalb ebenfalls nur zu einer Haftung gegenüber der Gesellschaft führen und begründet keine Haftung gegenüber den Gesellschaftern.

Es ist jedoch zumindest theoretisch denkbar, dass sich der Geschäftsführer in dem Anstellungsvertrag gegenüber der GmbH auch verpflichtet, auf die Interessen der Gesellschafter Rücksicht zu nehmen oder diese von sich aus laufend zu informieren: In der AG bestimmt § 90 AktG ausdrücklich die Pflicht des Vorstandes zur Information des Aufsichtsrates; im GmbH-Recht gibt es keine vergleichbare Regelung, sondern der Geschäftsführer muss die Gesellschafter grundsätzlich nur auf konkrete Nachfrage informieren (§ 51a GmbHG).

Die Verpflichtung des GmbH-Geschäftsführers zur Information der Gesellschafter entsprechend § 90 AktG könnte deshalb zugunsten der Gesellschafter im Dienstvertrag des Geschäftsführers mit der GmbH vereinbart werden. Bei einer Verletzung dieser Pflicht kommt dann eine Haftung gegenüber den ausdrücklich berechtigten Gesellschaftern in Betracht.

Jede (dienst-)vertragliche Regelung zugunsten der Gesellschafter, bei der eine Interessenkollision des Geschäftsführers aber auch nur denkbar ist, dürfte allerdings ohne weiteres unwirksam sein. Die GmbH-Gesellschafter können den Geschäftsführer nicht zu treuwidrigem Verhalten anhalten oder gar anweisen (s. Kap. 5.3.4.9, Kap. 7.1.6.3).

Im Ergebnis sind Ansprüche der Gesellschafter gegen den Geschäftsführer wegen Verletzung dienstvertraglicher Pflichten eher theoretischer Natur und in der Rechtspraxis völlig bedeutungslos.

4.3   Verletzung der Beteiligung

Nach § 823 Abs. 1 BGB haftet auf Schadensersatz, wer die Gesundheit, das Eigentum oder ein sonstiges vergleichbares absolutes Recht eines anderen verletzt. Die Beteiligung an einer GmbH ist ein solches »sonstiges Recht« im Sinne des § 823 Abs. 1 BGB (OLG München, Urteil vom 02.04.2990 – 17 U 2411/89, NJW-RR 1991, 928).

Absolutes Recht der GmbH-Beteiligung

Dieses Recht setzt sich aus einem Bündel von Gesellschafter-Rechten zusammen und ist beispielsweise verletzt, wenn der Geschäftsführer die tatsächliche Tätigkeit des Unternehmens wesentlich ändert oder die Gesellschafter bewusst unterschiedlich behandelt, zum Beispiel eigene Geschäftsanteile der Gesellschaft an einen Gesellschafter veräußert, um diesem die alleinige Mehrheit zu verschaffen.

Solche deliktischen Handlungen beeinträchtigen ausnahmsweise nicht nur den Wert der gesellschaftsrechtlichen Beteiligung, sondern die Ausübung und den Inhalt des gesamten Mitgliedschaftsrechts. Der Geschäftsführer haftet dann gegenüber dem beeinträchtigten Gesellschafter.

4.4   Erstattung verbotener Rückzahlungen

Die Gesellschafter müssen der Gesellschaft Zahlungen erstatten, die aus dem zur Erhaltung des Stammkapitals erforderlichen Vermögen geleistet wurden. Erstattungspflichtig ist primär derjenige, der eine solche Zahlung erhalten hat.

Ausfallhaftung und Rückgriffsanspruch der Gesellschafter bei Rückzahlung von Stammkapital

Für dessen Ausfall haften die anderen Gesellschafter anteilig (§ 31 Abs. 3 GmbHG), haben aber einen Rückgriffsanspruch gegen den Geschäftsführer, der die Zahlung veranlasst hat (§ 31 Abs. 6 GmbHG, s. Teil 2, Kap. 7).

Über diesen Rückgriffsanspruch der Gesellschafter kommt also die persönliche Haftung des Geschäftsführers gegenüber den Gesellschaftern für unerlaubte Rückzahlungen aus dem Stammkapital in Betracht.

4.5   Zusammenfassung

Im Einzelnen sind die Voraussetzungen einer unmittelbaren Haftung des Geschäftsführers gegenüber einem Gesellschafter noch weitgehend ungeklärt.

Grundsätzlich haftet der Geschäftsführer jedenfalls nicht gegenüber den Gesellschaftern. Die theoretisch denkbaren Ausnahmefälle spielen in der Praxis bislang keine nennenswerte Rolle.

5 Die Haftung des Geschäftsführers gegenüber der Gesellschaft

5.1 Einleitung

Der Geschäftsführer hat sowohl externe als auch interne Aufgaben: Er vertritt die GmbH im Außenverhältnis gegenüber Dritten
(§ 35 GmbHG). Ein Rechtsgeschäft ist deshalb auch dann wirksam,
wenn der Geschäftsführer gegen interne Auflagen oder Weisungen
verstößt. Er **kann** nach außen also mehr, als er nach dem Innenverhältnis **darf**, missbraucht damit aber seine Befugnisse und verletzt
seine Pflichten gegenüber der GmbH (zur Untreue s. Kap. 7.1.6.1).

Haftung im Innenverhältnis

   Gleichzeitig hat der Geschäftsführer auch zahlreiche interne
Pflichten gegenüber der Gesellschaft, deren Vermögen und Interessen er verwaltet.

   Für den Geschäftsführer stellt die Innenhaftung deshalb ein ganz
besonderes Haftungsrisiko dar, insbesondere wenn die Ansprüche
der Gesellschaft gegen den Geschäftsführer von einem Gläubiger der
GmbH gepfändet oder durch einen späteren Insolvenzverwalter geltend gemacht werden.

5.2 Beginn und Ende der Haftung

Die Haftung als Geschäftsführer beginnt mit dem rein formalen Akt
der Bestellung, auch wenn diese unwirksam oder noch nicht ins Handelsregister eingetragen ist.

Haftung als Bestellung bis Abberufung

   Parallel dazu können keine Ansprüche mehr gegen den Geschäftsführer entstehen, sobald er seine Stellung als Geschäftsführer aufgegeben hat oder abberufen wurde. Wie bei der Bestellung ist auch bei
der Beendigung nicht die formale Löschung im Handelsregister entscheidend, sondern alleine, ob der Geschäftsführer abberufen wurde
und seine Tätigkeit wirklich beendet hat. Anderenfalls bleibt er ggf.
faktischer Geschäftsführer (s. Kap. 6.9).

   Die vor Beendigung der Organstellung bereits entstandenen Ansprüche der Gesellschaft können noch bis zum Verjährungseintritt

geltend gemacht werden, im Höchstfall also bis zu fünf Jahre nach Ausscheiden des Geschäftsführers (s. Kap. 5.7.4).

Tipp

> Der Geschäftsführer kann sich nicht auf gute Beziehungen zu den Gesellschaftern verlassen, sondern muss immer damit rechnen, dass sich der Gesellschafterkreis verändert oder die Ansprüche der GmbH von einem Gläubiger oder Insolvenzverwalter durchgesetzt werden.

5.3 Pflichten bei der Geschäftsführung (§ 43 GmbHG)

5.3.1 Überblick

Der Geschäftführer ist kein Kaufmann, muss aber die Sorgfalt eines ordentlichen Geschäftsmannes anwenden

Nach § 43 Abs. 1 GmbHG hat der Geschäftsführer »in den Angelegenheiten der Gesellschaft die Sorgfalt eines ordentlichen Geschäftsmannes anzuwenden«. Verletzt der Geschäftsführer diese Sorgfaltspflicht, haftet er der Gesellschaft auf Schadensersatz (§ 43 Abs. 2 GmbHG). Diese Regelung ist die zentrale Norm für die Innenhaftung des GmbH-Geschäftsführers gegenüber der GmbH. Die Anspruchsvoraussetzungen sind dabei so einfach wie unpräzise: Der Geschäftsführer haftet, wenn er seine Sorgfaltspflicht verletzt.

Tipp

> Solange das Verhältnis zwischen Gesellschaftern und Geschäftsführern gut ist, verwendet der Geschäftsführer häufig keinen Gedanken an eine mögliche Haftung. Gerade in dieser Zeit können aber Haftungsrisiken minimiert werden.

Es kann deshalb nicht oft genug darauf hingewiesen werden, dass sich der Geschäftsführer in einer wirtschaftlichen Krise der Gesellschaft auf einmal einem Insolvenzverwalter gegenüber sehen kann, die Gesellschafter ihre Beteiligung oder das gesamte Unternehmen an einen neuen Investor veräußern oder deren Erben unzufrieden über den Ertrag der Beteiligung sein könnten.

In all diesen Fällen hat es der Geschäftsführer auf einmal mit Anspruchstellern zu tun, deren Ziel oder gar Aufgabe es ist, Ansprüche gegen den Geschäftsführer zu prüfen und möglichst durchzusetzen. Dasselbe gilt für einen Gläubiger, der die Ansprüche der Gesellschaft gegen ihren Geschäftsführer pfändet.

Der Geschäftsführer darf sich deshalb nicht auf ein Vertrauensverhältnis mit den aktuellen Gesellschaftern verlassen, sondern sollte sich immer objektiv pflichtgemäß verhalten und sich beizeiten um eine Haftungsvermeidung bzw. -beschränkung bemühen.

5.3.2   Anspruchsberechtigte
5.3.2.1   Gesellschaft

Anspruchsberechtigt ist die Gesellschaft selbst. Materielle Voraussetzung für die Entstehung des Ersatzanspruchs ist aber ein Beschluss der Gesellschafter, Ersatzansprüche gegen den Geschäftsführer geltend zu machen (§ 46 Ziff. 8 GmbHG).

> **Tipp**
> Ein Beschluss nach § 46 Ziff. 8 GmbHG muss zumindest erkennen lassen, welche konkrete Pflichtverletzung dem Geschäftsführer vorgeworfen wird. Er kann in einem Rechtsstreit nachgereicht werden, bis der Prozess entscheidungsreif ist.

Der erforderliche Gesellschafterbeschluss kann auch formlos ergehen, z.B. anlässlich eines (zufälligen) Treffens der Gesellschafter. Aufgrund der zentralen Bedeutung dieses Beschlusses empfiehlt sich jedoch die Protokollierung, um die Existenz und Wirksamkeit des Beschlusses problemlos beweisen zu können.

5.3.2.2   Aufgelöste Gesellschaft

Auch eine aufgelöste GmbH kann Ansprüche gegen ihren (ehemaligen) Geschäftsführer geltend machen, beispielsweise wenn das Insolvenzverfahren über das Vermögen der Gesellschaft eröffnet oder mangels Masse abgelehnt wird (§ 60 Abs. 1 Ziff. 4, Ziff. 5 GmbHG).

Eine aufgelöste Gesellschaft existiert weiter, solange sie noch Vermögen hat

Diese Terminologie ist oft verwirrend: Eine aufgelöste Gesellschaft existiert noch, bis sie voll beendet ist. Diese Beendigung tritt erst dann ein, wenn sie
- im Handelsregister gelöscht ist
- **und** kein Vermögen mehr hat.

Trotz Löschung im Handelsregister existiert die GmbH also weiter, wenn und so lange sie noch Vermögen hat, z.B. einen Schadensersatzanspruch gegen ihren (ehemaligen) Geschäftsführer.

> **Tipp**
> Die Ablehnung des Insolvenzverfahrens mangels Masse beseitigt die Haftungsrisiken des Geschäftsführers nicht, sondern eröffnet den Gesellschaftsgläubigern im Gegenteil die Möglichkeit, Ansprüche der Gesellschaft zu pfänden und durchzusetzen.

5.3.2.3   Unternehmensverkauf an neue Gesellschafter

Wenn die Gesellschafter ihre Anteile an der Gesellschaft verkaufen, besteht die Gefahr, dass die neuen Gesellschafter die bisherige Geschäftsführung besonders akribisch überprüfen, um eventuelle

Haftungsrisiko Gesellschafterwechsel

Pflichtverletzungen aufzudecken und Schadensersatzforderungen geltend zu machen oder zumindest anzudrohen, beispielsweise um eine »günstige« Auflösung des Dienstvertrages des Geschäftsführers durchzusetzen.

Die Gesellschafter sind dazu in der Regel auch bereit, einerseits, weil sie auf die kooperative Mitwirkung des Geschäftsführers bei der Unternehmensveräußerung angewiesen sind, andererseits, weil kaum ein Investor bereit ist, eine Gesellschaft zu erwerben, bei der schon die bisherigen Gesellschafter Zweifel an einer ordnungsgemäßen Geschäftsführung haben.

Tipp

> Bei Veräußerung des Unternehmens sollte der Geschäftsführer darauf achten, dass die bisherigen Gesellschafter seine Geschäftsführung genehmigen, ihn entlasten und möglichst auf alle eventuellen Ansprüche verzichten.

5.3.2.4 Geltendmachung durch einen Gesellschafter (»actio pro socio«)

Häufig ist der Mehrheitsgesellschafter gleichzeitig Geschäftsführer und verhindert mit seiner Mehrheit einen Beschluss über die Geltendmachung von Schadensersatzansprüchen gegen sich selbst.

actio pro socio

In solchen Fällen ist der Minderheitsgesellschafter nicht vollkommen rechtlos, sondern kann mit einer sogenannten **actio pro socio** die Ansprüche der Gesellschaft gegen den Geschäftsführer einklagen: Er klagt dabei aus dem Recht der Gesellschaft und in eigenem Namen, aber auf Leistung an die (ausnahmsweise durch ihn als Gesellschafter vertretene) GmbH.

5.3.2.5 Insolvenzverwalter

In den meisten Fällen wird der Geschäftsführer durch einen Insolvenzverwalter in Anspruch genommen, der in zweifacher Hinsicht privilegiert ist:

- Der Verwalter benötigt keinen Gesellschafterbeschluss nach § 46 Ziff. 8 GmbHG und
- die Entlastung des Geschäftsführers ist unwirksam, soweit sie Ansprüche erfasst, die zur Befriedigung der Gläubiger erforderlich sind (§§ 43 Abs. 3 Satz 3, 9b Abs. 1, 30, 31 GmbHG).

Dagegen wirkt ein Haftungsausschluss oder eine Haftungsbeschränkung zwischen Geschäftsführer und Gesellschaft auch gegenüber dem Insolvenzverwalter: Die Gesellschaft verzichtet nicht auf Ansprüche, sondern es entstehen erst gar keine.

5.3.2.6   Rückgriff einer Versicherungsgesellschaft

Wenn eine Versicherung der GmbH im Außenverhältnis einen Schaden reguliert, den der Geschäftsführer im Innenverhältnis (zumindest teilweise) mit verursacht hat, geht der Ersatzanspruch der Gesellschaft gegen den Geschäftsführer automatisch im Wege der Legalzession (= Abtretung einer Forderung unmittelbar kraft Gesetzes) auf den Versicherer über (§ 67 VVG).

Die Versicherung muss zwar im Außenverhältnis den Schaden gegenüber dem Geschädigten erstatten (bzw. die GmbH gegenüber dem Geschädigten freistellen), kann im Innenverhältnis aber den Geschäftsführer aus dem Anspruch der Gesellschaft in Regress nehmen.

In den Versicherungsverträgen sollte deshalb ein Regressverzicht des Versicherers vereinbart sein.

Tipp

5.3.2.7   Die vertretene Kommanditgesellschaft in der GmbH & Co. KG

In der GmbH & Co. KG kann die Kommanditgesellschaft den Geschäftsführer der Komplementär-GmbH unmittelbar in Anspruch nehmen (s. Kap. 5.10).

Anspruch der KG gegen den Geschäftsführer der Komplementär-GmbH bei der GmbH & Co. KG

5.3.3   Anspruchsgegner

Als Anspruchsgegner kommt jeder aktuelle oder ehemalige, tatsächliche oder eingetragene Geschäftsführer in Betracht, also auch der nur faktische Geschäftsführer oder der reine Strohmann. Die Haftung endet nicht gleichzeitig mit Beendigung der Geschäftsführerstellung, sondern es entstehen ab diesem Zeitpunkt lediglich keine Ansprüche mehr. Die während der Tätigkeit als Geschäftsführer bereits entstandenen Ansprüche bestehen aber unverändert fort und können bis zum Eintritt der Verjährung durchgesetzt werden (s. Kap. 5.7.4).

Auch für die Inanspruchnahme eines früheren Geschäftsführers ist ein Gesellschafterbeschluss nach § 46 Ziff. 8 GmbHG erforderlich.

5.3.4   Allgemeine Sorgfalts- und Treuepflichten des Geschäftsführers

Der Geschäftsführer nimmt als Treuhänder die Interessen der Gesellschaft wahr, er hat deshalb entsprechende Sorgfalts- und Treuepflichten (zur Untreue s. Kap. 7.1.6).

5.3.4.1   Sorgfaltspflicht

Die zentrale Haftungsnorm in § 43 GmbHG regelt mit keinem Wort, welche konkreten Pflichten ein Geschäftsführer hat, sondern bestimmt lediglich die Rechtsfolge: wer gegen seine Pflichten verstößt, haftet auf Schadensersatz.

Bevor ein Pflichtverstoß festgestellt werden kann, muss naturgemäß zunächst einmal ermittelt werden, welche konkreten Pflichten bestehen. Dies bleibt allerdings weitgehend dem Geschäftsführer selbst bzw. dem jeweiligen Anspruchsteller überlassen.

Wenig hilfreicher Ausgangspunkt sind die allgemeinen gesetzlichen Umschreibungen: Nach § 347 HGB ist die »Sorgfalt eines ordentlichen Kaufmanns« geschuldet, nach § 43 GmbHG die »Sorgfalt eines ordentlichen Geschäftsmannes« und nach § 93 AktG die »Sorgfalt eines ordentlichen und gewissenhaften Geschäftsleiters«.

Trotz unterschiedlicher Formulierung entspricht die Sorgfaltspflicht des ordentlichen Geschäftsmannes aus § 43 GmbHG derjenigen des ordentlichen und gewissenhaften Geschäftsleiters aus § 93 AktG. Geschäftsführer und Vorstand haben damit weitgehend dieselben Pflichten, die über die etwas geringeren Anforderungen nach § 347 HGB hinausgehen.

Letztendlich liegt aber allen Formulierungen derselbe Gedanke zugrunde: Der Sorgfaltspflichtige soll sich sowohl intern gegenüber der Gesellschaft als auch extern gegenüber Geschäftspartnern zuverlässig und vertrauenswürdig verhalten.

5.3.4.2   Treuepflicht

Neben der Sorgfaltspflicht bei der Geschäftsführung hat der Geschäftsführer auch eine organschaftliche Treuepflicht gegenüber der Gesellschaft. Die Abgrenzung zwischen Sorgfalts- und Treuepflicht ist schwierig und meist unnötig.

Tendenziell betrifft die Sorgfaltspflicht die übliche Interessenlage eines ordentlichen Geschäftsmannes; die Treuepflicht geht über diese Sorgfaltspflicht hinaus und betont die treuhänderische Zuständigkeit für fremdes Vermögen: Auch ein sorgfältiger Geschäftsmann kann weitgehend frei über sein eigenes Vermögen verfügen, ein Treuhänder muss das ihm anvertraute fremde Vermögen aber deutlich gewissenhafter und zuverlässiger verwalten und dabei ausschließlich das Wohl und den Nutzen des Treugebers berücksichtigen, hier also der GmbH.

Deshalb bezieht sich die (weniger strenge) Sorgfaltspflicht häufig auf rein gesellschaftsinterne Vorgänge und die (strengere) Treuepflicht auf (riskantere) Vorgänge mit Außenwirkung (auch gegenüber dem Geschäftsführer selbst).

Eine strafbare Untreue zum Nachteil der Gesellschaft ist in der Regel gleichzeitig eine Treuepflichtverletzung, insoweit kann zur Unterscheidung zwischen Sorgfalts- und Treuepflicht auch ergänzend auf den Untreuetatbestand abgestellt werden (s. Kap. 7.1.6).

Eine präzise Abgrenzung ist aber weder möglich noch erforderlich: der Geschäftsführer haftet in beiden Fällen gleich. In der Praxis wird deshalb kaum zwischen Sorgfaltspflichtverletzung und Treueverstoß unterschieden, sondern auf die konkrete Pflichtverletzung abgestellt:

> Jede Tätigkeit des Geschäftsführers muss im Interesse der Gesellschaft sein.
>
> Jede Tätigkeit im Interesse der Gesellschaft muss der Geschäftsführer auch aktiv vornehmen.

Tipp

Beispiel: Zahlung vor Fälligkeit (OLG Koblenz, Urteil vom 12.05.1999 – 1 U 1649/97, NJW-RR 2000, 483)
Der Geschäftsführer G der B-GmbH hat am 03.12.1996 auf mehrere Rechnungen der I-GmbH 150.000 € bezahlt. Die Forderungen waren nur teilweise berechtigt, auf jeden Fall aber noch nicht fällig.

Lösung:
Eine Zahlung vor Fälligkeit ist nicht im Interesse der Gesellschaft, der Geschäftsführer schuldet deshalb Schadensersatz. Der Schaden liegt bei berechtigten Forderungen im Zinsverlust, bei unberechtigten Forderungen in dem ausgezahlten Betrag.

Grundfrage: Was entspricht dem Interesse der GmbH?

5.3.4.3   Persönliche Eigenschaften des Geschäftsführers

Persönliche Eigenschaften, Kompetenzen, vorhandene oder fehlende Fähigkeiten des Geschäftsführers wie Alter, Unerfahrenheit, Unkenntnis, mangelnde Ausbildung, fehlende Fremdsprachenkenntnisse o. Ä. sind für den Pflichtenkatalog und dessen Einhaltung vollkommen unerheblich.

Wenn der Geschäftsführer nicht selbst über die erforderliche Kompetenz verfügt, muss er entweder fachkundigen Rat einholen oder sollte besser gar nicht erst Geschäftsführer werden.

5.3.4.4   Eigenschaften und Unternehmensgegenstand der Gesellschaft

Die konkreten Anforderungen an den Geschäftsführer hängen zwar nicht von dessen Person, dagegen aber ganz entscheidend von den jeweiligen Eigenheiten der Gesellschaft ab, also z. B. von der jeweiligen Branche, dem Umsatz, der Anzahl der Mitarbeiter und insbesondere

Die konkreten Anforderungen hängen von der jeweiligen Gesellschaft ab

von dem konkreten Unternehmensgegenstand: Der Geschäftsführer hat nicht irgendwelche Geschäfte zu führen, sondern die Geschäfte der Gesellschaft, muss sich also strikt innerhalb der Grenzen des gesellschaftsvertraglich bestimmten Unternehmensgegenstandes halten, die den rechtlichen Rahmen für sein Handeln bilden (OLG Düsseldorf, Urteil vom 14.03.1996 – 6 U 119/94, ZIP 1996, 1083, 1087).

Der Geschäftsführer einer auf Börsentermingeschäfte spezialisierten Gesellschaft darf mit dem GmbH-Vermögen naturgemäß ein höheres Risiko eingehen als der Geschäftsführer einer Anwalts-GmbH.

> **Beispiel: Risiko-Beteiligung**
> *Der Geschäftsführer G der VC-GmbH gewährt einer neu gegründeten Biotech-Gesellschaft eine stille Beteiligung von 1 Mio. €.*

Lösung:
Handelt es sich bei der VC-GmbH um eine Fondsgesellschaft, gehört eine solche Beteiligung gerade zu den Aufgaben des G. Betreibt die VC-GmbH dagegen eine Spedition mit drei Mitarbeitern, hat G durch diese Beteiligung seine Pflichten verletzt und haftet auf Schadensersatz.

Tipp Insbesondere bei Beteiligungen und Kreditgeschäften ist genau zu prüfen, ob das Geschäft dem Unternehmensgegenstand entspricht.

5.3.4.5 Pflicht zur sorgfältigen Unternehmensleitung

Der Geschäftsführer darf die Geschäftsführung nicht auf andere übertragen

Ganz allgemein hat der Geschäftsführer die Pflicht zur ordnungsgemäßen Geschäftsführung. Bestandteil dieser Kardinalpflicht ist die Zuständigkeit für wesentliche unternehmensleitende Entscheidungen. Soweit der Geschäftsführer nicht bestimmten Weisungen der Gesellschafter unterliegt, muss er sich selbst um die Grundzüge der Unternehmenspolitik kümmern und darf diese nicht seinen Mitarbeitern überlassen.

Dazu gehören beispielsweise Vorgaben über die Erschließung neuer Märkte oder ähnlich grundlegende Entscheidungen. Weniger bedeutende Entscheidungen dürfen (zumindest außerhalb der Krise) dagegen auf leitende Mitarbeiter übertragen werden, die dann aufgrund der Organisationspflicht aber sorgfältig überwacht werden müssen (s. Kap. 5.3.4.7 und Kap. 6.2.3).

5.3.4.6 Finanzplanung

Der Finanzplanung ist eine unverzichtbare Entscheidungsgrundlage

Der Geschäftsführer muss jederzeit einen Überblick über die wirtschaftliche Situation der Gesellschaft haben, insbesondere auf die Liquidität und eine eventuelle Überschuldung der Gesellschaft achten und für eine Organisation sorgen, die ihm die erforderliche Übersicht ohne weiteres ermöglicht (BGH, Urteil vom 20.02.1995 – II ZR 9/94, NJW-RR 1995, 669).

Ab wann das Nichterstellen eines Plans eine Sorgfaltspflichtverletzung ist, hängt von den jeweiligen Umständen ab; eine solche Planung ist aber zwingende Grundlage für wichtige Entscheidungen. **Ohne eine solche Entscheidungsgrundlage wird eine Pflichtverletzung vermutet, wenn sich eine Entscheidung nachträglich als falsch herausstellt.**

<table>
<tr><td>

Zumindest bei mittleren und größeren Unternehmen bedarf es darüber hinaus einer weitergehenden Budgetplanung, die folgende Punkte umfassen sollte:

✔ Umsatz- und Ergebnisplanung,

✔ Liquiditätsplanung,

✔ Investitionsplanung,

✔ Produktions- und Kostenplanung.

</td><td>

Checkliste

</td></tr>
</table>

Mit anderen Worten, solange die Gesellschaft keine Probleme hat, ist auch das Fehlen der Budgetplanung irrelevant. Sobald sie in Schwierigkeiten gerät, wird dadurch aber offensichtlich, dass der Geschäftsführer für seine Entscheidungen keine ausreichende Entscheidungsgrundlage hatte. Er wird sich deshalb kaum noch gegen den Vorwurf einer Pflichtverletzung verwahren können (zur Darlegungs- und Beweislast im Prozess s. Kap. 5.7). Es wird deshalb dringend empfohlen, eine derartige Planung aufzustellen (oder ggf. durch einen externen Berater aufstellen zu lassen). Ohne eine detaillierte Liquiditätsplanung kann im Übrigen auch kaum auf eine (drohende) Zahlungsunfähigkeit reagiert werden, so dass die Sanierung der Gesellschaft erheblich erschwert und neben der Innenhaftung gegenüber der GmbH auch eine Strafbarkeit und Haftung wegen Insolvenzverschleppung bereits absehbar ist.

> Solange das Unternehmen gesund ist, müssen die Grundlagen für ein erfolgreiches Krisenmanagement gelegt werden

5.3.4.7   Interne Organisation und Dokumentation

Mit Ausnahme kleinster Gesellschaften kann auch der beste Geschäftsführer nicht alle Aufgaben selbst erfüllen, sondern ist dabei auf seine Mitarbeiter angewiesen. Er muss dazu eine interne Organisation schaffen, die gewährleistet, dass sich die Gesellschaft rechtmäßig und effizient verhält, auch und gerade dann, wenn Aufgaben delegiert werden.

Dazu gehört z. B., dass Anweisungen höherer Ebenen befolgt und deren Einhaltung kontrolliert wird, dass sich einzelne Mitarbeiter

> Der Geschäftsführer darf nicht nur im Tagesgeschäft mitarbeiten, sondern muss eine leistungsfähige Organisation aufbauen und für eine ordentliche Dokumentation sorgen

oder Abteilungen untereinander abstimmen oder durch einen gemeinsamen Vorgesetzten koordiniert werden und dass Probleme oder Pflichtverstöße nicht einfach hingenommen werden, sondern zu einer entsprechenden Reaktion führen.

Der Geschäfts**führer** muss die Geschäfte aktiv »führen«, eine laisser-faire-Haltung ist mit dieser Aufgabe nicht vereinbar.

Pflicht des Geschäftsführers zur ordnungsgemäßen Buchführung

Der Geschäftsführer ist auch verpflichtet für die ordnungsgemäße Buchführung der Gesellschaft zu sorgen (§ 41 GmbHG). Dazu gehört es auch, die wesentlichen Anweisungen und Vorgänge zu dokumentieren und die relevanten Unterlagen aufzubewahren (s. Teil 2, Kap. 6.2.1). Zum einen ist dies für die GmbH zwingend, z. B. für den Fall von Krankheit oder Abberufung des Geschäftsführers, zum anderen kann sich der Geschäftsführer aber auch hier nur durch eine ordnungsgemäße Dokumentation entlasten.

Checkliste

Die Nachweise sollten ergeben,

✔ dass es eine Finanzplanung gab (s. Kap. 5.3.4.6),

✔ dass und wie der Geschäftsbetrieb durch Anweisungen organisiert wurde,

✔ auf welcher Grundlage Entscheidungen getroffen wurden (s. Kap. 5.3.4.9),

✔ dass Vorsorge gegen die Verletzung von Eigentumsvorbehalten getroffen wurden (s. Kap. 6.2.3),

✔ dass vor der Verwendung eines Kennzeichens nach älteren Rechten recherchiert wurde (s. Kap. 6.5.3),

✔ dass und in welchem Umfang die Gesellschafter vor der Entlastung des Geschäftsführers informiert wurden (s. Kap. 5.6.3.2),

✔ dass und wann ein Steuerberater mit der Erstellung der Bilanz beauftragt wurde (s. Kap. 7.1.2),

✔ wann und in welcher Höhe Verbindlichkeiten getilgt wurden (s. Teil 2, Kap. 3.2.2.2 und Teil 2, Kap. 5.2.1),

✔ dass in der Krise ein Vermögensstatus aufgestellt wurde (s. Teil 2, Kap. 3.2.3),

✔ dass und auf welcher Grundlage eine positive Fortführungsprognose erstellt wurde (s. Teil 2, Kap. 3.2.5).

Die ordnungsgemäße Buchführung und Dokumentation ist für den Geschäftsführer von enormer Wichtigkeit!

5.3.4.8 Rentabilität

Zentrale Aufgabe eines guten Geschäftsführers ist es, für eine nachhaltige Rentabilität der Gesellschaft zu sorgen und Verluste zu vermeiden. Er darf deshalb grundsätzlich keine Leistungen der Gesellschaft unter deren Gestehungskosten veräußern, es sei denn, er hat dafür berechtigte Gründe:

Ermittlung der eigenen Kosten als Grundlage der Preisgestaltung und Ertragsplanung

- die Erwartung von Folgeaufträgen,
- die Erschließung neuer Märkte,
- den Ausbau der Marktanteile,
- die Auslastung von Überkapazitäten o. Ä.

Naturgemäß setzt die bewusste Entscheidung, unter Preis zu veräußern, eine entsprechende Kostenkalkulation voraus: Wer nicht einmal weiß, dass er unter Einstandspreis verkauft, kann diese Entscheidung auch kaum rechtfertigen.

> **Tipp**
>
> Der Geschäftsführer hat einen erheblichen Ermessensspielraum, darf dieses Ermessen aber nur auf Basis einer gesicherten Tatsachengrundlage ausüben. Er muss diese Tatsachen deshalb zunächst feststellen und dann zu seiner Entlastung auch dokumentieren.

5.3.4.9 Risikogeschäfte

Die Teilnahme der GmbH am Wirtschaftsleben birgt immer Risiken. Es ist dabei die Aufgabe des Geschäftsführers, für ein möglichst optimales Verhältnis von Risiko und Chance zu sorgen, also die Risiken bestmöglich zu reduzieren und überhöhte Risiken vollständig zu vermeiden.

Grundfrage: Welches Risiko besteht und wie lässt sich dieses reduzieren?

Bei riskanten Geschäften müssen der zu erwartende Gewinn in einem angemessen Verhältnis zum drohenden Verlust stehen und der mögliche Schaden der Leistungsfähigkeit des Unternehmens entsprechen.

Ein Risiko, das zu einem die Existenz bedrohenden Verlust der Gesellschaft führen könnte, darf der Geschäftsführer nie eingehen, es kommt hier also ganz entscheidend auf die Kapitalausstattung der Gesellschaft an (s. auch Kap. 6.3.3). Zur Erinnerung: Der Geschäftsführer spekuliert nicht mit seinem eigenen, sondern mit fremdem Vermögen der GmbH!

Aber auch unterhalb dieser Existenzgefährdung darf ein hohes Risiko nicht mit gleichzeitig nur geringer Gewinnwahrscheinlichkeit eingegangen werden: Es muss stets wahrscheinlicher sein, dass sich das Geschäft für die GmbH als vorteilhaft erweist, als dass es zu einer Schädigung des Unternehmens kommt.

Bei erlaubten Risikogeschäften muss der Geschäftsführer das Risiko so weit wie möglich verringern, beispielsweise indem er Vorleistungen von einer Sicherheit abhängig macht oder eine (Kredit-) Versicherung abschließt.

Ein ausgesprochen praxisrelevantes Risikogeschäft ist es im Übrigen auch, einen Kunden trotz bekannter Zahlungsprobleme unverändert weiter zu beliefern und die ausfallgefährdete Forderung dadurch immer weiter zu erhöhen.

Checkliste

Folgende Punkt sind also zwingend zu prüfen:

✔ Wie hoch ist der erwartete Gewinn?

✔ Wie hoch ist das maximale Risiko?

✔ Wie hoch ist die Wahrscheinlichkeit des Erfolgseintritts?

✔ Liegt eine Existenzgefährdung bei Misslingen vor?

✔ Kann das Risiko verringert werden?

Risikoverringerung durch rechtliche Beratung

Eine Möglichkeit zur Risikoverringerung ist auch die Inanspruchnahme rechtlicher Beratung, zumindest bei riskanten oder komplizierten Geschäften. Allerdings erkennt der Geschäftsführer solche Risiken häufig erst aufgrund der entsprechenden juristischen Beratung:

Beispiel: Produkthaftung

Die Z-GmbH beliefert Automobilhersteller mit elektronischen Kleinteilen und erzielt damit einen Jahresumsatz in Höhe von rund 1 Mio. €. Aufgrund eines technischen Defekts dieser Teile muss ein Hersteller eine gesamte Produktionsreihe zurückrufen, die Teile ersetzen und nimmt die Z-GmbH anschließend auf Ersatz des entstandenen Schadens von mehreren Millionen € in Anspruch.

Lösung:

Der Geschäftsführer hätte hier sowohl eine Produkthaftpflichtversicherung abschließen als auch die Möglichkeit vertraglicher Haftungsbeschränkungen überprüfen lassen müssen.

Beispiel: Lizenzvertrag

Die R-Verlags-GmbH vergibt der US-amerikanischen M-Inc. die weltweiten ausschließlichen Nutzungsrechte an einem Zeichentrickfilm gegen eine Einmalzahlung in Höhe von 5.000 €. Später stellt sich heraus, dass der Urheber U diese Rechte der R-Verlags-GmbH nicht wirksam übertragen hatte. U verbietet der M-Inc. deshalb die weitere Nutzung und verklagt diese in New York erfolgreich auf Schadensersatz in Höhe von 25 Mio. USD. Die M-Inc. verlangt von der R-Verlags-GmbH Regress.

Lösung:
Mit Erfolg: Die R-Verlags-GmbH hat ihre vertragliche Pflicht nicht erfüllt und haftet der M-Inc. in voller Höhe auf Schadensersatz.
Trotz der minimalen Lizenzgebühren hätte der Geschäftsführer der R-Verlags-GmbH das enorme Haftungsrisiko erkennen und deshalb sowohl die Verträge mit U als auch die Verträge mit der M-Inc. selbst rechtlich überprüfen oder durch einen Dritten überprüfen lassen müssen.

Selbstverständlich gehört es auch zum Ermessensspielraum des Geschäftsführers, bewusst Risiken einzugehen. Damit ist immer auch die Gefahr einer Fehleinschätzung verbunden. Eine solche Fehleinschätzung alleine begründet jedenfalls noch keinen Vorwurf gegenüber dem Geschäftsführer. Er handelt nur dann pflichtwidrig, wenn

- er vollkommen unvertretbare Risiken eingeht, oder
- ohne sorgfältige Prüfung der tatsächlichen Umstände Entscheidungen fällt.

Ermessensspielraum auf Basis einer ausreichenden Entscheidungsgrundlage

Mit anderen Worten, der Geschäftsführer haftet nicht für einen späteren Misserfolg, sondern für die pflichtwidrige Entscheidung, das Risiko einzugehen.

> Der Geschäftsführer muss jederzeit belegen können, dass er eine riskante Entscheidung bewusst und auf einer konkreten Tatsachengrundlage getroffen hat.

Tipp

Beim Erwerb eines anderen Unternehmens oder einer Beteiligung daran ist die erforderliche Tatsachengrundlage in der Regel durch eine umfassende»Due Diligence« festzustellen, anderenfalls kommt bei einer Fehlinvestition die persönliche Haftung des Geschäftsführers in Betracht (OLG Oldenburg, Urteil vom 22.06.2006 – 1 U 34/03, GmbHR 2006, 1263).

Due Diligence beim Unternehmenskauf

Bei übermäßig riskanten Geschäften verletzt der Geschäftsführer seine Pflicht, die Interessen der Gesellschaft zu wahren und begeht deshalb gleichzeitig eine strafbare Untreue (s. Kap. 7.1.6.2). Neben der Verletzung der allgemeinen Sorgfaltspflicht kommt auch die Verletzung des § 49 Abs. 2 GmbHG in Betracht: Der Geschäftsführer hat eine Gesellschafterversammlung einzuberufen, »wenn es im Interesse der Gesellschaft erforderlich erscheint«, was bei besonders riskanten Geschäften grundsätzlich der Fall ist.

5.3.4.10   Risikomanagement (KonTraG)
Für den Geschäftsführer beinhaltet nicht nur der Abschluss spekulativer Geschäfte ein Haftungsrisiko, sondern er muss auch im lau-

Pflicht zur Risikovorsorge

KonTraG

fenden Geschäftsbetrieb dafür sorgen, dass die Gesellschaft keine unangemessenen Risiken eingeht.

Für die Aktiengesellschaft hat das Gesetz zur Kontrolle und Transparenz im Unternehmensbereich (KonTraG) vom 27.04.1998 zu einer Neufassung des § 91 Abs. 2 AktG geführt, in dem es jetzt ausdrücklich heißt, dass der Vorstand geeignete Maßnahmen zu treffen, insbesondere ein Überwachungssystem einzurichten hat, um Entwicklungen, die den Fortbestand der Gesellschaft gefährden können, möglichst früh zu erkennen.

Diese Regelung gilt zwar unmittelbar nur für Aktiengesellschaften, hat aber auch mittelbare Auswirkungen auf andere Gesellschaften, so dass zumindest bei größeren GmbH auch ein Frühwarnsystem mit einem Risikomanagement verlangt wird (vgl. dazu *Keitsch*, Risikomanagement, 2007).

Wichtig:
Berichtswesen

Grundlegend für ein Risikomanagement ist ein Berichtswesen, das die Geschäftsleitung über bestehende und zukünftige Risiken unterrichtet, also zunächst einmal für die Dokumentation der relevanten Vorgänge sorgt. Nachdem anhand dieser Dokumentation ermittelt wurde, in welchem Geschäftsbereich konkrete Risiken drohen, müssen Strategien zur Bewältigung dieser Risiken entwickelt werden: Entweder zur anfänglichen Vermeidung von Risiken oder zu deren Reduzierung, Überwälzung auf Versicherungen oder Kompensation im Falle des Schadenseintritts, beispielsweise durch Bildung bilanzieller Rückstellungen.

Der Begriff des Risikomanagements veranlasst zahlreiche Geschäftsführer zu dem Irrglauben, dies sei nur für Großunternehmen mit entsprechenden Controlling-Abteilungen relevant. Das Gegenteil ist der Fall: gerade kleine und mittlere GmbH sind besonders risikoanfällig und könnten ihre Risikostruktur ohne weiteres erheblich verbessern.

Beispiel: Fixierung auf einen Großkunden

Die W-GmbH, eine mittelständische Werbeagentur, erwirtschaftet über 70 % ihres Jahresumsatzes von rund 1 Mio. € mit einem einzigen Großkunden, der unerwartet insolvent wird. Die W-GmbH verkraftet den Ausfall der Forderungen und den Wegfall des größten Kunden nicht und muss ebenfalls Insolvenzantrag stellen.

Lösung:

Bei einem leistungsfähigen Risikomanagement hätte der Geschäftsführer der W-GmbH Vorsorge getroffen, z. B. durch Begrenzung der unbezahlten Vorleistungen, eine Kreditversicherung und insbesondere verstärkte Neukundenwerbung.

Häufig wird eine solche Abhängigkeit aber erst erkannt, wenn der Wegfall des Kunden schon nicht mehr verkraftet werden kann. In der Folge werden deshalb immer weitere Vorleistungen erbracht, verbunden mit der bloßen Hoffnung auf eine Verbesserung der Situation des Kunden. Am Ende werden meist beide Unternehmen insolvent.

Risikomanagement beginnt mit der Frage, was schiefgehen könnte. **Tipp**

5.3.4.11 US-Business Judgment Rule

Teilweise wird in der Literatur empfohlen, die Beurteilung der Sorgfalt des Geschäftsführers an den US-amerikanischen Business Judgment Rules zu orientieren. **Informationspflicht**

Nach diesen Regeln haftet ein Manager nicht, wenn
- er seine Entscheidung unbefangen und unbeeinflusst von persönlichen Interessen getroffen hat;
- er sich umfassend informiert;
- er nach seiner Überzeugung im besten Interesse der Gesellschaft gehandelt hat.

Obwohl diesen Grundsätzen keine unmittelbare Bedeutung in der deutschen Rechtspraxis zukommt, zeigt sich auch darin zum einen, wie wichtig eine belastbare Entscheidungsgrundlage und die Auswertung der vorhandenen Informationen ist, und zum anderen, dass immer und ausschließlich das Gesellschaftsinteresse im Mittelpunkt stehen muss.

5.3.4.12 Corporate Governance

Die deutsche Corporate Governance Kommission hat Anfang 2002 einen Kodex vorgelegt, der Grundregeln aufstellt, wie eine Aktiengesellschaft zu führen ist und wie Vorstand und Aufsichtsrat zusammenwirken sollen (www.corporate-governance-code.de). **Corporate Governance**

Obwohl sich die Regeln primär an Aktiengesellschaften oder ähnlich strukturierte Unternehmen richten, können sie auch eine Pflichtverletzung des GmbH-Geschäftsführers indizieren. Trotz aller Kodifizierung bleibt es aber bei den bereits dargestellten grundlegenden Weichenstellungen: Der Geschäftsführer muss auf Basis einer gesicherten Entscheidungsgrundlage im Interesse der Gesellschaft handeln. Alle weiteren Kodifizierungen sind nur einzelne Ausprägungen dieses Grundsatzes. **Grundsatz: Jede Entscheidung muss auf Basis ausreichender Informationen getroffen werden**

5.3.4.13 Rechtmäßiges Verhalten der Gesellschaft

Als Organ der GmbH ist der Geschäftsführer dafür verantwortlich, dass diese sich innerhalb des gesetzlichen Rahmens bewegt. Dazu

Der Geschäftsführer muss dafür sorgen, dass sich die GmbH rechtmäßig verhält

gehören neben zivilrechtlichen Vorschriften auch gesetzliche Pflichten wie beispielsweise Steuer- und Sozialabgabepflichten, die Einhaltung wettbewerbsrechtlicher (s. Kap. 6.3) und aufsichtsrechtlicher Vorschriften sowie insbesondere die Beachtung der Vorschriften zum Schutz von Arbeitnehmern, Verbrauchern und Umwelt.

Im Unterschied zu dem Verstoß gegen Gesetze ist eine Vertragsverletzung nicht automatisch eine Pflichtverletzung des Geschäftsführers, sondern kann auch zum Vorteil der Gesellschaft sein.

5.3.4.14 Entscheidungen und Weisungen der Gesellschafter

Im Innenverhältnis können die Gesellschafter bestimmte Handlungen von ihrer Zustimmung abhängig machen

Das oberste Organ der GmbH ist die Gesellschafterversammlung, die den Geschäftsführer bestellt, abberuft und überwacht. Diese Kontrolle findet dabei nicht nur nachträglich statt, sondern auch präventiv, z. B. durch Zustimmungsvorbehalte oder Weisungen.

Eine zustimmungspflichtige Maßnahme ohne die erforderliche Zustimmung ist eine Pflichtverletzung des Geschäftsführers.

Weisungen der Gesellschafter sind für den Geschäftsführer verbindlich.

Der Geschäftsführer verletzt also seine Pflichten, wenn er Weisungen nicht befolgt, trägt aber kein eigenes Risiko, wenn er auf Anweisung der Gesellschafter handelt.

Es darf sich dabei natürlich nicht um die Anweisung eines (Minderheits-)Gesellschafters handeln, sondern um Weisungen der Gesellschafterversammlung (oder ggf. des Aufsichts- oder Beirats). Außerdem muss die Weisung wirksam, d. h. nach Gesetz und Satzung zulässig sein.

Beispiel: Umgehung von Exportvorschriften

Die Z-GmbH stellt waffentaugliche Zentrifugen her. Die Gesellschafter der Z-GmbH weisen deren Geschäftsführer G an, die Geräte anders zu deklarieren und nach Nordkorea zu liefern.

Lösung:

Wenn G diese Weisung befolgt, macht er sich strafbar, die Weisung ist unwirksam und entlastet ihn nicht.

Der Geschäftsführer muss Weisungen der Gesellschafter immer auf deren Wirksamkeit überprüfen (lassen)

Problematisch sind Weisungen zum Nachteil der GmbH: zivilrechtlich sind auch solche Weisungen grundsätzlich möglich und zulässig, so lange die Gesellschaft nicht bewusst in die Insolvenz geführt wird.

Strafrechtlich wird dies aber zumindest für den Fall strenger beurteilt, dass die Gesellschafter zum Nachteil der Gesellschaft be-

günstigt werden, indem sie beispielsweise Stammkapital zurücker-
halten (zur Untreue s. Kap. 7.1.6).

Die Gesellschafter können nicht völlig frei über das Vermögen der
GmbH verfügen, sondern sind an den rechtlichen Rahmen gebunden,
insbesondere an

- die Pflicht zur Erhaltung des Stammkapitals (§§ 30 ff. GmbHG),
- die Buchführungspflicht (§ 41 GmbHG),
- die Publizitätspflichten (§ 325 ff. HGB),
- die Steuerpflichten (§ 34 AO),
- die Sozialabgabepflichten,
- öffentlich-rechtliche Anmelde- und Genehmigungspflichten.

> **Tipp**
>
> Weisungen der Gesellschafter sind für den Geschäftsführer immer
> riskant: Eine wirksame Weisung muss er, eine unwirksame Weisung
> darf er nicht befolgen (s. Kap. 7.1.6.3).

Verletzen die Gesellschafter die existenziellen Eigeninteressen der
GmbH, kommt ihre persönliche Haftung in Betracht (s. Kap. 6.3).

5.3.5 Beispiele für Pflichten des Geschäftsführers
5.3.5.1 Corporate Opportunities
Der Geschäftsführer darf keine Geschäftschancen der Gesellschaft
selbst wahrnehmen. Es ist dabei unerheblich, ob er von dem Geschäft
als Organ oder als Privatperson erfahren hat, er muss immer die Interessen der Gesellschaft vertreten.

*Der Geschäfts-
führer ist aus-
schließlich den
Interessen der
GmbH verpflichtet*

5.3.5.2 Wettbewerbsverbot
Aus dem grundsätzlichen Verbot, Geschäftschancen der Gesellschaft
an sich zu ziehen, ergibt sich ein umfassendes Wettbewerbsverbot
für den Geschäftsführer – auch wenn dies weder in der Satzung
noch im Anstellungsvertrag ausdrücklich geregelt wurde.

Die Gesellschafter können den Geschäftsführer zur Realisierung
eines einzelnen konkreten Geschäfts vom Wettbewerbsverbot befrei-
en. Eine generelle Befreiung vom Wettbewerbsverbot ist aber nur
durch eine entsprechende Regelung in der Satzung möglich, weil die
Konkurrenztätigkeit der zentralen Aufgabe des Geschäftsführers widerspricht, immer die Interessen der Gesellschaft zu vertreten.

5.3.5.3 Pflicht zur Verschwiegenheit (»due diligence«)
Der Geschäftsführer darf keine vertraulichen Angaben gegenüber
Dritten offenbaren, gegebenenfalls macht er sich dadurch sogar
strafbar (§ 17 UWG).

*Veräußerung des
Unternehmens
oder der
Geschäftsanteile*

Während dies im normalen Geschäftsbetrieb völlig selbstverständlich ist und kaum Probleme verursacht, treten diese Fragen regelmäßig im Rahmen einer »due diligence« auf, wenn das Unternehmen verkauft werden soll oder Beteiligungskapital aufnehmen will:

Beabsichtigen alle Gesellschafter die Veräußerung ihrer Anteile, darf der Geschäftsführer den Interessenten umfassend informieren, weil er im (zumindest unterstellten) Einvernehmen mit den Gesellschaftern handelt.

Will dagegen nur ein einzelner Gesellschafter seinen Anteil veräußern, muss sich der Geschäftsführer die Weitergabe von Informationen ausdrücklich durch die Gesellschafterversammlung genehmigen lassen. Die Offenlegung interner Unterlagen und Informationen ist regelmäßig nicht im Interesse der Gesellschaft, sondern nur im Interesse des Gesellschafters, der seine Anteile verkaufen möchte.

Der Geschäftsführer darf aber aufgrund seiner allgemeinen Pflicht zur Risikovorsorge trotz Zustimmung der Gesellschafter vertrauliche Informationen erst weitergeben, nachdem der potentielle Käufer oder Investor eine Vertraulichkeitsvereinbarung unterzeichnet hat, in der sich dieser bestenfalls auch noch zu einer Vertragsstrafe für den Fall der Zuwiderhandlung verpflichtet.

5.3.5.4   Vorleistungen/Kreditgeschäfte

Die eigene Vorleistung ist ein Kredit an den Kunden

Bei Darlehen gegenüber Dritten ist zum einen deren Bonität und zum anderen der Vorteil der Gesellschaft besonders kritisch zu prüfen. Meist gehören Kreditgeschäfte nicht zum eigentlichen Geschäftsfeld der Gesellschaft. Der erhoffte Zinsgewinn rechtfertigt das Ausfallrisiko in den seltensten Fällen, zumal Gesellschaftsdarlehen meist dann ausgereicht werden, wenn der Darlehensnehmer Probleme bei der Kreditbeschaffung hat. Wenn eine Bank keinen Kredit mehr gewährt, darf dies der Geschäftsführer aber erst recht nicht. Davon unabhängig muss er aber bei jedem Kreditgeschäft auf eine bestmögliche Besicherung achten.

Ein Kredit wird aber nicht nur durch Ausleihung von Geld gewährt. Auch die am Markt angebotene eigene Leistung ist ein wesentlicher Vermögensgegenstand der Gesellschaft, über den der Geschäftsführer nur verfügen darf, wenn die Gesellschaft dafür eine entsprechende Vergütung erhält.

Er darf deshalb gegenüber einem unbekannten Unternehmen nur Vorleistungen erbringen, wenn er dessen Bonität überprüft hat und die Gesellschaft bestmöglich absichert, beispielsweise durch Eigentumsvorbehalte, Bürgschaften, Kreditversicherungen o.Ä. (zum Aktivtausch Barvermögen gegen Forderung s. Kap. 5.3.5.8).

Ein Kunde, der offensichtlich Zahlungsschwierigkeiten hat, darf nicht mehr beliefert werden, es sei denn, das Ausfallrisiko ist durch Sicherheiten abgedeckt (zur Erkennung einer Krise s. Teil 2, Kap. 2.3.2).

Tipp

> Durch einseitige Vorleistungen wird dem Empfänger Kredit gewährt, er muss also kreditwürdig sein.

Unabhängig von der haftungsrechtlichen Seite sind ungesicherte Vorleistungen und anschließender Forderungsausfall eine der Hauptursachen für die Insolvenz mittelständischer Gesellschaften.

5.3.5.5   Einkauf
Der Geschäftsführer hat dafür zu sorgen, dass das Unternehmen Waren und Dienstleistungen nicht zu teuer oder völlig unnötig einkauft.

5.3.5.6   Durchsetzung von Ansprüchen der Gesellschaft
Zum betreuten Vermögen der Gesellschaft gehören auch deren Forderungen.

Debitorenmanagement

Der Geschäftsführer muss zunächst dafür Sorge tragen, dass die Ansprüche so dokumentiert sind, dass sie auch gerichtlich durchgesetzt werden können:

Checkliste

Dokumentationspflichten

✔ Liegt ein Auftrag/eine Bestellung vor?
✔ Gibt es dazu eine Auftragsbestätigung?
✔ Ist ein Lieferschein/Leistungsnachweis vorhanden?
✔ Abnahmeprotokolle/Frachtpapiere?
✔ Liegt eine ordnungsgemäße Rechnung vor?

Wenn die Forderung der Gesellschaft so belegt ist, darf der Geschäftsführer sie nicht einfach aus den Augen verlieren oder gar verjähren lassen, sondern muss sie aktiv verfolgen, die Verjährung hemmen und den Anspruch ggf. gerichtlich durchsetzen.

Diese Pflicht hat der Geschäftsführer auch dann, wenn der Anspruch gegenüber einem Gesellschafter besteht, wie z.B. aus der Rückgewähr von Einlagen oder kapitalersetzenden Leistungen. Es ist deshalb ganz entscheidend, dass der Geschäftsführer solche Ansprüche von sich aus erkennt (s. Teil 2, Kap. 6).

5.3.5.7   Unterlassene Abschlussprüfung

Mittlere und große GmbH müssen ihren Jahresabschluss testieren lassen (§ 316 Abs. 1 HGB). Unterlässt der Geschäftsführer die Prüfung durch einen Abschlussprüfer, haftet er der Gesellschaft für eventuell daraus entstehende Nachteile.

> **Beispiel: Fehlgeschlagene Sanierung**
> *Die I-GmbH kommt durch den Ausfall eines Großkunden in eine Liquiditätskrise und benötigt dringend neue Kredite. Die Banken sind zu einer Nachfinanzierung bereit, allerdings nur, wenn die letzten beiden Jahresabschlüsse testiert werden, wozu die I-GmbH ohnehin bereits verpflichtet war. Dazu reicht jetzt aber die Zeit nicht mehr, die I-GmbH wird zahlungsunfähig, der Geschäftsführer stellt Insolvenzantrag.*
>
> **Lösung:**
> *Die unterlassene Abschlussprüfung ist ursächlich für die Insolvenz, der Geschäftsführer haftet gegenüber dem Insolvenzverwalter auf Schadensersatz.*

5.3.5.8   Keine Haftung des Allein-Gesellschafter-Geschäftsführers bis zur Stammkapitalgrenze

Zulässigkeit von Verfügungen oberhalb der Stammkapitalgrenze

Entzieht ein Geschäftsführer, der gleichzeitig alleiniger Gesellschafter ist, der GmbH Vermögen, das nicht zur Deckung des Stammkapitals benötigt wird, haftet er gegenüber (dem späteren Insolvenzverwalter) der Gesellschaft nicht (BGH, Urteil vom 09.12.1996 – II ZR 240/95; ZIP 1997, 1999). Allerdings kommt es dabei nicht rein auf die bilanzrechtliche Betrachtung an, sondern auf das tatsächlich vorhandene Vermögen: bei einer Darlehensvergabe ändert sich bilanziell nichts, Liquidität wird nur durch eine Forderung ersetzt. Trotzdem verschlechtert sich die Vermögenslage der Gesellschaft, weil eine Forderung unsicherer ist als Barvermögen (»November-Urteil« des BGH vom 24.11.2003 – II ZR 171/01, ZIP 2004, 263, 264).

Forderung ist schlechter als Bargeld

5.3.5.9   Zweckwidrige Verwendung von Baugeld

Eine hoch praxisrelevante und oft vernachlässigte Vorschrift ist § 1 des Gesetzes über die Sicherung von Bauforderungen (GSB): Baugeld darf nur zur Befriedigung von Forderungen verwendet werden, die mit der Errichtung des jeweiligen Bauwerks zusammenhängen, in der Regel also zur Befriedigung von Subunternehmern.

Baugeld ist zweckgebunden

Verwendet der Geschäftsführer die Zahlungen entgegen dieser Zweckbindung für andere Gesellschaftsverbindlichkeiten, erleidet die Gesellschaft dadurch keinen Nachteil und hat deshalb auch keinen Anspruch gegenüber dem Geschäftsführer. Einen Nachteil hat aber der Auftraggeber, dessen Zahlung zweckwidrig verwendet wurde, der Geschäftsführer haftet ihm gegenüber deshalb auf Schadensersatz (s. Teil 2, Kap. 6.4).

5.3.5.10   Spenden

Im Rahmen seines pflichtgemäßen unternehmerischen Ermessens darf ein Geschäftsführer auch Spenden an Parteien oder Vereine leisten. Selbstverständlich darf er damit aber keine eigennützigen Zwecke verfolgen, sondern nur Interessen der Gesellschaft. Übersteigt die Höhe einer solchen Spende eine für das konkrete Unternehmen übliche Größenordnung, hat er jedenfalls keinen Ermessensspielraum mehr, sondern muss auf jeden Fall die Zustimmung der Gesellschafter einholen.

> Auch Spenden müssen dem Interesse der GmbH entsprechen

In einer strafrechtlichen Entscheidung zur Frage der Untreue gegenüber der Gesellschaft (s. Kap. 6.1.6) hat der Bundesgerichtshof entschieden, dass eine Pflichtverletzung durch Zuwendungen an Vereine, Parteien oder Sozialwesen nur dann eine gesellschaftsrechtliche Pflichtverletzung ist, wenn sie eine gewisse Schwere erreicht, die unter Berücksichtigung der konkreten Gesellschaft und des mit der Zuwendung geförderten Interesses zu bestimmen ist. Die entscheidenden Kriterien sind dabei

- die fehlende Nähe des Zuwendungsempfängers zum Unternehmensgegenstand,
- eine unangemessene Höhe der Spende im Vergleich zur Ertrags- und Vermögenslage der Gesellschaft,
- fehlende innerbetriebliche Transparenz,
- und insbesondere sachwidrige Motive, nämlich die Verfolgung privater Interessen (BGH, Urteil vom 06.12.2001 – I StR 21501, NJW 2002, 1585 ff.).

Dabei ist die fehlende Transparenz das griffigste Kriterium und regelmäßig problemlos nachzuweisen. Auch hier spielt die ordnungsgemäße Buchführung und Dokumentation also eine entscheidende Rolle: werden Zahlungen der Gesellschaft nicht ordnungsgemäß verbucht, liegt immer eine Pflichtverletzung vor.

5.3.5.11   Bestechung

An Bestechungsfällen besteht immer wieder ein breites öffentliches Interesse, im Vordergrund steht dabei meist die Tatsachenfeststellung. In rechtlicher Hinsicht sind diese Fälle relativ einfach: Bestechung ist strafbar (§ 299 StGB).

> Der Geschäftsführer verletzt auch seine zivilrechtlichen Pflichten, wenn er zugunsten der GmbH Straftaten begeht

In zivilrechtlicher Hinsicht ist fraglich, ob übliche Schmiergeldzahlungen im Ausland eine Pflichtverletzung des Geschäftsführers gegenüber der GmbH sein können, weil er damit ja nur Geschäftschancen für die Gesellschaft wahrnehmen will. Trotzdem sind auch solche Zahlungen strafbar (§ 299 Abs. 3 StGB).

Gleichzeitig werden solche Zahlungen regelmäßig auch als Betriebsausgabe steuerlich geltend gemacht, was zu einer Steuerhinterziehung führt.

Insbesondere kann aber der Staat das aus einer strafbaren Handlung Erlangte einziehen (Verfall, § 73 StGB), und zwar nicht nur beim Täter selbst, also dem Geschäftsführer oder Mitarbeiter, sondern auch bei der durch den Täter vertretenen Gesellschaft (§ 73 Abs. 3 StGB). Diese Regelung beabsichtigt gerade die Bekämpfung der Wirtschaftskriminalität.

Risiko des Verfalls aller Einnahmen aus einer Straftat

Es kommt dabei nicht (mehr) auf einen Vermögensvorteil an – weder der Täter selbst noch die GmbH müssen einen Gewinn erzielt haben –, sondern es ist jeder Wertzufluss ausreichend, unabhängig von den eigenen Aufwendungen. Im schlimmsten Fall droht also der Verfall der gesamten Forderung (oder des gesamten Umsatzerlöses, wenn bereits bezahlt wurde) aus einem durch Schmiergeldzahlungen erlangten Auftrag.

In derselben Höhe haftet der Geschäftsführer dann gegenüber der Gesellschaft auf Schadensersatz – auch wenn er im Interesse der GmbH handeln will, darf er dazu keine Straftaten begehen und die Gesellschaft nicht dem Risiko des Verfalls aussetzen.

Beispiel: Wasserentsalzungsanlage

Die B-GmbH ist im Anlagenbau tätig und bewirbt sich um einen Auftrag zum Bau einer Wasserentsalzungsanlage auf der arabischen Halbinsel. Um den dortigen Entscheidungsträger »zu motivieren«, übergibt der Geschäftsführer G bei mehreren persönlichen Treffen insgesamt 100.000 €. Die B-GmbH erhält den Auftrag mit einem Volumen von 179 Mio. €, bei einer Betriebsprüfung fallen die Schmiergeldzahlungen auf. Der G wird wegen Bestechung verurteilt, das Gericht ordnet den Verfall der Zahlungen an.

Lösung:

Die B-GmbH verkraftet den Ausfall nicht und wird insolvent, der Insolvenzverwalter nimmt den G in Regress.

5.3.5.12   Bestechlichkeit

Vorteilsnahme

Nicht nur die aktive Bestechung ist strafbar, sondern auch die »passive« Bestechlichkeit durch Entgegennahme von Vorteilen (§ 299 StGB).

Dabei haftet der Geschäftsführer gegenüber der Gesellschaft ohne weiteres auf Schadensersatz in Höhe der durch ihn vereinnahmten Gelder: Es spricht zumindest der Beweis des ersten Anscheins dafür, dass das Geschäft ohne die Zuwendung an den Geschäftsführer mit einem entsprechend höherem Vorteil zugunsten der GmbH zustande gekommen wäre: Was der Geschäftsführer persönlich erhalten hat, hätte eigentlich die GmbH bekommen können und müssen (OLG Düsseldorf, Urteil vom 25.11.1999 – 6 U 146/98, NZG 2000, 933).

5.3.5.13   Verfrühter Insolvenzantrag

Der Geschäftsführer muss rechtzeitig einen Insolvenzantrag stellen(s. Teil 2, Kap. 3). Er kann den Antrag aber auch zu früh stellen, wenn er aussichtsreiche Sanierungsmöglichkeiten nicht wahrnimmt. Verursacht er dadurch die Insolvenz, haftet er gegenüber der Gesellschaft auf Schadensersatz.

Ein Insolvenzantrag darf weder zu früh noch zu spät gestellt werden.

> Wenn ein Insolvenzgrund eintritt (Zahlungsunfähigkeit oder Überschuldung) muss der Geschäftsführer alle Sanierungschancen wahrnehmen, aber unverzüglich Insolvenzantrag stellen. Unverzüglich heißt nicht »sofort«, aber innerhalb eines Zeitraums von maximal drei Wochen.

Tipp

5.3.5.14   Untreue

Verletzt der Gesellschafter zumindest bedingt vorsätzlich seine Pflicht aus § 43 GmbHG, die Interessen der Gesellschaft wahrzunehmen und ihr Vermögen zu betreuen, liegt darin meist auch eine strafbare Untreue nach § 266 StGB (s. Kap. 7.1.5).

In Verbindung mit der zivilrechtlichen Haftungsnorm des § 823 Abs. 2 BGB haftet der Geschäftsführer gegenüber der Gesellschaft auf Ersatz des daraus entstehenden Schadens (s. Teil 2, Kap. 6).

5.3.5.15   Eigener Vorteil

Sobald dem Geschäftsführer ein Vorteil aus der Gesellschaft zufließt, befindet er sich in gefährlicher Nähe zu einer strafbaren Untreue (s. Kap. 5.3.5.12, Kap. 7.1.6). Die zivilrechtliche Haftung greift aber schon unterhalb der Schwelle zur Strafbarkeit: ausreichend ist jeder Vorteil für den Geschäftsführer, der nicht im Interesse der Gesellschaft liegt.

Es entspricht nicht dem Interesse der GmbH, dass ihr Geschäftsführer besondere Vorteile erlangt

Beispiel: Günstiger Mietvertrag
Geschäftsführer G vermietet sich eine Immobilie der Gesellschaft zu einem Preis, der deutlich unterhalb der ortsüblichen Vergleichsmiete liegt.

Lösung:

Im Interesse der Gesellschaft müsste G möglichst hohe Mieteinnahmen erzielen, mindestens aber die übliche Vergleichsmiete. Er schuldet der GmbH deshalb die Differenz zwischen der tatsächlichen und der ortsüblichen Miete als Schadensersatz.

Beispiel: Sicherheit für eigenes Darlehen

Geschäftsführer G stellt aus dem Vermögen der GmbH Sicherheiten für ein persönliches Darlehen.

Lösung:

Damit belastet G das Vermögen der Gesellschaft, ohne dass diese irgendeinen Vorteil hat. Wird die Sicherheit in Anspruch genommen, haftet der G auf Schadensersatz. Für eine strafbare Untreue muss ein Schaden nicht einmal eintreten, es reicht schon die bloße Gefährdung des Gesellschaftsvermögens.

Management-Buy-Out (MBO)

Die Besicherung eigener Darlehen kommt oft vor, wenn das Management die Gesellschaft übernimmt (Management Buy-Out, »MBO«): Die Banken finanzieren dem Geschäftsführer den Kaufpreis für die Gesellschaftsanteile gegen Sicherheiten aus dem Vermögen der Gesellschaft (s. Teil 2, Kap. 8).

5.4 Anmeldung einer Kapitalerhöhung (§ 57 Abs. 4 GmbHG)

Haftung bei Kapitalerhöhung

Nach § 9a GmbHG haftet der Geschäftsführer im Gründungsstadium gegenüber der Gesellschaft auf fehlende Einzahlungen auf das Stammkapital (s. Kap. 3.2.1.2), ist also dafür verantwortlich, dass das garantierte Haftungskapital auch wirklich eingebracht wird. Dieselbe Verantwortung hat der Geschäftsführer auch bei einer späteren Erhöhung des Stammkapitals: Er haftet bei falschen Angaben persönlich für die fehlenden Einzahlungen (§ 75 Abs. 4 GmbHG).

Tipp

Der Geschäftsführer sollte erst dann versichern, dass die Einlagen auf das neue Stammkapital bewirkt sind und endgültig zu seiner freien Verfügung stehen, wenn dies absolut sicher ist.

Vorsicht bei verdeckten Sacheinlagen

Wie bei der Gründung (s. Kap. 3.2.3.2), sollte der Geschäftsführer auch bei der Kapitalerhöhung keine verdeckten Sacheinlagen akzeptieren: Wenn der Gesellschafter bereits vor dem Kapitalerhöhungsbeschluss leistet, also schon vor der eigentlichen Verpflichtung, hat er einen Rückforderungsanspruch gegen die Gesellschaft, den er als Sacheinlage einbringen kann – die Leistung vor dem Beschluss ist aber keine Bareinlage.

Der Anspruch der Gesellschaft gegen ihren Geschäftsführer entsteht mit der Eintragung der (tatsächlich noch nicht erfolgten) Kapitalerhöhung in das Handelsregister; bis zu diesem Zeitpunkt kann der Geschäftsführer falsche Angaben gegebenenfalls noch berichtigen.

Haftungsgrund ist also nicht die falsche Bestätigung, sondern der dadurch verursachte falsche Eintrag im Handelsregister.

Das Verschulden des Geschäftsführers wird vermutet. Er kann sich nur damit entlasten, dass er auch bei Anwendung der Sorgfalt eines ordentlichen Geschäftsmannes die Unrichtigkeit seiner Angaben nicht erkennen konnte. Nachdem ein sorgfältiger Geschäftsführer in der Regel ohne weiteres erkennen kann, ob eine Einzahlung geleistet wurde und zu seiner freien Verfügung steht, ist diese Exkulpation in der Praxis nahezu unmöglich.

Falsche Angaben im Rahmen einer Kapitalerhöhung sind außerdem strafbar (§ 82 Abs. 1 Ziff. 3 GmbHG).	**Tipp**

5.5   Pflichten in der Krise

Im Interesse der Gläubiger hat der Geschäftsführer in der Krise besondere und besonders strenge Pflichten. Er muss unter anderem

- rechtzeitig Insolvenzantrag stellen (§ 64 Abs. 1 GmbHG),
- darf keine eigenkapitalersetzenden Gesellschafterleistungen zurückgewähren (§ 43 Abs. 3 GmbHG),
- muss alle nicht unbedingt notwendigen Zahlungen erstatten, die nach Eintritt eines Insolvenzgrundes geleistet wurden (§ 64 Abs. 2 GmbHG).

*Geschäftsführer-
pflichten
in der Krise*

Wegen der besonderen Probleme im Vorfeld einer (drohenden) Insolvenz und des erheblichen Haftungsrisikos werden diese Pflichten des Geschäftsführers in Teil 2 ausführlich und im Zusammenhang dargestellt.

5.6   Verschulden

Der Geschäftsführer haftet nicht automatisch für jede objektive Pflichtverletzung, sondern nur bei einer schuldhaften, also auch subjektiv vorwerfbaren Pflichtverletzung.

Verschulden bedeutet Vorsatz oder Fahrlässigkeit. Fahrlässig handelt, wer die erforderliche Sorgfalt außer Acht lässt (§ 276 BGB). Die Definition der Fahrlässigkeit greift also auf genau die Sorgfalt zurück, die der Geschäftsführer durch seine Pflichtverletzung objektiv bereits verletzt hat.

5.6.1   Verschuldensmaßstab und Verschuldensvermutung

Der Geschäftsführer schuldet nach § 43 GmbHG die »Sorgfalt eines ordentlichen Geschäftsmannes« (s. Kap. 5.3.4.1).

Eine objektive Pflichtverletzung liegt vor, wenn der Geschäftsführer gegen diese Sorgfaltspflicht verstößt. Gleichzeitig handelt er zumindest fahrlässig, wenn er die erforderliche Sorgfalt nicht beachtet hat.

Der objektive Verstoß gegen die Sorgfaltspflicht indiziert also gleichzeitig zumindest die Fahrlässigkeit des Geschäftsführers.

Deshalb wird das Verschulden des Geschäftsführers **vermutet**, sobald eine objektive Verletzung vorliegt. Der Geschäftsführer muss nun beweisen, dass ihn an dem objektiven Verstoß kein Verschulden trifft, dass er also selbst bei Anwendung der erforderlichen Sorgfalt nicht anders handeln konnte oder gehandelt hätte.

Beispiel: Falsche Kreditauskunft

Die L-GmbH liefert der K-GmbH, die bereits seit Monaten zahlungsunfähig ist, noch eine Maschine im Wert von 100.000 €. Die L-GmbH fällt mit ihrer Forderung aus. Objektiv hätte die insolvente K-GmbH nicht mehr beliefert werden dürfen.

Lösung:

Den Geschäftsführer G der L-GmbH trifft daran aber kein Verschulden, wenn er vor der Lieferung eine Kreditauskunft eingeholt hat, nach der die K-GmbH uneingeschränkt kreditwürdig war.

Der Geschäftsführer kann sich nicht mit fehlender Kompetenz entlasten: Wer nicht über die erforderliche Kompetenz verfügt, darf eben nicht Geschäftsführer werden (s. Kap. 5.3.4.3).

5.6.2   Ressortaufteilung

Hat die Gesellschaft mehrere Geschäftsführer, sind diese intern regelmäßig für bestimmte Aufgaben zuständig. Trotzdem bleibt es bei dem Grundsatz der Generalverantwortung aller Geschäftsführer, d. h. der Geschäftsführer muss sich selbstverständlich um sein eigenes Ressort sorgfältig kümmern, aber auch die anderen Geschäftsführer überwachen. Diese Überwachungspflicht erfordert, dass sich der nicht-ressortzuständige Geschäftsführer in regelmäßigen Abständen über die anderen Ressorts informieren lässt und bei gegebenem Anlass entsprechend nachfragt und sich Detailkenntnisse verschafft.

Diese Informationsbeschaffung muss bereits aufgrund der Organisationspflicht ohne weiteres möglich sein: Der Geschäftsbetrieb muss so organisiert sein, dass die Überwachung ausreicht, eventuelle Pflichtverletzungen zu verhindern oder zumindest unverzüglich zu erkennen (s. Kap. 5.3.4.7). Bei optimaler Organisation reicht dazu eine entsprechend geringere Überwachungsdichte, bei geringerer Transparenz ist die Überwachung entsprechend zu intensivieren.

Wenn ein Geschäftsführer Pflichtverletzungen seines Mitgeschäftsführers nicht bemerkt und nicht verhindert, liegt meist entweder ein Überwachungs- oder ein Organisationsverschulden vor:

- waren die Pflichtverletzungen nicht zu erkennen, war die Organisation unzureichend;
- hätte die Organisation die Kenntnis ermöglicht, war die Überwachung unzureichend.

Wegen der allgemeinen Überwachungspflicht entlastet eine Ressortaufteilung spätestens mit Eintritt der Krise den einzelnen Geschäftsführer nicht mehr (s. Teil 2, Kap. 5.1).

Gegen die kriminelle Energie eines Mitgeschäftsführers ist eine hundertprozentige Vorsorge nie möglich, Pflichtverletzungen müssen aber möglichst rasch erkannt werden. Das Haftungsrisiko des Geschäftsführers liegt deshalb nicht primär darin, einen Erstverstoß nicht verhindert, sondern diesen nicht bemerkt und deshalb Folgeverstöße nicht verhindert zu haben. Je länger Pflichtverletzungen eines Geschäftsführers möglich sind, desto deutlicher wird die Haftung des anderen Geschäftsführers.

> **Beispiel: Produktfehler (nach BGH, Urteil vom 09.12.1986 – VI ZR 65/86, NJW 1987, 1009 ff.)**
> *Die H-GmbH vertreibt Motorradzubehör, der Geschäftsführer P ist für die Produktion und den Vertrieb, der zweite Geschäftsführer F für die Finanzen zuständig. Wöchentlich finden gemeinsame Besprechungen der beiden Geschäftsführer mit führenden Mitarbeitern statt, in denen wiederholt Sicherheitsprobleme einer Motorradverkleidung angesprochen werden. Trotzdem wird diese Verkleidung weiter ausgeliefert, um*

Randnotizen:

Die Ressortaufteilung entlastet den Geschäftsführer nicht

Kontrolle der anderen Geschäftsführer

Gefährliche Produkte dürfen nicht vertrieben werden, sonst belastet der Geschäftsführer die GmbH mit Schadenersatzansprüchen geschädigter Kunden und muss der Gesellschaft diesen Schaden im Innenverhältnis ersetzen

den Ruf des Unternehmens nicht zu beeinträchtigen und Lieferverpflichtungen einzuhalten. In der Folgezeit verursacht die falsch konstruierte Verkleidung mehrere Unfälle, bei denen die Fahrer schwer verletzt oder getötet werden.

Lösung:
Die H-GmbH haftet gegenüber den geschädigten Kunden bzw. deren Erben, im Innenverhältnis haften beide Geschäftsführer gesamtschuldnerisch auf Schadensersatz: F hätte spätestens nach Kenntnis der Sicherheitsprobleme den weiteren Vertrieb verhindern müssen, kann sich also nicht mit der Ressortaufteilung entlasten (zur zivilrechtlichen Haftung für Produktfehler s. Kap. 6.4, zur strafrechtlichen Haftung s. Kap. 7.1.12).

Gegenüber der Gesellschaft haften beide Geschäftsführer gesamtschuldnerisch (§ 43 Abs. 2 GmbHG), im Innenverhältnis nach § 426 BGB, im Zweifel also nach jeweils gleichen Anteilen pro Kopf.

5.6.3   Entlastung
5.6.3.1   Wirkung der Entlastung

Entlastung durch Gesellschafterbeschluss

Nach § 46 Ziffer 5 GmbHG entscheidet die Gesellschafterversammlung durch Beschluss über die Entlastung der Geschäftsführer. Ein Gesellschaftergeschäftsführer hat bei seiner eigenen Entlastung kein Stimmrecht (§ 47 Abs. 4 GmbHG).

Entlastung bedeutet, dass dem Geschäftsführer für die Zukunft Vertrauen ausgesprochen und die zurückliegende Geschäftsführung gebilligt wird. Mit der Billigung bringen die Gesellschafter (zumindest mehrheitlich) zum Ausdruck, dass sie dem Geschäftsführer nichts vorzuwerfen haben, also kein Grund zur außerordentlichen Kündigung vorliegt und insbesondere keine Ansprüche gegen den Geschäftsführer bestehen oder jedenfalls nicht geltend gemacht werden.

Durch den Entlastungsbeschluss entfallen daher eventuelle Ansprüche gemäß § 43 GmbHG oder (außerordentliche) Kündigungsgründe automatisch, also ohne dass der Beschluss vom Geschäftsführer angenommen oder in irgendeiner Form umgesetzt werden müsste. Durch den Entlastungsbeschluss entfallen daher (anders als bei der Aktiengesellschaft, § 120 Abs. 2 Satz 2 AktG) eventuelle Ansprüche gemäß § 43 GmbHG.

5.6.3.2   Umfang der Entlastung

Beschränkung der Entlastung auf bekannte Umstände

Naturgemäß können die Gesellschafter nur Umstände billigen, die ihnen bekannt oder zumindest erkennbar waren. Der Umfang der Entlastung beschränkt sich deshalb auf die Tatsachen, die

- bei sorgfältiger Prüfung aus den vorgelegten Unterlagen ersichtlich sind,
- über die der Geschäftsführer mündlich berichtet,
- von denen die Gesellschafter auf andere Weise Kenntnis erlangt haben.

Im Rechtsstreit muss grundsätzlich jede Partei die ihr günstigen Umstände beweisen. Der Anspruchsteller trägt deshalb die Beweislast für die rechtsbegründenden, der Anspruchsgegner für die rechtshindernden, rechtsvernichtenden oder rechtshemmenden Tatsachen (*Zöller/Greger*, ZPO, vor § 284 ZPO, Rz. 17a).

Die Entlastung ist eine rechtsvernichtende Einwendung, der Geschäftsführer ist deshalb beweispflichtig für deren Existenz und Reichweite.

> **Tipp**
>
> Durch die Entlastung billigen die Gesellschafter nur die ihnen bekannten oder zumindest erkennbaren Umstände. Zur späteren Beweisführung sollte die Tatsachengrundlage der Entlastung deshalb möglichst durch einen ausführlichen Lage- und Rechenschaftsbericht für die Gesellschafterversammlung dokumentiert werden.

5.6.3.3 Grenzen der Entlastung

Grundgedanke der GmbH ist, dass durch ein garantiertes Stammkapital die Haftung der Gesellschafter ausgeschlossen wird (Trennungsprinzip, § 13 Abs. 2 GmbHG). Die Gesellschaft kann deshalb nicht über Ansprüche disponieren, die den Erhalt des Stammkapitals im Interesse der Gläubiger betreffen (s. Kap. 6.3). Sie kann deshalb auch nicht auf Ansprüche gegen den Geschäftsführer wegen Zahlungen aus dem zum Erhalt des Stammkapitals erforderlichen Vermögen verzichten (§§ 43 Abs. 3 Satz 2, 9b GmbHG).

Keine Entlastung zum Nachteil der Gläubiger

Sie kann auch dann nicht auf einen Anspruch gegen den Geschäftsführer verzichten, wenn sie diesen Anspruch bereits zur Befriedigung ihrer Gläubiger benötigt, wenn das restliche Vermögen also schon im Zeitpunkt der Entlastung nicht mehr zur Befriedigung aller Gläubiger ausreicht (Überschuldung).

Verfügt die Gesellschaft dagegen bei der Entlastung über ausreichendes Vermögen, ändert auch die spätere Krise oder Vermögenslosigkeit nichts mehr an der Wirksamkeit der Entlastung:

»Dass durch den Anspruchsverzicht das Vermögen der Gesellschaft und damit ihr Haftungsfonds im Verhältnis zu ihren Gläubigern geschmälert wird, nimmt das Gesetz hin, soweit nicht der Verzicht auf eine gem. § 30 GmbHG verbotene Auszahlung an einen Gesellschaftergeschäftsführer hinausläuft oder gem. § 43 Abs. 2

GmbHG unverzichtbare Ansprüche zum Gegenstand hat. Sind diese Grenzen zur Zeit des Haftungsverzichts gewahrt, so bleibt es bei dessen Wirksamkeit auch dann, wenn der Schadensersatzbetrag später zur Gläubigerbefriedigung benötigt würde« (BGH, Urteil vom 07.04.2003 – II ZR 193/02, NJW-RR 2003, 895, 896).

5.6.3.4   Nichtigkeit und Anfechtbarkeit der Entlastung

Der Entlastungs-beschluss ist nur wirksam, wenn die Formalien eingehalten werden

Leidet der Entlastungsbeschluss an einem wesentlichen Mangel, ist er von Anfang an nichtig. Wichtig sind hier insbesondere Mängel bei der Einberufung der Gesellschafterversammlung und die Entlastung mit der sittenwidrigen Absicht, die Gesellschaftsgläubiger zu schädigen (weitere Nichtigkeitsgründe in *Scholz/K. Schmidt*, GmbHG, § 45 Rz. 61 ff.).

Wenn der Entlastungsbeschluss weniger gravierende Mängel aufweist, ist er zunächst wirksam, kann aber (wie jeder andere Beschluss auch) ggf. durch Anfechtung beseitigt werden. Dabei ist zwischen der gesellschaftsrechtlichen und der insolvenzrechtlichen Anfechtung zu unterscheiden.

Bei der gesellschaftsrechtlichen Anfechtung greift ein Gesellschafter den Beschluss wegen Verfahrens- oder inhaltlicher Mängel mit einer Anfechtungsklage an. Diese Klage ist innerhalb »angemessener« Frist zu erheben. Soweit die Satzung keine abweichende Regelung vorsieht, gilt dafür im Normalfall die Monatsfrist des § 246 AktG entsprechend. Eine längere Frist als drei Monate dürfte auch in besonderen Fällen nicht mehr »angemessen« sein.

Mit der Insolvenzanfechtung nach den §§ 129 ff. InsO kann der Insolvenzverwalter der GmbH einen Entlastungsbeschluss angreifen, der zu einer Benachteiligung der Gesellschaftsgläubiger geführt hat: Der Geschäftsführer hat keinen Anspruch auf Entlastung von objektiv bestehenden Schadensersatzverpflichtungen, so dass er durch die Entlastung eine inkongruente Deckung erhält (§ 131 InsO). Die Entlastung innerhalb eines Monats vor Insolvenzantrag ist deshalb ohne weiteres anfechtbar. War die Gesellschaft im Zeitpunkt der Entlastung bereits in der Krise und hatten die Gesellschafter davon Kenntnis, kommt die Anfechtung dagegen für einen Zeitraum von bis zu zehn Jahren vor Antragstellung in Betracht (§ 133 InsO). Praktische Relevanz hat diese Anfechtung allerdings nur innerhalb der Verjährungsfrist von fünf Jahren (s. Kap. 5.7.4).

5.6.3.5   Verweigerung der Entlastung

Wird dem Geschäftsführer die Entlastung unberechtigt verweigert, kann er sein Amt niederlegen, sein Anstellungsverhältnis außerordentlich kündigen und gegebenenfalls eine negative Feststellungsklage gegen die Gesellschaft erheben, in der festgestellt wird, dass keine Ansprüche der GmbH bestehen (str.; *Rowedder/Koppensteiner*, GmbHG, § 46 Rz. 31).

5.6.4   Generalerledigung/Generalbereinigung
5.6.4.1   Abgrenzung zur Entlastung

Zum einen beschränkt sich der Umfang der Entlastung nur auf die bekannten/erkennbaren Tatsachen, zum anderen ist der Wegfall von Forderungen nicht das eigentliche Ziel der Entlastung, sondern nur Nebenfolge der allgemeinen Billigung der Geschäftsführung.

Generalerledigung geht weiter als Entlastung

Eine Generalerledigung soll dagegen (meist anlässlich des Ausscheidens des Geschäftsführers) alle möglichen und denkbaren Ansprüche abschließend erledigen, geht also weiter als die Entlastung und beabsichtigt gerade eine endgültige Erledigung.

> Eine Generalerledigung erfasst auch nicht bekannte und nicht erkennbare Ansprüche, geht also deutlich über den Umfang einer Entlastung hinaus.

Tipp

5.6.4.2   Zuständigkeit/Gesellschafterbeschluss

Wie für die Entlastung ist auch für die Generalbereinigung ein Beschluss der Gesellschafter erforderlich. Anders als bei der Entlastung ist diese rein interne Willensbildung aber nicht ausreichend, sondern der Beschluss muss in einen Vertrag mit dem Geschäftsführer umgesetzt werden.

> Die Generalerledigung ist ein Vertrag zwischen Gesellschaft und Geschäftsführer, es muss deshalb auch protokolliert werden, dass der Geschäftsführer den Verzicht annimmt.

Tipp

Beispiel: Gesellschafterbeschluss und Annahmeerklärung

Die Gesellschafter der XY-GmbH beschließen hiermit einstimmig den Verzicht auf alle Ansprüche gegenüber dem Geschäftsführer G aus oder im Zusammenhang mit dessen Geschäftsführertätigkeit, gleich ob bekannt, erkennbar oder unbekannt und unabhängig von ihrem Rechtsgrund und dem Zeitpunkt ihrer Entstehung, soweit die Gesellschaft auf die betreffenden Ansprüche verzichten und ein solcher Verzicht rechtsgeschäftlich vereinbart werden kann.

Der Geschäftsführer G nimmt diesen Verzicht hiermit an.

5.6.4.3   Grenzen der Generalerledigung

Kein Verzicht zum Nachteil der Gläubiger

Soweit die Gesellschaft nicht über Ansprüche disponieren kann, ist auch die Generalerledigung unwirksam, die Gesellschaft kann nicht zu Lasten ihrer Gläubiger auf Ansprüche verzichten (§ 43 Abs. 3 GmbHG; s. Kap. 5.6.3.2).

5.6.4.4   Vergleichsweise Erledigung

Wenn bereits konkrete Ersatzansprüche im Raum stehen, könnte ein Vergleich für den Geschäftsführer besser sein als eine Generalerledigung, die einseitig zu Lasten der Gesellschaft geht: Auch wenn der Geschäftsführer nur eine niedrige Vergleichszahlung leistet, fällt einem späteren Insolvenzverwalter der Nachweis einer Gläubigerbenachteiligung durch den Abschluss des Vergleiches deutlich schwerer, so dass ein Vergleich mit Generalerledigung in der Regel endgültig sein dürfte.

Beispiel: Vergleich mit Generalerledigung

Vorbemerkung:

G war vom 01.01.1993 bis zum 26.07.2005 bei der X-GmbH beschäftigt, in der Zeit vom 15.04.2002 bis zum 26.07.2005 als deren Geschäftsführer. Die Parteien streiten über Schadensersatzansprüche der X-GmbH einerseits und Vergütungsansprüche des G andererseits. Zur abschließenden Erledigung dieser Auseinandersetzung treffen die Parteien die folgende Vereinbarung:

1. Zur Abgeltung aller Ansprüche bezahlt G an die X-GmbH einen Vergleichsbetrag in Höhe von 2.500 €.
2. Damit sind alle Ansprüche zwischen den Parteien wechselseitig abgegolten und erledigt, gleich ob bekannt, erkennbar oder unbekannt und unabhängig von ihrem Rechtsgrund und dem Zeitpunkt ihrer Entstehung.

5.6.5   Haftungsbeschränkung

Vertragliche Haftungsbeschränkung zwischen GmbH und Geschäftsführer

Der Geschäftsführer ist im Allgemeininteresse für die Erhaltung des Stammkapitals verantwortlich, die Gesellschafter können deshalb nicht über Ansprüche der Gesellschaft aus § 43 Abs. 3 GmbHG disponieren (s. Kap. 5.6.3.3).

Ob und wie weit die Gesellschaft von Anfang an auf Ansprüche wegen anderer Pflichtverletzungen verzichten kann, ist umstritten (vgl. *Lutter/Hommelhoff*, GmbHG, § 43 Rz. 37 ff.). Soweit die Gesellschaft nachträglich auf bereits entstandene Ansprüche verzichten kann (also außerhalb des § 43 Abs. 3 GmbHG), ist kein Grund ersichtlich, weshalb sie nicht auch schon im Vorfeld vereinbaren können soll, wann diese Ansprüche entstehen.

Zugunsten des Geschäftsführers kommen deshalb insbesondere folgende Modifikationen der gesetzlichen Haftung in Betracht:

- Herabsetzung des Sorgfaltsmaßstabes auf die Sorgfalt in eigenen Angelegenheiten,
- Vereinbarung einer Haftungshöchstsumme,
- Verkürzung der Verjährung.

Diese Haftungsbegrenzungen müssen vertraglich zwischen Gesellschaft und Geschäftsführer vereinbart werden, am besten bereits im Anstellungsvertrag.

Um nicht die Unwirksamkeit einer solchen Haftungsbeschränkung zu riskieren, sollten zumindest Ansprüche aus vorsätzlicher Pflichtverletzung und wegen Verstoßes gegen Kapitalerhaltungsregeln nicht eingeschränkt werden, also ausdrücklich aus dem Anwendungsbereich der Haftungsbeschränkung ausgeschlossen werden.

5.7   Prozessuale Durchsetzung

5.7.1   Gesellschafterbeschluss

Um Schadensersatzansprüche der Gesellschaft gegen ihren (ehemaligen) Geschäftsführer durchzusetzen, ist ein Gesellschafterbeschluss erforderlich (§ 46 Ziff. 8 GmbHG). Dieser Beschluss ist materiell-rechtliche Anspruchsvoraussetzung – ohne diesen Beschluss hat die Gesellschaft überhaupt keinen Anspruch (s. Kap. 5.3.2.1, zur GmbH & Co. KG s. Kap. 5.10).

Ansprüche der GmbH entstehen erst durch den Beschluss der Gesellschafter, diese geltend zu machen

Bei einem mangelhaften Beschluss ist die Klage zwar zulässig, wird aber als unbegründet abgewiesen, wodurch die Ansprüche ggf. endgültig verloren gehen.

Ein Gesellschafterbeschluss ist auch dann erforderlich, wenn ein ehemaliger Geschäftsführer in Anspruch genommen wird.

Der Gesellschafterbeschluss kann bis zur Entscheidungsreife noch während des laufenden Verfahrens nachgeholt werden.

5.7.2   Prozessvertretung der Gesellschaft

Die Gesellschafter entscheiden über »die Geltendmachung von Ersatzansprüchen ... sowie die Vertretung der Gesellschaft in Prozessen, welche sie gegen die Geschäftsführer zu führen hat« (§ 48 Ziff. 8 GmbHG).

Die Gesellschaft wird also nicht etwa automatisch durch die Gesellschafter vertreten, sondern die Gesellschafter entscheiden darüber, wer die Gesellschaft vertritt. Wird in der Gesellschafterversammlung dagegen nur ein Beschluss über die Geltendmachung von

Ersatzansprüchen, aber nicht über die Prozessvertretung gefasst, bleibt es bei der Vertretung durch den (anderen) Geschäftsführer.

Gibt es nur einen Geschäftsführer, braucht die Gesellschaft einen anderen Vertreter. Wird ein besonderer Vertreter bestellt, beispielsweise der prozessbevollmächtigte Rechtsanwalt, hat dieser zur Aufarbeitung des Sachverhaltes ein eigenes Einsichtsrecht in die Unterlagen der Gesellschaft.

5.7.3   Beweislast
5.7.3.1   Objektive Pflichtverletzung

Die GmbH muss den Sachverhalt beweisen

Ob ein Geschäftsführer seine Pflichten verletzt hat, ist eine Rechtsfrage und deshalb vom Gericht zu beurteilen. Die Gesellschaft muss also nicht die Pflichtverletzung als solche beweisen, sondern den zugrunde liegenden Sachverhalt, aus dem sich die Pflichtverletzung ergibt.

Beispiel: Belieferung eines insolventen Kunden
Der Geschäftsführer G der Baustoff-GmbH hat der X-GmbH Material für 200 T€ geliefert, obwohl diese seit mehreren Monaten keine Rechnungen mehr bezahlt hatte und dadurch Rückstände in Höhe von rund 170 T€ aufgelaufen waren.

Lösung:
Die Gesellschaft muss beweisen, dass der Geschäftsführer die Lieferungen veranlasst und die X-GmbH die offenen Rechnungen nicht bezahlt hat. Das Gericht wird diesen Vortrag dann als objektive Pflichtverletzung werten.

5.7.3.2   Schaden

Wenn die Gesellschaft von ihrem Geschäftsführer Schadensersatz verlangt, muss sie auch einen Schaden haben und dessen Höhe beweisen.

Ein (Vermögens-)Schaden liegt dann vor, wenn der jetzige Wert des Vermögens geringer ist, als der hypothetische Wert, den das Vermögen ohne das die Ersatzpflicht auslösende Ereignis hätte.

Beispiel: Sachbeschädigung
A ist Eigentümer eines Grundstücks im Wert von 150 T€. B entsorgt auf diesem Grundstück Altöl, der Verkehrswert sinkt dadurch auf 25 T€. Ohne die schädigende Handlung des B hätte A unverändert einen Vermögensgegenstand im Wert von 150 T€, durch die Entsorgung des Altöls ist dem A also ein Schaden in Höhe von 125 T€ entstanden.

Es ist ein weit verbreitetes Missverständnis, dass eine Pflichtverletzung als solche bereits zum Schadensersatz verpflichtet – viele Pflichtverletzungen führen nicht zu einem Schaden der Gesellschaft, es gibt also nichts, was der Geschäftsführer zu ersetzen hätte.

Beispiel: Schadensersatz durch einen Dritten
Bezahlt in dem Beispiel aus Kap. 5.7.3.1 der Geschäftsführer der X-GmbH persönlich die offenen Rechnungen, hat die Baustoff-GmbH keinen Schaden: ihr Vermögen wäre auch ohne die Pflichtverletzung des G nicht mehr wert.

Beispiel: Unterlassene Abschlussprüfung
Wenn die Sanierung in dem Beispiel aus Kap. 5.3.5.7 trotz der unterlassenen Abschlussprüfung gelingt, ist der Gesellschaft aus der Pflichtverletzung des Geschäftsführers kein Schaden entstanden.

5.7.3.3 Kausalität

Grundsätzlich muss die Gesellschaft zumindest glaubhaft machen, dass der Schaden gerade aufgrund des pflichtwidrigen Verhaltens des Geschäftsführers entstanden ist.

Beweislast des Geschäftsführers

Dazu reicht aber schon die bloße Möglichkeit, dass der Schaden auf das pflichtwidrige Verhalten des Geschäftsführers zurückgeht. Der Geschäftsführer muss sich dann entlasten und beweisen, dass der Schaden gegebenenfalls auch ohne seine Pflichtverletzung eingetreten wäre (OLG Hamm, Entscheidung vom 10.05.1995 – 8 U 59/94, ZIP 1995, 1263, 1267). Faktisch trägt der Geschäftsführer damit die Beweislast, dass seine Pflichtverletzung den Schaden nicht verursacht hat.

Beispiel: Planungsfehler
Eine GmbH hat die statische Planung von Bauleistungen übernommen, der Geschäftsführer G hat diese Aufgabe dem Praktikanten P übertragen. An dem Gebäude treten später Schäden auf, die ein Sachverständiger auf Mängel der Statik zurückführt.

Lösung:
Es ist zumindest wahrscheinlich, dass der Geschäftsführer seine Pflichten verletzt hat, indem er die Planung durch P vornehmen ließ. Er muss sich deshalb entlasten und beweisen, dass der Schaden auch dann eingetreten wäre, wenn die Statik durch einen besser qualifizierten Mitarbeiter berechnet worden wäre, z. B. weil die der Planung zugrunde gelegten Bodenwerte durch ein anderes Ingenieurbüro falsch ermittelt wurden oder die Ausführung der Arbeiten mangelhaft erfolgt ist. Gelingt ihm dieser Nachweis nicht, hat er den Schaden zu ersetzen.

5.7.3.4 Verschulden

Der Geschäfts-
führer muss sich
entlasten

Wenn der Geschäftsführer seine Pflichten objektiv verletzt hat, wird vermutet, dass er dies auch schuldhaft getan hat (s. Kap. 5.6).

Er muss sich deshalb entlasten und beweisen, dass der Schaden auch bei Anwendung der erforderlichen Sorgfalt eingetreten wäre. Zweifel gehen zu seinen Lasten, so dass der Nachweis einer Pflichtverletzung meist ohne weiteres die Haftung des Geschäftsführers bedeutet.

5.7.3.5 Zusammenfassung Beweislast

Beweislast-
verteilung

Die Gesellschaft muss beweisen:
- die relevanten Tatsachen zur Beurteilung der objektiven Pflichtverletzung,
- den Schaden,
- den (möglichen) Zusammenhang zwischen Pflichtverletzung und Schaden.

Der Geschäftsführer muss beweisen:
- die Einhaltung der erforderlichen Sorgfalt oder
- dass der Schaden auch bei Einhaltung dieser Sorgfalt eingetreten wäre.

5.7.4 Verjährung

Verjährung:
fünf Jahre

Die regelmäßige Verjährung beträgt drei Jahre ab Ende des Jahres, in dem der Anspruch entstanden ist und der Gläubiger von den im Anspruch begründeten Umständen und der Person des Schuldners Kenntnis erlangt hat oder ohne grobe Fahrlässigkeit erlangt haben könnte (§§ 195, 199 BGB).

Abweichend von dieser Grundregel verjähren Ansprüche der Gesellschaft gegenüber dem Geschäftsführer aus § 43 GmbHG in fünf Jahren (§ 43 Abs. 4 GmbHG). Diese Verjährung gilt nicht nur für die gesetzlichen Ansprüche, sondern auch für Pflichtverletzungen aus dem Dienstvertrag des Geschäftsführers (*Rowedder/Schmidt-Leithoff/Koppensteiner*, GmbHG, § 43 Rz. 61).

Anders als die (kürzere) regelmäßige Verjährung beginnt die (längere) gesellschaftsrechtliche Verjährung allerdings nicht erst mit Kenntnis, sondern schon dann, wenn zumindest eine Feststellungsklage der Gesellschaft gegen den Geschäftsführer objektiv möglich gewesen wäre – die tatsächliche Kenntnis der Gesellschafter ist für die Verjährung also vollkommen unerheblich.

Hemmung durch
Verhandlungen

Die Verjährung wird insbesondere durch Verhandlungen zwischen den Parteien gehemmt (§ 203 BGB).

5.8   Haftung des Strohmann-Geschäftsführers

Strohmann ist der Geschäftsführer, der formal bestellt und im Handelsregister eingetragen ist, aber intern die tatsächliche Geschäftsführung einem anderen überlässt. Wer zum Geschäftsführer bestellt wurde (und die Bestellung angenommen hat) ist auch Geschäftsführer und kann sich nicht damit entschuldigen, dass er nur pro forma im Handelsregister eingetragen sei: Auch der nur vorgeschobene Strohmann haftet deshalb als »echter« Geschäftsführer.

Auch der Strohmann haftet als Geschäftsführer

> Wer zum Geschäftsführer bestellt ist, muss die damit verbundenen Aufgaben auch selbst wahrnehmen und haftet persönlich für deren Erfüllung.

Tipp

Besondere Vorsicht ist geboten, wenn der eigentliche Geschäftsführer wegen einer Insolvenzstraftat nach den §§ 283 bis 283 d) StGB nicht bestellt werden kann (§ 6 Abs. 2 Satz 3 GmbHG) und dafür einen Strohmann sucht – es ist regelmäßig nicht empfehlenswert, die Haftung für einen (faktischen) Geschäftsführer zu übernehmen, der in der Vergangenheit bereits gezeigt hat, dass er der Aufgabe nicht gewachsen ist.

5.9   Haftung des faktischen Geschäftsführers

5.9.1   Voraussetzungen

Nach § 39 GmbHG soll der Geschäftsführer im Handelsregister eingetragen sein. Diese Bestimmung ist aber nur deklaratorisch, es kann also auch sein, dass gerade derjenige, der die Geschäfte tatsächlich führt, weder im Handelsregister eingetragen ist noch durch formellen Gesellschafterbeschluss zum Geschäftsführer bestellt wurde, aber aufgrund seiner tatsächlichen Kompetenz und Mitwirkung faktischer Geschäftsführer ist, auch ohne entsprechenden Registereintrag oder Gesellschafterbeschluss:

Wer die Geschäfte tatsächlich führt, ist zumindest faktischer Geschäftsführer und haftet neben dem Strohmann

Wer im Handelsregister als Geschäftsführer eingetragen ist, gilt auf jeden Fall als Geschäftsführer (§ 15 Abs. 1, Abs. 3 HGB).

Wer nicht im Handelsregister eingetragen ist und nicht durch Gesellschafterbeschluss zum Geschäftsführer bestellt wurde, aber trotzdem die Geschäfte leitet, ist faktischer Geschäftsführer, wenn er mit Wissen und Wollen der Gesellschaft tätig ist.

Problematisch ist dabei regelmäßig die Feststellung, ab wann jemand wie ein Geschäftsführer maßgeblichen Einfluss ausübt. Typische Kernkompetenzen und damit Anhaltspunkte für eine Stellung als Geschäftsführer sind

● Einstellung und Entlassung von Mitarbeitern,
● Verhandlungen mit Vertragspartnern über Zahlungsmodalitäten,
● Verhandlungen mit Banken und dem Finanzamt,
● Verfügungsgewalt über Firmenkonten.

Faktische Geschäftsführung – Kriterien

Nach der bislang herrschenden Meinung lag jedenfalls immer dann eine faktische Geschäftsführung vor, wenn mindestens sechs der folgenden acht Kriterien erfüllt sind (BayObLG, Urteil vom 20.02.1997 – 5 St RR 159/96, NJW 1997, 1936; BGH Urteil vom 21.03.1988 – II ZR 194/87, NJW 1988, 1789):

1. Entscheidung über die Unternehmenspolitik,
2. Organisation des Unternehmens,
3. Einstellung von Mitarbeitern,
4. Gestaltung der Geschäftsbeziehung mit Vertragspartnern,
5. Verhandlung mit Banken/Kreditgebern,
6. Entscheidung über die Höhe der Löhne/Gehälter,
7. Entscheidung über Steuerangelegenheiten,
8. Steuerung der Buchhaltung.

Allerdings betont der BGH in einer aktuellen Entscheidung die Notwendigkeit eines Handelns im Außenverhältnis für die Gesellschaft: Entscheidend ist, dass der Betreffende die Geschicke der Gesellschaft – über die interne Einwirkung auf die satzungsmäßige Geschäftsführung hinaus – durch eigenes Handeln im Außenverhältnis, das die Tätigkeit des rechtlichen Geschäftsführungsorganes nachhaltig prägt, maßgeblich in die Hand genommen hat. Lediglich gesellschafts- oder konzerninterne Einwirkungen begründen nicht zugleich auch die Stellung als faktischer Geschäftsführer; selbst dann nicht, wenn durch die Intensität der Einwirkungen der satzungsmäßige Geschäftsführer zu einem reinen Befehlsempfänger degradiert worden sein sollte (BGH, Urteil vom 27.06.2005 – II ZR 113/03, ZIP 2005, 1414, 1415).

5.9.2   Gesamtschuldnerische Haftung

Der faktische Geschäftsführer haftet zusätzlich neben einem anderen (offiziellen) Geschäftsführer, die Existenz eines zusätzlichen Geschäftsführers entlastet auch hier keinen der Beteiligten (§ 43 Abs. 2 GmbHG).

5.10   Der Geschäftsführer der GmbH & Co. KG

GmbH und KG sind zwei selbständige Gesellschaften mit unterschiedlichen Rechtsformen (s. Kap. 1.2). In der Regel ist es aber gerade die zentrale Aufgabe der Komplementär-GmbH, die Geschäfte der
Kommanditgesellschaft zu führen. Diese Verpflichtung wirkt sich
dann auch im Verhältnis zwischen der GmbH und deren Geschäftsführer aus, insbesondere bei der häufigen Identität von Geschäftsführer, Gesellschafter und Kommanditist:

*GmbH & Co. KG-
Geschäftsführer*

Die GmbH hat die Interessen der KG zu vertreten und der GmbH-
Geschäftsführer hat die Aufgaben der GmbH zu erfüllen, also ebenfalls die Interessen der KG wahrzunehmen. Soweit der Geschäftsführer im Interesse der KG tätig ist, haftet er auch unmittelbare
gegenüber der KG aus § 43 GmbHG.

Im Übrigen könnte die KG natürlich auch gegen die GmbH vorgehen und deren Anspruch gegen ihren Geschäftsführer pfänden
(ohne dass ein Beschluss der GmbH-Gesellschafter nach § 46 Nr. 8
nötig ist). Gerade um diesen Umweg zu vermeiden, kann die KG Ansprüche nach § 43 GmbHG aus eigenem Recht gegen den Geschäftsführer geltend machen.

5.11   Zusammenfassung

Die Haftungsrisiken im Einzelfall sind ausgesprochen vielfältig, die
Grundvoraussetzung immer dieselbe: eine Sorgfalts- oder Treuepflichtverletzung des Geschäftsführers.

Der Geschäftsführer sollte deshalb schon im eigenen Interesse
ein Risikomanagement einrichten, weil es seine Aufgabe ist, Risiken
von der Gesellschaft abzuwenden, und deshalb die Gefahren für die
GmbH gleichzeitig Haftungsrisiken für ihn persönlich sind.

Dazu muss er zunächst einmal seine Pflichten erkennen, die daraus resultierenden Risiken definieren und entsprechende Vorsorge
treffen – sowohl für die GmbH als auch für sich selbst:

Checkliste

✔ gesetzliche Pflichten (Steuer, Sozialabgaben, Buchführung, Abschlussprüfung, Betriebs-, Exportgenehmigungen u. Ä.);

✔ satzungsmäßige Pflichten (besondere Aufgaben, Zustimmungsvorbehalte);

✔ Weisungen der Gesellschafter;

✔ interne Organisation (Transparenz, Kontrollfunktion, Dokumentation);

✔ Finanzplanung (Liquiditäts-, Umsatz-, Investitions-, Kostenplanung);

✔ Versicherungen (Kredit-, Produkthaftungs-, Haftpflichtversicherung);

✔ vertragliche Haftungsbeschränkungen (eigene Sorgfalt, Beschränkung auf grobe Pflichtverletzungen, Haftungshöchstbetrag, Verkürzung der Verjährung);

✔ Entlastung durch die Gesellschafter (Dokumentation der bekannten Umstände);

✔ Verzicht, Generalerledigung.

6   Die Haftung gegenüber Dritten

Im Gründungsstadium haften die handelnden Personen nach § 11 Abs. 2 GmbHG, mit der Eintragung der Gesellschaft endet diese Haftung (s. Kap. 3.2.5). Ab jetzt haftet der Geschäftsführer nicht mehr selbst, sondern grundsätzlich nur noch die GmbH, entweder weil der Geschäftsführer rechtsgeschäftlich für die GmbH handelt oder weil sein Handeln der GmbH kraft Gesetzes zugerechnet wird (§ 31 BGB).

Haftung im Außenverhältnis

Eine kaum praxisrelevante Haftungsnorm findet sich in § 40 Abs. 2 GmbHG: Der Geschäftsführer muss das Handelsregister über Veränderungen im Gesellschafterkreis informieren und haftet gegenüber den Gläubigern auf Ersatz eines Schadens, der aus einer Verletzung dieser Pflicht entsteht.

Diese Regelung zeigt aber, dass Pflichten gegenüber der Gesellschaft gleichzeitig auch im Interesse der Allgemeinheit bestehen können, bzw. dass der Geschäftsführer diese Interessen auch bei Wahrnehmung seiner Aufgaben für die GmbH zu berücksichtigen hat.

Neben den Pflichten gegenüber der Gesellschaft hat der Geschäftsführer deshalb auch Pflichten gegenüber Gläubigern, Kunden oder sonstigen Dritten und haftet bei Verletzung dieser Pflichten persönlich neben der Gesellschaft.

6.1   Pflichtverletzung bei Vertragsverhandlungen (c. i. c.)

Nach § 311 Abs. 2 BGB entsteht ein Schuldverhältnis mit der Pflicht zur gegenseitigen Rücksichtnahme schon durch die bloße Aufnahme von Verhandlungen. Diese Regelung geht zurück auf die Rechtsfigur der culpa in contrahendo (c.i.c., Verschulden bei Vertragsschluss), mit der Fälle erfasst werden konnten, die zu einem Schaden bei einer Partei geführt haben, bevor der Vertrag überhaupt zustande kam.

culpa in contrahendo

Beispiel: Falsche Versprechungen (nach BGH, Urteil vom 30.10.1987 – V ZR 144/86)
Der Immobilienmakler M vermittelt dem Käufer K eine Immobilie als Kapitalanlage und behauptet, dass diese vollständig an solvente Mieter vermietet sei und hohe Steuervorteile geltend gemacht werden können. Beides stellt sich nachträglich als falsch heraus.

Lösung:
Der M hat hier seine vorvertraglichen Aufklärungs- und Beratungspflichten verletzt und haftet deshalb auf Schadensersatz.
Wenn der M als Geschäftsführer der M-GmbH tätig war, stellt sich die Frage, ob er neben dieser persönlich haftet.

6.1.1   Pflichtverletzung

Ggf. Rückgriffs-anspruch der Gesellschaft

Wenn der Geschäftsführer für die Gesellschaft handelt und dabei die Pflichten der Gesellschaft gegenüber dem (potenziellen) Vertragspartner verletzt, haftet für diese Pflichtverletzung grundsätzlich nur die Gesellschaft selbst, hat aber gegebenenfalls im Innenverhältnis einen Rückgriffsanspruch gegen den Geschäftsführer aus § 43 Abs. 2 GmbHG (s. Kap. 5.3.4.1).

Eine bloße Pflichtverletzung gegenüber dem Geschäftspartner begründet im Normalfall also keine persönliche Haftung des Geschäftsführers im Außenverhältnis, sondern das gesamte Haftungssystem der GmbH mit der Beschränkung der Haftung auf das Stammkapital beruht gerade darauf, dass neben der Gesellschaft selbst weder der Geschäftsführer noch die Gesellschafter haften.

Eine Ausnahme gilt nur dann, wenn der Geschäftsführer die Ebene als reiner Interessenvertreter der Gesellschaft verlässt und entweder Pflichten verletzt, die ihm auch im öffentlichen Interesse obliegen, oder wenn er nicht ausschließlich GmbH-Interessen, sondern zumindest auch eigene Interessen verfolgt:

»Für die Folgen einer Verletzung vorvertraglicher Aufklärungs- und Obhutspflichten haftet, wenn bei den Vertragsverhandlungen ein Vertreter tätig wird, nach allgemeinen Grundsätzen der Vertretene. Ausnahmsweise kann aber auch der Vertreter selbst schadensersatzpflichtig sein, wenn er persönlich in besonderem Maße das Vertrauen des Verhandlungspartners in Anspruch genommen hat. Darüber hinaus kann ... ein Vertreter auch dann für ein Verschulden bei den Vertragsverhandlungen haften, wenn er dem Verhandlungsgegenstand besonders nahe steht, weil er wirtschaftlich selbst stark an dem Vertragsschluss interessiert ist und aus dem Geschäft eigenen Nutzen erstrebt« (BGH, Urteil vom 06.06.1994 – II ZR 292/91, NJW 1994, 2220).

An eine Haftung des Geschäftsführers ist also in zwei wesentlichen Fällen zu denken:
1. Inanspruchnahme besonderen persönlichen Vertrauens,
2. besonderes eigenes wirtschaftliches Interesse.

6.1.2 Persönliches Vertrauen

Persönlich gehaltene Zusagen können eine Bürgschafts- oder Garantierklärung des Geschäftsführers sein, aber auch unterhalb dieser (vertraglichen) Schwelle kommt die persönliche Haftung in Betracht:

Haftung wegen Inanspruchnahme persönlichen Vertrauens durch den Geschäftsführer

Schon der Anschein persönlicher Haftung (»Dafür bürge ich mit meinem guten Namen«) kann tatsächlich eine persönliche Haftung begründen.

Entscheidend ist auch hier, dass der Vertreter die reine Vertreter-Ebene verlässt und auf eine besondere persönliche Ebene tritt. Nimmt der Geschäftsführer für die von ihm vertretene GmbH nur das übliche Vertrauen in Anspruch, das jedem vertrauenswürdigen Geschäftspartner entgegengebracht wird, haftet bei einer Verletzung dieses Vertrauens auch nur der eigentliche Geschäftspartner, also die Gesellschaft, nicht aber deren Geschäftsführer als ausführendes Organ:

»Der Geschäftsführer einer GmbH nimmt, wenn er für diese in Vertragsverhandlungen eintritt, grundsätzlich nur **das normale Verhandlungsvertrauen** in Anspruch, für dessen Verletzung der Vertragspartner, hier also die GmbH, einzustehen hat; von einem persönlichen Vertrauen lässt sich nur sprechen, wenn der Vertreter beim Verhandlungspartner ein **zusätzliches, von ihm selbst ausgehendes Vertrauen** auf die Vollständigkeit und Richtigkeit seiner Erklärungen hervorgerufen hat. Es wird sich dabei im Allgemeinen um **Erklärungen im Vorfeld einer Garantiezusage** handeln.

Persönliche Erklärungen im Vorfeld einer Garantie

An diesen Voraussetzungen fehlt es, wenn das Verhalten des Geschäftsführers sich darin erschöpft, eine Aufklärung über die finanziellen Verhältnisse der Gesellschaft, zu der er angesichts ihrer wirtschaftlichen Lage verpflichtet wäre, zu unterlassen« (BGH, Urteil vom 06.06.1994, NJW 1994, 2220, 2222).

Der Geschäftsführer verlässt die reine Organstellung, wenn er eine persönliche Beziehung zu sich selbst herstellt, also nicht mehr nur als GmbH-Vertreter auftritt, sondern als persönlicher Garant, beispielsweise bei Erklärungen mit folgendem Inhalt:
- »Sie können sich auf mich verlassen.«
- »Wir kennen uns doch schon so lange.«
- »Ich habe meine Zusagen immer eingehalten.«
- »Ich kann Ihnen persönlich versichern, dass ...«
- »Ich verspreche Ihnen bei meiner Ehre...«

Wer in dieser Form persönliche Erklärungen abgibt, haftet auch persönlich für deren Richtigkeit, bzw. zumindest dafür, dass er subjektiv keine falschen oder unvollständigen Erklärungen abgibt.

Unterscheidung zwischen Erklärungen des Geschäftsführers persönlich oder als Organ im Namen der GmbH

Es ist deshalb immer zu unterscheiden, ob der Geschäftsführer Erklärungen im Namen der GmbH abgibt oder sich bewusst als Garant neben die Gesellschaft stellt: Nicht ausreichend ist beispielsweise die Zusage, die GmbH verfüge über Aufträge in Millionenhöhe – eine solche Aussage begründet höchstens das Vertrauen in die Zahlungsfähigkeit der Gesellschaft selbst, hat aber mit dem Geschäftsführer persönlich nichts zu tun. Eine Täuschung über die Belange der Gesellschaft ist ggf. ein Betrug des Geschäftsführers zum Nachteil des Vertragspartners, er nimmt dadurch aber jedenfalls kein besonderes **persönliches** Vertrauen in Anspruch.

Dasselbe gilt für die Zusage »die Gesellschaft hat genug Geld, es bestehen keine finanziellen Schwierigkeiten« – der Geschäftsführer erklärt hier ausdrücklich für die Gesellschaft, nicht als Privatperson (OLG Köln, Urteil vom 01.09.1999 – 2 U 19/99; NZG 2000, 439 ff.). Entscheidend ist nicht die Richtigkeit der Erklärung, sondern wer als Erklärender dahinter steht, die GmbH (vertreten durch den Geschäftsführer) oder der Geschäftsführer persönlich.

Ebenfalls nicht ausreichend für eine persönliche Haftung ist die Erklärung »die Abwicklung der Geschäfte persönlich zu überwachen« – dies ist ohnehin Aufgabe des Geschäftsführers und keine persönliche Garantie.

Dies ist dann anders, wenn der Geschäftsführer einem Lieferanten zusagt, dieser werde »sein Geld auf jeden Fall bekommen«. Darin kann ein selbstständiges Garantieversprechen im Sinne des § 305 BGB liegen (der Geschäftsführer ist nicht Kaufmann im Sinne des HGB, eine mündliche Bürgschaft wäre deshalb formunwirksam, §§ 766 BGB, 350 HGB). Dieses Garantieversprechen nimmt der Vertragspartner stillschweigend an, indem er weitere Leistungen erbringt.

In einer jüngeren Entscheidung hat das OLG Koblenz sich eng an den Formulierungen des BGH orientiert, eine Haftung des Geschäftsführers aus Verschulden bei Vertragsschluss aber inhaltlich nahezu vollständig abgelehnt:

»Eine letztlich in Betracht kommende Haftung aus culpa in contrahendo hat das Landgericht zu Recht verneint. Außer der Verfolgung wirtschaftlicher Eigeninteressen kann der Vertreter für vorvertragliches Verschulden nach der Rechtsprechung des BGH auch dann haften, wenn er besonderes persönliches Vertrauen in Anspruch genommen und dadurch die Vertragsverhandlungen beeinflusst hat. Der Verhandelnde muss durch sein Verhalten Einfluss auf die Entscheidung des anderen Teils nehmen. Dazu genügt es nicht, dass der Vertragspartner dem handelnden Vertreter das **normale Verhandlungsvertrauen** entgegenbringt, der Vertreter muss vielmehr darüber hinaus eine **zusätzliche von ihm persönlich ausgehende Gewähr** für die Seriosität und die Erfüllung des Geschäfts bieten.

Die Rechtsprechung des erkennenden Senats geht dahin, dass der Vertreter haftet, wenn er über das normale Verhandlungsvertrauen hinaus ein von ihm selbst ausgehendes Vertrauen auf die Vollständigkeit und Richtigkeit seiner Erklärungen hervorruft. Insofern müssen sich seine Erklärungen im Vorfeld einer Garantie bewegen« (OLG Koblenz, Urteil vom 27.02.2003 – 5 U 917/02, NJW-RR 2003, 1198).

Eine der wenigen Entscheidungen, die nach der grundlegenden Entscheidung des BGH aus dem Jahr 1994 einen Anspruch gegen einen Geschäftsführer aus Verschulden bei Vertragsschluss bejaht hat, ist folgende:

> **Beispiel: Falsche Angaben über Vermögen und Zahlungsunfähigkeit (nach OLG Zweibrücken, Urteil vom 25.10.2001 – 4 U 71/00, NZG 2002, 423 ff.)**
> *Der Beklagte B war Geschäftsführer der C-GmbH, über deren Vermögen das Insolvenzverfahren eröffnet wurde. Im Vorfeld der Insolvenz hatte der B dem Kläger versichert, dass die Gesellschaft sehr gut dastehe, weil sie große Außenstände gegenüber solventen Kunden habe. Er, der Geschäftsführer B, stehe dafür gerade, dass der Kläger sein Geld bekomme und die Sache in Ordnung gehe.*

Lösung:
Nach Auffassung des Gerichts reicht diese Erklärung nicht als Schuldbeitritt oder Garantieübernahme, sondern ist lediglich eine Beschreibung der Bonität der C-GmbH. Aus objektiver Sicht sei der Erklärung nur zu entnehmen, dass der Geschäftsführer von der Bonität der Gesellschaft so überzeugt war, dass er sich nicht gescheut hat, sein Privatvermögen als Sicherheit einzusetzen. Die verbleibenden Zweifel am Vorliegen eines Schuldbeitritts oder einer Garantieerklärung gehen zu Lasten des Klägers. Der Geschäftsführer ist aber aus Verschulden bei Vertragsschluss (culpa in contrahendo) zum Schadensersatz verpflichtet:
»Eine Haftung des Geschäftsführers einer GmbH aus Verschulden bei Vertragsschluss ergibt sich zwar nicht schon aus einer Verletzung von Informationspflichten über die Solvenz der Gesellschaft. Auch das Eigeninteresse des Geschäftsführers, das sich aus seiner Übernahme einer persönlichen Haftung ergibt, reicht für sich alleine nicht aus, um einen Anspruch aus culpa in contrahendo zu begründen. Vielmehr kommt eine Haftung nur dann in Betracht, wenn sogleich die Voraussetzungen der

(Randnotizen:) Verhandlungsvertrauen in jedermann oder besonderes Vertrauen in die Person des Geschäftsführers

»Ich stehe dafür gerade« bezieht sich auf die Person des Geschäftsführers und nicht nur auf die Organstellung für die GmbH

*Eigenhaftung des Vertreters vorliegen, wenn also der Geschäftsführer der Gesellschaft ein **zusätzliches, von ihm selbst ausgehendes Vertrauen** auf die Vollständigkeit und Richtigkeit seiner Erklärungen hervorgerufen hat.*

*Der Umstand, dass die Erklärungen des Geschäftsführers nicht die Qualität eines Schuldbeitritts oder Garantieversprechens erreichen, steht dem nicht entgegen. Eine Haftung aus culpa in contrahendo kann gerade bei **Erklärungen im Vorfeld einer Garantiezusage** zum Tragen kommen.« Diese Voraussetzungen liegen hier vor. Der Beklagte hat ein zusätzliches, von seiner eigenen Person ausgehendes Vertrauen in Anspruch genommen. Er hat mit seinen Angaben zur Bonität der Gemeinschuldnerin Anlass zu der Schlussfolgerung gegeben, er habe die Vermögenssituation der Gesellschaft überprüft und schätze sie so positiv ein, dass er sicher sagen könne, der Kläger werde seinen Lohn in jedem Fall erhalten. Dem hat der Kläger gerade im Hinblick darauf vertraut, dass er dem Beklagten schon »seit zig Jahren kannte«.*

Die Angaben des Beklagten zur Vermögenssituation der Gemeinschuldnerin entsprachen nicht den Tatsachen, deren finanzielle Situation war für den Geschäftsführer erkennbar bereits so angespannt, dass ihre Fähigkeit zur Erfüllung zukünftiger Verbindlichkeiten in hohem Maße zweifelhaft erscheinen musste. Der Geschäftsführer hätte die Vermögenssituation bzw. Zahlungsfähigkeit der Gesellschaft deshalb nicht mehr positiv darstellen dürfen. Dass er dies gleichwohl getan hat, ist ihm als Verschulden zuzurechnen, das im Hinblick auf den von ihm geschaffenen Vertrauenstatbestand seine persönliche Inanspruchnahme rechtfertigt.

Damit lässt sich für die Haftung wegen Verschuldens bei Vertragsschluss festhalten, dass diese Rechtsfigur immer, aber auch nur dann in Betracht kommt, wenn der Geschäftsführer von sich aus persönliches Vertrauen veranlasst und in Anspruch nimmt (zur deliktischen Haftung s. Kap. 6.2.5.4).

Nachdem die Inanspruchnahme besonderen Vertrauens mittlerweile in § 311 Abs. 3 Satz 2 BGB ausdrücklich geregelt ist und dadurch bereits ein Schuldverhältnis mit wechselseitigen Rechten und Pflichten entsteht, darf die Haftung des Vertreters auch zukünftig nicht außer Acht gelassen werden.

Tipp

Bei Vertragsverhandlungen sollte der Geschäftsführer nur Erklärungen über und für die Gesellschaft abgeben und persönliche Zusagen möglichst vermeiden.

6.1.3 Wirtschaftliches Eigeninteresse

Jeder Geschäftsführer muss ein Interesse am wirtschaftlichen Erfolg der GmbH haben, erst recht ein Geschäftsführer, der gleichzeitig Mehrheits- oder sogar Alleingesellschafter ist. Trotzdem handelt auch ein solcher (Gesellschafter-)Geschäftsführer nicht automatisch im eigenen Interesse, sondern unverändert für die Gesellschaft. Das allgemeine Eigeninteresse als Geschäftsführer oder Gesellschafter reicht deshalb nicht zur Rechtfertigung einer persönlichen Haftung, er muss vielmehr »gleichsam in eigener Sache gehandelt haben« (BGH, Urteil vom 06.06.1994 – II ZR 292/91, NJW 1994, 2220).

Es reicht auch nicht, wenn der Geschäftsführer für den von ihm vermittelten Vertrag eine zusätzliche Provision oder Erfolgsbeteiligung erhält (BGH, Urteil vom 16.03.1992 – II ZR 152/91, NJW-RR 1992, 1061).

Wenn der Geschäftsführer Verbindlichkeiten der GmbH persönlich besichert hat, beispielsweise durch eine Bürgschaft oder eine Grundschuld auf seiner Privatimmobilie, liegt der Gedanke nahe, dass der Geschäftsführer nicht mehr ganz unbefangen die Interessen der Gesellschaft vertritt, sondern vor allem versucht, seine persönliche Haftung zu minimieren. Trotzdem hat der BGH eine persönliche Haftung auch in diesen Fällen abgelehnt:

»Im vorliegenden Fall ist zu der Frage nur insoweit Stellung zu nehmen, als es darum geht, ob sich die Eigenhaftung des Vertreters damit begründen lässt, dass er zugunsten der Gesellschaft Bürgschaften oder sonstige (dingliche) Sicherheiten zur Absicherung von anderweitigen Gesellschaftsverbindlichkeiten zur Verfügung gestellt hat. Das ist nach Ansicht des Senats zu verneinen. Mit solchen Sicherheiten, bei denen schon unklar ist, von welcher Größenordnung an sie das »mittelbare« Interesse des Gesellschafters am Erfolg der Gesellschaft zu einem »unmittelbaren« persönlichen Interesse umqualifizieren sollen, haftet der Gesellschafter-Geschäftsführer – im praktischen Ergebnis bei Insolvenz der Gesellschaft – den Gläubigern, denen sie eingeräumt worden sind; in aller Regel pflegt es sich dabei um die kreditgebenden Banken und allenfalls um Großlieferanten zu handeln. Es gibt kein rechtlich einleuchtendes Argument dafür, dass dies auch den anderen Gesellschaftsgläubigern, die von jenen Sicherheiten im Allgemeinen nichts wissen, zugute kommen soll« (BGH, Beschluss vom 01.03.1993 – II ZR 292/91, ZIP 1993, 763, 765).

Mit dem Beschluss vom 01.03.1993 hat der II. Zivilsenat seine Rechtsauffassung dargelegt, die im Widerspruch zu früheren Entscheidungen des VIII. und IX. Zivilsenats stand, die in vergleichbaren Fällen die Haftung des Geschäftsführers aufgrund eines eigenen wirtschaftlichen Interesses bejaht hatten. Diese Senate haben

Persönliche Haftung wegen besonderem wirtschaftlichen Eigeninteresse des Geschäftsführers?

BGH: Besicherung von GmbH-Verbindlichkeiten begründet keine weitergehende persönliche Haftung

auf Anfrage des II. Senates mitgeteilt, dass sie an ihrer bisherigen Rechtsauffassung nicht festhalten.

Der II. Senat hat die Fallgruppe der Haftung wegen eigenen wirtschaftlichen Interesses damit weitgehend abgeschafft:

»Im vorliegenden Fall kommt nach dem bisherigen Stand der Rechtsprechung des BGH zur Begründung der Haftung des Beklagten nur der Umstand in Betracht, dass er zugunsten der GmbH Sicherheiten in Form einer Bürgschaft und der Abtretung von persönlichen Forderungen zur Verfügung gestellt hat. Ein solcher Sachverhalt rechtfertigt jedoch die persönliche Inanspruchnahme des GmbH-Geschäftsführers nicht.

Der Senat ist durch die frühere, insoweit abweichende Rechtsprechung des VIII. und des IX. Zivilsenats nicht gehindert, diesen Standpunkt einzunehmen; denn diese Senate haben auf Anfrage mitgeteilt, dass sie insoweit an ihrer bisherigen Rechtsauffassung nicht festhalten.

Die Beteiligung des Geschäftsführers an der GmbH ist keine tragfähige Grundlage für seine persönliche Haftung. Setzt der Gesellschafter neben seiner Kapitalbeteiligung teilweise sein Privatvermögen durch Gewährung von Darlehen an die Gesellschaft oder in Form von persönlichen oder dinglichen Sicherheiten für der GmbH gewährte Drittkredite ein, so muss ihm zwar daran gelegen sein, seinen sich daraus ergebenden Erstattungsanspruch gegen die Gesellschaft nicht zu gefährden. Dieses Interesse gibt aber keinen Anlass, ihn deswegen persönlich für die sonstigen Verbindlichkeiten der Gesellschaft einstehen zu lassen. Solange diese wirtschaftlich gesund ist, ist die Gefahr, dass das zusätzlich zu deren Zwecken eingesetzte Privatvermögen verloren geht, nicht vorhanden.

Die Sicherheit des Gesellschafters wird ohnehin kapitalersetzend

Gerät die Gesellschaft in die Krise, dann werden derartige Gesellschafterleistungen, wenn sie nicht rechtzeitig abgezogen werden, den Kapitalersatzregeln unterworfen. Sie sind dann in gleicher Weise wie die übernommene Stammeinlage und damit so, wie wenn sie der Gesellschaft auch formal als eine solche zur Verfügung gestellt worden wären, zur Befriedigung der Gesellschaftsgläubiger bestimmt, soweit die Mittel dazu benötigt werden. Darin erschöpft sich aber die zu der gezeichneten Einlage hinzutretende Belastung für den Gesellschafter; sein über die eingesetzten Mittel hinaus vorhandenes Privatvermögen bleibt dem Zugriff der Gesellschaftsgläubiger entzogen« (BGH, Urteil vom 06.06.1994 – II ZR 292/91; NJW 1994, 2220, 2221).

Interessant ist auch, dass der BGH die persönliche Haftung des Gesellschafter-Geschäftsführers gerade deshalb ablehnt, weil seine Sicherheiten in der Krise ohnehin kapitalersetzend und damit wie Eigenkapital behandelt werden: Würde der Gesellschafter die Sicherheiten freiwillig als Stammkapital einbringen, könnte dies eine persönliche Haftung nicht begründen. Dasselbe muss dann aber auch gelten, wenn sie nicht freiwillig, sondern kraft Gesetzes zu Stammkapital werden.

6.1.4   Besondere Sachkunde

Ein Unterfall des besonderen persönlichen Vertrauens ist es, wenn sich das Vertrauen nicht auf die Integrität und Seriosität der Person konzentriert, sondern auf dessen Kompetenz als Fachmann.

6.1.5   Fehlende Vertretungsmacht

Ein einzelner Geschäftsführer hat nach § 37 GmbHG zwar unbeschränkbare Vertretungsmacht im Außenverhältnis, bei mehreren Geschäftsführern gilt aber grundsätzlich das Prinzip der Gesamtvertretung, sofern in der Satzung nichts anderes geregelt ist (§ 35 Abs. 2 Satz 2 GmbHG).

Gesamtvertretung

Wenn ein nur gesamtvertretungsberechtigter Geschäftsführer alleine handelt, wird die GmbH dadurch nicht verpflichtet, sondern nur der Vertreter ohne Vertretungsmacht selbst (§ 179 Abs. 1 BGB).

Die Einzelvertretungsmacht ist in der Praxis zwar die Regel, nach dem Gesetz aber der besonders zu regelnde Ausnahmefall. Ein Geschäftspartner der Gesellschaft darf deshalb nicht ohne weiteres auf die Einzelvertretungsmacht eines Geschäftsführers vertrauen, sondern muss sich durch einen Blick in das Handelsregister überzeugen. Unterlässt er dies, hat er die fehlende Vertretungsmacht zumindest fahrlässig nicht erkannt und kann deshalb aufgrund seines eigenen Verschuldens auch den Geschäftsführer nicht in Anspruch nehmen (§ 179 Abs. 3 BGB).

Pflicht zur Überprüfung der Vertretungsmacht des Vertragspartners

Ist die Gesellschaft selbst in der Krise oder schon insolvent, entlastet das den Geschäftsführer noch zusätzlich: der Geschäftspartner würde sogar ausfallen, wenn der Geschäftsführer Vertretungsmacht gehabt hätte. Er kann dann nicht besser stehen, weil der Geschäftsführer nicht alleinvertretungsberechtigt war.

Eine Haftung des Geschäftsführers aus vorvertraglicher Pflichtverletzung würde den Haftungsausschluss des § 179 Abs. 3 BGB unterlaufen, der Geschäftsführer ohne Einzelvertretungsmacht haftet deshalb auch nicht wegen einer vorvertraglichen Pflichtverletzung (OLG Hamm, Urteil vom 03.11.1992 – 26 W 15/92).

Der Geschäftsführer ohne Einzelvertretungsmacht hat also (bis zur Grenze strafbarer Handlungen, s. Kap. 7.1.3) kein gesteigertes Haftungsrisiko, umso mehr aber der Geschäftsführer, der sich auf die Vertretungsmacht des anderen Geschäftsführers verlässt, ohne diese zu überprüfen.

> Zumindest bei wesentlichen Geschäften sollte immer die Vertretungs-
> macht der auf der anderen Seite handelnden Personen überprüft
> werden.

6.1.6 Beweislast

Der Gläubiger muss beweisen, dass der Geschäftsführer seine (Auf-
klärungs-) Pflicht verletzt hat, dass er also von Umständen wusste,
die er absichtlich verschwiegen hat oder dass er von diesen Umständen fahrlässig keine Kenntnis erlangt hatte.

Der Gläubiger muss weiter darlegen und im Zweifelsfall beweisen, dass der Geschäftsführer besonderes persönliches Vertrauen
begründet und in Anspruch genommen hat, also entsprechende Erklärungen des Geschäftsführers.

Der Gläubiger muss schließlich auch noch die Kausalität der
Pflichtverletzung, in der Regel also der unterlassenen vollständigen
Aufklärung, für den späteren Schaden beweisen – es könnte ja sein,
dass der Gläubiger das Geschäft auch in Kenntnis aller Umstände
eingegangen wäre. Dabei kann dem Anspruchsteller aber regelmäßig eine Vermutung helfen, die der Geschäftsführer zu widerlegen
oder zumindest ernsthaft zu erschüttern hat.

6.2   Unerlaubte Handlungen

6.2.1 Allgemeines

Deliktrecht

Soweit der Geschäftsführer als Privatperson handelt, haftet er natürlich wie jeder andere auch. Dazu kommt aber die Haftung für den
geschäftlichen Bereich, in dem er für die GmbH tätig ist.

Die grundlegende Frage ist also zunächst, ob die unerlaubte
Handlung in irgendeinem Zusammenhang mit seiner Tätigkeit als
Geschäftsführer steht.

Hat der Vorgang überhaupt nichts mit der Organstellung zu tun,
kommt nur die Haftung des Geschäftsführers als Privatperson in
Betracht.

**Mehrere Schädiger
haften als Gesamt-
schuldner**

Hängt die Rechtsgutverletzung dagegen mit der Organstellung
und dem Aufgabenbereich des Geschäftsführers zusammen, haftet
auch die GmbH (§ 31 BGB), sogar dann, wenn der Geschäftsführer
seine Befugnisse/Vertretungsmacht im Innenverhältnis überschreitet. Gesellschaft und Geschäftsführer haften dem Geschädigten als
Gesamtschuldner (§ 840 BGB).

Anders als bei »normalen« Angestellten, kann sich die GmbH für
den Geschäftsführer auch nicht nach § 831 BGB entlasten (»exkulpie-
ren«). Der Geschäftsführer haftet immer, wenn er selbst deliktisch

handelt, ein Schutzgesetz verletzt oder ein solches Verhalten seiner Mitarbeiter duldet.

Beispiel: Überwachung von Gefahrenquellen
Der Geschäftsführer weiß, dass ein Kran defekt ist, unternimmt aber nichts gegen den Einsatz auf der Baustelle.

Lösung:
Wenn es jetzt zu einem Schaden kommt, haftet der Geschäftsführer persönlich neben der Gesellschaft auf Schadensersatz.

Andere Beispiele der persönlichen Haftung des Geschäftsführers:
- fahrlässiger Unfall auf einer Dienstfahrt,
- ehrverletzende Äußerung über Konkurrenten (s. Kap. 6.5),
- Entsorgung von kontaminiertem Abwasser in die Kanalisation,
- Entfernung von Vermögen, das dem Grundpfandrecht der Bank unterlag (mit Entfernung vom Grundstück erlöscht das Pfandrecht).

6.2.2 Unmittelbare Rechtsgutverletzungen (§ 823 Abs. 1 BGB)
6.2.2.1 Absolute Rechte
Nach § 823 Abs. 1 BGB haftet auf Schadensersatz, wer vorsätzlich oder fahrlässig ein absolutes Recht eines anderen verletzt, also insbesondere

Haftung auf Schadensersatz

- das Leben,
- den Körper,
- die Gesundheit,
- die Freiheit,
- das Eigentum,
- das Persönlichkeitsrecht,
- das Namensrecht,
- das Recht am eingerichteten und ausgeübten Gewerbebetrieb,
- dingliche Rechte, z.B. Hypothek, Grundschuld, Erbbaurecht, Pfandrecht.

Das Vermögen als solches ist kein von § 823 Abs. 1 BGB geschütztes Recht.

6.2.2.2 Verschulden
Die Haftung des Geschäftsführers für eine solche Rechtsgutverletzung ist relativ einfach: Handelt er schuldhaft (vorsätzlich oder fahrlässig), so haftet er auf Schadensersatz.

Handelt er im Rahmen seiner Aufgaben als Organ der Gesellschaft haftet neben dem Geschäftsführer auch die Gesellschaft als Gesamtschuldner.

6.2.2.3   Haftung für Mitarbeiter

Für die Haftung ist es unerheblich, ob der Geschäftsführer selbst handelt oder einen Mitarbeiter entsprechend anweist. Gegebenenfalls haftet der ausführende Mitarbeiter als dritter Gesamtschuldner neben Gesellschaft und Geschäftsführer. Auch, bzw. erst recht, wenn der Geschäftsführer die schädigende Handlung nicht selbst vornimmt, ist Voraussetzung jeder Haftung aber eine schuldhafte Handlung.

Dieses schuldhafte Handeln liegt dann entweder in der Anweisung gegenüber einem Mitarbeiter oder in der bloßen Untätigkeit, die Rechtsgutverletzung zu verhindern. Diese Untätigkeit wiederum setzt zwingend voraus, dass der Geschäftsführer von der Rechtsverletzung gewusst hat, anderenfalls kann ihm die Nicht-Verhinderung auch nicht vorgeworfen werden (vgl. *Scholz/Schneider*, GmbHG, § 43 Rz. 240).

Die Haftung für Unkenntnis oder Untätigkeit steht in engem Zusammenhang mit der Haftung wegen Organisationsmängeln:

6.2.3   Organisationsmängel, Verkehrssicherungspflicht

Der Geschäftsbetrieb muss so organisiert sein, dass Rechtsverletzungen möglichst verhindert werden – andernfalls haftet der Geschäftsführer für solche Verletzungen fremder Rechte

Völlig selbstverständlich ist die Haftung des Geschäftsführers, wenn er selbst deliktisch handelt, z. B. Kunden durch falsche Angaben zum Kauf veranlasst oder gestohlene Ware veräußert. Der Geschäftsführer haftet aber auch dann, wenn er selbst nicht beteiligt war, aber versäumt hat, den Geschäftsbetrieb so zu organisieren, dass solche Handlungen im Regelfall verhindert werden (s. Kap. 5.3.4.7).

In dem grundlegenden »Baustoff«-Fall (BGH, Urteil vom 05.12.1989 – VI ZR 335/86, ZIP 1990, 35 ff.) hatte ein Bauunternehmen Ware unter verlängertem Eigentumsvorbehalt gekauft und eingebaut, obwohl mit dem Bauherrn ein Abtretungsverbot vereinbart worden war. Der Lieferant hat also sein Eigentum verloren, ohne eine Forderung gegen den Bauherrn zu erwerben. Der BGH hat den Geschäftsführer wegen fahrlässiger Eigentumsverletzung zum Schadensersatz verurteilt, obwohl er an den maßgeblichen Verträgen nicht einmal beteiligt war: Er hat es aber unterlassen, ausreichend Vorsorge gegen die abredewidrige Verwendung von Vorbehaltsware zu treffen und haftet deshalb wegen der mangelhaften Organisation des Geschäftsbetriebes.

Dieser konkrete Fall könnte sich heute so nicht wiederholen: Nach der Neufassung des § 354a HGB greift das Abtretungsverbot bei Handelsgeschäften nicht, der Lieferant würde also die Forderung gegen den Bauherrn erwerben.

Trotzdem bleibt es bei den vom BGH aufgestellten Haftungsgrundsätzen: Der Geschäftsführer muss seinen Verantwortungsbereich so organisieren, dass Schäden Dritter vermieden werden, sonst haftet er persönlich.

Der Geschäftsführer ist also nicht nur im Interesse der Gesellschaft tätig, sondern muss dabei auch darauf achten, dass keine Dritten geschädigt werden.

Tipp

Die Haftung für Organisationsmängel ist besonders gefährlich, weil der Geschäftsführer gerade deswegen haftet, weil er nichts oder zu wenig tut: Er muss den Geschäftsbetrieb aktiv organisieren und diese Organisation durch Dienstanweisungen u. Ä. dokumentieren.

Checkliste

Die Haftung aus § 823 Abs. 1 BGB lässt sich damit so zusammenfassen:

✔ Verletzt der Geschäftsführer selbst fremde Rechte, haftet er aus § 823 Abs. 1 BGB.

✔ Weist der Geschäftsführer einen Dritten zu der schädigenden Handlung an, haften beide (neben der Gesellschaft) als Gesamtschuldner (§§ 823 Abs. 1, 840 BGB).

✔ Hat der Geschäftsführer Kenntnis davon, dass ein Mitarbeiter fremde Rechte verletzt und unternimmt nichts dagegen, haftet er wiederum neben dem »Haupttäter« auf Schadensersatz (§§ 823 Abs. 1, 840 BGB).

✔ Hat der Geschäftsführer keine Kenntnis der Rechtsgutverletzungen durch seine Mitarbeiter, haftet er trotzdem aus Organisationsverschulden, wenn er den Geschäftsbetrieb nicht so organisiert hat, dass Rechtsgutverletzungen Dritter vermieden werden.

Nochmals zur Klarstellung: Die Haftung wegen fehlender Organisation ist keine eigenständige Anspruchsgrundlage, sondern die für § 823 Abs. 1 BGB erforderliche schuldhafte Handlung liegt in dem Unterlassen der geforderten Organisation. Die Haftung für Organisationsmängel ist deshalb unverändert eine Haftung aus § 823 Abs. 1 BGB, greift also nur bei der Verletzung von absoluten Rechten.

Schuldhafte Handlung gem. § 823 Abs. 1 BGB

6.2.4   Verletzung von Schutzgesetzen (§ 823 Abs. 2 BGB)

Nach § 823 Abs. 2 BGB haftet auch derjenige auf Schadensersatz, »welcher gegen ein den Schutz eines anderen bezweckendes Gesetz verstößt«. Im Unterschied zu § 823 Abs. 1 BGB ist also nicht die Verletzung eines absoluten Rechtes notwendig, sondern entscheidend ist die Verletzung einer drittschützenden Rechtsnorm. Wenn eine solche Vorschrift verletzt und dadurch ein Dritter geschädigt wird, ist dieser Schaden zu ersetzen – auch dann, wenn »nur« das Vermögen des Dritten beschädigt wurde. Für die Haftung des Geschäftsführers wegen Teilnahme an der Schutzrechtsverletzung durch einen Mitarbeiter gilt dasselbe wie im Rahmen von § 823 Abs. 1 BGB (s. Kap. 6.2.2.3).

6.2.4.1   Schutzgesetze

Drittschützende Vorschriften

Es gibt zahlreiche drittschützende Vorschriften (vgl. *Palandt/Sprau*, BGB, § 823 Rz. 61 ff.). Die wichtigsten Schutzgesetze betreffen:

- die Insolvenzantragspflicht (§ 64 GmbHG),
- die Buchführungspflicht (§ 41 GmbHG),
- das Vorenthalten von Sozialversicherungsbeiträgen (§ 266a StGB),
- die Sicherung von Bauforderungen (§ 1 GSB).

Diese Vorschriften sind vor allem in der Krise der Gesellschaft relevant und werden deshalb in diesem Zusammenhang dargestellt (s. Teil 2, Kap. 6).

6.2.4.2   Angaben auf Geschäftsbriefen (§ 35a GmbHG)

Nach § 35a GmbHG müssen auf Geschäftsbriefen die wesentlichen Informationen über die Gesellschaft angegeben werden: Rechtsform und Sitz, das Registergericht des Gesellschaftssitzes, die Handelsregisternummer, alle Geschäftsführer und wenn es einen Aufsichtsrat gibt, dessen Vorsitzender mit Vor- und Familiennamen.

Diese Vorschrift ist Schutzgesetz zugunsten Dritter, d. h., wenn ein Gläubiger geschädigt wird, weil auf dem Briefpapier der Gesellschaft falsche oder unvollständige Angaben gemacht werden, haftet ihm der Geschäftsführer persönlich auf Schadensersatz.

Beispiel: Falscher Geschäftsführer

G ist alleiniger Geschäftsführer der A-GmbH. Das bisherige Briefpapier, auf dem noch der frühere Geschäftsführer X genannt ist, soll noch aufgebraucht werden und wird deshalb unverändert verwendet.

Der X wurde zum 31.12. abberufen, am 16.01. bittet der G den Kreditgeber K auf dem alten Briefpapier um einen Kredit. Am 26.01. schließt K mit der A-GmbH, vertreten durch X, einen Darlehensvertrag und zahlt den Betrag von 100.000 € bar an X aus, der den Empfang im Namen der Gesellschaft quittiert.

Lösung:

Aufgrund der falschen Angaben auf dem Briefpapier haftet der Geschäftsführer G dem K (gesamtschuldnerisch neben der A-GmbH) persönlich auf Rückzahlung des Darlehens (§ 823 Abs. 2 BGB i.V.m. § 35a GmbHG).

6.2.4.3   Betrug und Untreue (§§ 263, 266 StGB)

Strafgesetze dienen gerade dem Schutz von Dritten, der Straftäter ist deshalb regelmäßig aus § 823 Abs. 2 BGB in Verbindung mit dem verletzten Strafgesetz zum Schadensersatz verpflichtet.

Straftaten verpflichten zivilrechtlich zum Schadenersatz

Die häufigsten Straftaten eines Geschäftsführers sind neben den Insolvenzdelikten Betrug zum Nachteil von Lieferanten und Untreue zum Nachteil der GmbH (s. dazu Kap. 7).

6.2.4.4   Zeichnung der Liquidatoren (§ 68 GmbHG)

Nach § 68 GmbHG müssen die Liquidatoren so auftreten und zeichnen, wie es bei ihrer Bestellung bestimmt wurde, im Zweifel alle gemeinschaftlich.

Ob Dritte aus der Verletzung dieser Pflicht Rechte herleiten können, ist umstritten, u.E. aber abzulehnen.

6.2.4.5   Keine Schutzgesetze

Keine Schutzgesetze sind z. B.
- § 68 GmbHG (s. Kap. 6.2.4.4),
- § 130 OwiG (Aufsichtspflichtverletzung),
- DIN-Normen (kein Gesetz),
- Unfallverhütungsvorschriften der Berufsgenossenschaften,
- VDE-Bestimmungen.

6.2.5   Sittenwidrige Schädigung (§ 826 BGB)

Nach § 826 BGB haftet auf Schadensersatz, »wer in einer gegen die guten Sitten verstoßenden Weise einem anderen vorsätzlich Schaden zufügt«. Es reicht also nicht aus, dass überhaupt ein Schaden bei einem Dritten eintritt, sondern der Schaden muss auch noch auf sittenwidrige Weise verursacht werden.

6.2.5.1   Sittenwidrigkeit

Sittenwidriges Handeln liegt nicht schon bei einer Verletzung der vertraglichen oder gesetzlichen Pflichten vor, sondern erst dann, wenn ein Verhalten besonders verwerflich ist. Diese Verwerflichkeit ergibt sich aus einer Abwägung des verfolgten Zieles mit den eingesetzten Mitteln im jeweiligen Einzelfall (Zweck-Mittel-Relation).

Der Geschäftsführer muss nicht wissen, dass er sittenwidrig handelt, es reicht, wenn er die jeweiligen Umstände kennt.

> **Beispiel: Geschäfte trotz Insolvenzreife (nach BGH-Urteil vom 16.03.1992 – II ZR 152/91, NJW-RR 1992, 1061 ff.)**
> *Die A-GmbH ist überschuldet und zahlungsunfähig, trotzdem schließt ihr Geschäftsführer G noch Verträge ab, ohne auf die desolate Vermögenslage der Gesellschaft hinzuweisen.*

Lösung:
Der G handelt sittenwidrig, weil er keine schutzwürdigen Ziele verfolgt, sondern den Ausfall seines Geschäftspartners rücksichtslos in Kauf nimmt. Er haftet deshalb unproblematisch aus § 826 BGB (und aus § 823 Abs. 2 BGB i.V.m. § 263 StGB).

6.2.5.2   Schädigungsvorsatz

Der Schädiger muss den Dritten vorsätzlich schädigen. Ausreichend ist dafür bedingter Vorsatz, d. h. der Schuldner muss den Schaden zumindest billigend in Kauf nehmen. Diese Billigung liegt vor, wenn der Geschäftsführer die Gefahr eines Schadens erkennt, das beabsichtigte Vorhaben aber trotzdem durchführt. Problematisch ist immer die Abgrenzung zwischen bedingtem Vorsatz (»und wenn schon«) und grober Fahrlässigkeit (»wird schon gut gehen«).

Sobald ein Schaden zumindest wahrscheinlich ist, kann sich der Geschäftsführer aber nicht damit entlasten, er habe die Schädigung nicht gewollt. Wer damit rechnet, dass ein Dritter geschädigt wird, das erkannte Risiko aber trotzdem eingeht, nimmt zumindest billigend in Kauf, dass sich das Risiko realisiert und der Schaden eintritt (BGH, Urteil vom 11.11.2003 – VI ZR 371/02, NJW 2004, 446 ff.).

6.2.5.3   Vorsätzlich sittenwidrige Vermögensgefährdung

Grundsätzlich ist zwischen der Sittenwidrigkeit und dem Schädigungs-Vorsatz zu unterscheiden. Beide Merkmale werden aber durch die bewusste Gefährdung fremder Vermögensinteressen indiziert:

Es ist sittenwidrig, leichtfertig mit fremden Rechtsgütern umzugehen. Wenn es einem Geschäftsführer offensichtlich egal ist, ob ein Geschäftspartner geschädigt wird, widerspricht dies dem geforderten Anstand, er handelt also sittenwidrig.

Gleichzeitig indiziert dies den bedingten Schädigungsvorsatz: **Wer (objektiv) so leichtfertig handelt, nimmt (subjektiv) die Schädigung des anderen zumindest billigend in Kauf** (BGH, Urteil vom 18.10.1993 – II ZR 255/92, NJW 1994, 197, 198).

Wenn der Schädiger objektiv leichtfertig fremde Rechtsgüter gefährdet, kann daraus also auf den subjektiven Vorsatz geschlossen werden.

Wer den absehbaren Schaden eines anderen billigend in Kauf nimmt, handelt sittenwidrig und haftet deshalb auf Schadenersatz, wenn sich das Risiko tatsächlich realisiert

6.2.5.4   Offenbarungspflichten in der Krise

Problematisch ist, ob der Geschäftsführer in der Krise der Gesellschaft die Pflicht hat, Geschäftspartner darüber zu informieren.

Entscheidend ist zunächst, ob die Durchführbarkeit des Vertrages bei Vorleistungspflicht des Vertragspartners von vornherein schwer gefährdet ist. Ist dies der Fall, trifft den Geschäftsführer nach der älteren BGH-Rechtsprechung eine Verpflichtung zur Offenbarung der Vermögenslage (BGH, Urteil vom 01.07.1991 – II ZR 180/90, NJW-RR 1991, 1312 ff.). *(Offenbarungspflicht bei absehbaren Problemen der Vertragsdurchführung)*

Die Offenbarungspflicht trifft den Geschäftsführer also bereits dann, wenn die Gesellschaft **wahrscheinlich** nicht in der Lage sein wird, die Verbindlichkeiten im Zeitpunkt der Fälligkeit zu bezahlen, es ist dagegen nicht erforderlich, dass der Geschäftsführer bereits sicher weiß, dass die Gesellschaft zahlungsunfähig wird, sondern entscheidend ist seine Prognose.

Diese Rechtsprechung stimmt mit der Systematik zu § 826 BGB überein: Wenn der Geschäftsführer weiß, dass der beabsichtigte Vertrag voraussichtlich zu einem Schaden des Vertragspartners führen wird und ihn trotzdem abschließt, handelt er sittenwidrig und nimmt den späteren Schaden des Geschäftspartners zumindest billigend in Kauf. Problematisch ist, welches Maß an Gewissheit der Geschäftsführer haben muss:

- Weiß er, dass die Gesellschaft nicht mehr leisten kann, handelt er sittenwidrig und vorsätzlich. *(Prognoseunsicherheit)*
- Ist er überzeugt von der Leistungsfähigkeit der Gesellschaft, handelt er weder sittenwidrig noch vorsätzlich.
- Hat er Zweifel an der zukünftigen Leistungsfähigkeit, haftet er nicht, solange er ernsthaft auf die Überwindung der Krise hoffen darf.

Eine Krise beinhaltet immer die Unsicherheit der weiteren Entwicklung; entscheidend für die (Ent-)Haftung des Geschäftsführers sind deshalb die Sanierungsaussichten. Solange Aussichten auf eine Sanierung bestehen, ist der Geschäftsführer nicht verpflichtet, Dritten die angespannte Vermögenslage zu offenbaren, weil anderenfalls dadurch gleichzeitig die Sanierung erheblich erschwert oder völlig unmöglich gemacht würde:

»Ein Verstoß gegen die guten Sitten scheidet aus, wenn der für die Stellung des Konkursantrags Verantwortliche den Antrag unterlassen hat, weil er die Krise den Umständen nach als überwindbar und darum Bemühungen um ihre Behebung durch einen Sanierungsversuch als lohnend und berechtigt ansehen durfte« (BGH, Urteil vom 26.06.1989 – II ZR 289/88, NJW 1989, 3277, 3279). *(Keine Offenbarungspflicht bei ernsthaften Sanierungsaussichten)*

In der bereits mehrfach zitierten Grundsatz-Entscheidung des BGH aus dem Jahr 1994 (s. Kap. 6.1.3) hat der II. Senat Ansprüche abgelehnt, »wenn das Verhalten des Geschäftsführers sich darin erschöpft, eine Aufklärung über die finanziellen Verhältnisse der Gesellschaft, zu der er angesichts ihrer wirtschaftlichen Lage verpflichtet wäre, zu unterlassen« (BGH, Urteil vom 06.06.1994 – II ZR 292/91, NJW 1994 2220, 2222).

Haftung ab Wegfall der Sanierungsaussichten

Der BGH hat diese Ausführungen wohl ausschließlich auf die Eigenhaftung des Vertreters aus c.i.c. bzw. Verschulden bei Vertragsschluss bezogen: Die festgestellte Offenbarungspflicht wäre vollkommen unnötig, wenn deren Verletzung nicht in irgendeiner Form sanktioniert werden könnte. Diese Offenbarungspflicht entsteht ja erst, wenn keine Sanierungsaussichten mehr bestehen, ab diesem Zeitpunkt wird aber regelmäßig eine Haftung nach § 826 BGB vorliegen.

Wenn der Geschäftsführer trotz endgültiger Insolvenzreife keinen Antrag stellt, sondern neue Verträge abschließt, handelt er ohne weiteres sittenwidrig und begeht in der Regel gleichzeitig einen Eingehungsbetrug und eine Insolvenzverschleppung, haftet also nicht nur nach § 826 BGB, sondern meist auch nach den §§ 823 Abs. 2 BGB i.V.m. 263 StGB und i.V.m. § 64 GmbHG.

6.3   Durchgriffshaftung

Haftung der Gesellschafter bei Aufhebung der Vermögenstrennung und missbräuchlicher Verwendung der Rechtsform

Bei der Durchgriffshaftung geht es in erster Linie nicht um die Haftung des Geschäftsführers, sondern um die Haftung der Gesellschafter. Grundvoraussetzung dieser Haftung ist, »dass die Berufung auf das Trennungsprinzip des § 13 Abs. 2 GmbHG eine unzulässige Rechtsausübung darstellt, weil die Rechtsform der juristischen Person offenkundig dazu benutzt worden ist, einen von der Rechtsordnung nicht mehr zu billigenden – mithin eigentlich rechtswidrigen – Erfolg herbeizuführen« (BSG, Urteil vom 01.02.1996 – II RU 7/95, NJW-RR 1997, 94).

Die Verwendung der Rechtsform der GmbH in diesem Sinne setzt einen bestimmenden Einfluss des Gesellschafters in der Gesellschaft voraus (BGH, Urteil vom 13.04.1994 – II ZR 16/93, NJW 1994, 1801, 1802). Ein solcher Gesellschafter ist in der Regel auch Geschäftsführer, genau genommen handelt es sich hier deshalb um eine Fallgruppe der Haftung des Gesellschafter-Geschäftsführers.

Eine solche Haftung kann auch den Minderheitsgesellschafter treffen, wenn er tatsächlich oder rechtlich bestimmenden Einfluss auf die Geschicke des Unternehmens hat.

Üblicherweise werden vier Fallgruppen der Durchgriffshaftung unterschieden:
1. Vermögensvermischung,
2. Sphärenvermischung,
3. Unterkapitalisierung,
4. existenzvernichtender Eingriff.

6.3.1 Vermögensvermischung

Vor allem bei kleinen Gesellschaften mit einem oder zwei Gesellschafter-Geschäftsführern wird häufig nicht sorgfältig zwischen dem Privat- und dem Gesellschaftsvermögen unterschieden, was sich unterschiedlich äußern kann:

- Der Gesellschafter nimmt ein Darlehen auf, das in die Gesellschaft fließt und von dieser getilgt wird.
- Die Gesellschaft bezahlt private Verbindlichkeiten des Gesellschafters.
- Die Gesellschaft macht den Vorsteuerabzug aus einem Geschäft des Gesellschafters geltend.
- Die Gesellschaft bezahlt unregelmäßig Miete an den Gesellschafter als Vermieter.
- Der Gesellschafter verkauft Ware, die an die Gesellschaft bezahlt wird.
- Der Gesellschafter beteiligt sich an einer anderen Gesellschaft, die Einlage wird aber durch die eigene Gesellschaft geleistet.

Aufhebung der Trennung zwischen Vermögen der GmbH und Vermögen der Gesellschafter

Wenn der Geschäftsführer Zahlungen leistet, die nicht im Interesse der Gesellschaft (sondern des Gesellschafters) liegen, haftet er ihr gegenüber auf Schadensersatz (s. Kap. 5). Dazu ist aber zum einen der Nachweis solcher Zahlungen und eines Schadens erforderlich, der ausgesprochen schwer fällt, wenn die einzelnen Vorgänge anhand der Buchhaltung nicht präzise nachvollzogen werden können, sondern das Vermögen von Gesellschaft und Gesellschafter unüberschaubar miteinander vermischt wurde.

Zum anderen bringt diese Innenhaftung dem geschädigten Gläubiger kaum etwas, er müsste ein vollstreckbares Urteil gegen die Gesellschaft erwirken, deren Anspruch gegen den Geschäftsführer pfänden und dann gegen diesen vorgehen.

Dieses umständliche Vorgehen ist unbillig, wenn der Gesellschafter die Geschäfte maßgeblich beeinflusst und dabei nicht zwischen seinem Privat- und dem Gesellschaftsvermögen getrennt hat. In diesem Fall hat er die gesetzliche Trennung der Haftungsmassen selbst aufgegeben und kann sich deshalb nicht mehr auf die Haftungsbeschränkung auf das Gesellschaftsvermögen nach § 13 Abs. 2 GmbHG berufen, sondern er haftet (wie ein OHG-Gesellschafter) selbst und unbeschränkt mit seinem Privatvermögen (§ 128 BGB analog):

Wer das GmbH-Vermögen respektiert, darf sich auch nicht auf die Haftungsbeschränkung auf dieses Vermögen berufen

»Nach der Rechtsprechung des Senats kommt eine persönliche Haftung von GmbH-Gesellschaftern in Betracht, wenn die Abgrenzung zwischen Gesellschafts- und Privatvermögen durch eine undurchsichtige Buchführung oder auf andere Weise verschleiert worden ist; denn dann können die Kapitalerhaltungsvorschriften, deren Einhaltung ein unverzichtbarer Ausgleich für die Beschränkung der Haftung auf das Gesellschaftsvermögen ist (§ 13 Abs. 2 GmbHG), nicht funktionieren« (BGH, Urteil vom 13.04.1994 – II ZR 16/93, NJW 1994, 1801 f.)

In einer neueren Entscheidung hat der BGH diesen Grundsatz dahingehend konkretisiert, dass die Durchgriffshaftung eines GmbH-Gesellschafters wegen Vermögensvermischung keine Zustands-, sondern eine reine Verhaltenshaftung ist, der Gesellschafter also nur haftet, wenn er aufgrund des tatsächlich ausgeübten Einflusses als Allein- oder Mehrheitsgesellschafter für die Vermögensvermischung verantwortlich ist (BGH, Urteil vom 14.11.2005 – II ZR 178/03, NJW 2006, 1344).

Es reicht aber nicht aus, wenn ein Gesellschafter der Gesellschaft Vermögen entzieht, solange sich daraus ein konkreter Anspruch der Gesellschaft berechnen lässt. Ein Fall der Vermögensvermischung liegt erst dann vor, wenn die konkrete Berechnung von Ersatzansprüchen der Gesellschaft durch eine undurchsichtige Buchführung oder auf andere Weise unmöglich gemacht wird.

Tipp

> Es ist unbedingt zwischen Privat- und Gesellschaftsvermögen zu trennen und jeder Vorgang ordnungsgemäß zu verbuchen, sonst riskiert der Gesellschafter-Geschäftsführer die unbeschränkte Haftung mit seinem gesamten Privatvermögen.

6.3.2   Sphärenvermischung

Wer nach außen eine einheitliche Haftungsmasse vorspiegelt, muss diese Haftungsmasse auch zur Verfügung stellen

Die Vermögensvermischung setzt eine undurchsichtige Buchhaltung voraus, die Sphärenvermischung dagegen eine organisatorische Einheit mehrerer Rechtsträger. Eine solche Einheit liegt vor, wenn die Trennung der unterschiedlichen Haftungsmassen für den Rechtsverkehr nicht erkennbar ist, z. B. wenn für mehrere Gesellschaften dieselben Mitarbeiter in denselben Räumen mit demselben Telefonanschluss tätig sind, ohne zu zeigen, dass es sich um verschiedene Rechtsträger und Haftungsmassen handelt.

Ein Dritter kann in diesem Fall nicht zwischen dem Privatvermögen eines Gesellschafters und dem jeweiligen Gesellschaftsvermögen unterscheiden, sondern wird in seinem Vertrauen auf die Solvenz des Unternehmens getäuscht.

Stellt sich später heraus, dass die vermeintliche Haftungsmasse weitgehend dem Gesellschafter persönlich oder einer Schwestergesellschaft zuzuordnen ist, haftet der Gesellschafter aufgrund der **nach außen** vermischten Vermögenssphären – auch wenn die Zuordnung intern klar geregelt war.

Haftungsgrund ist hier also die Täuschung der Geschäftspartner durch Vorspiegelung einer tatsächlich nicht vorhandenen Haftungsmasse: Wer den Anschein erweckt, es gebe keine getrennten Vermögensmassen, kann sich nachher auch nicht auf diese Trennung berufen.

6.3.3   Unterkapitalisierung

Der Preis der Haftungsbeschränkung ist ein ausreichendes Stammkapital.

Das gesetzliche Mindestkapital von 25.000 € (§ 5 Abs. 1 GmbHG) ist nur die absolute Untergrenze, aber damit nicht automatisch auch ausreichend für den konkreten Geschäftsbetrieb.

Es widerspricht dem Sinn der Haftungsbeschränkung, wenn eine Gesellschaft nur so schwach kapitalisiert wird, dass deren Insolvenz bereits absehbar ist, denn es ist gerade die Funktion des Kapitals, Schwierigkeiten auffangen und eine sofortige Insolvenz verhindern zu können. Das Stammkapital muss deshalb zumindest ansatzweise dem wirtschaftlichen Risiko der Gesellschaft entsprechen, ansonsten spekuliert der Gesellschafter auf Kosten der Gläubiger und missbraucht die Rechtsform der GmbH (BSG, Urteil vom 07.12.1983 – 7 RAr 20/82, NJW 1994, 2117, 2118).

> Wer eine GmbH mit vollkommen unzureichenden Mitteln ausstattet, missbraucht die Rechtsform der GmbH und kann sich deshalb nicht auf die Haftungsbeschränkung berufen

In der Feststellung einer solchen völlig unvertretbaren Unterkapitalisierung liegt das zentrale Problem der Anspruchsbegründung, entscheidend ist jedenfalls das Verhältnis von Stammkapital zu üblichen Geschäftsvorgängen und dem damit verbundenen Risiko.

Eine Flugzeugfabrik mit einem Stammkapital von 25.000 € ist sicher unterkapitalisiert (*Geißler*, ZIP 1997, 2184), ebenso ein Energieversorgungs- oder Anlagenbau-Unternehmen mit einem Stammkapital von 100.000 €.

Die Unterkapitalisierung muss nicht schon bei Gründung vorliegen, sondern kann sich auch aus der weiteren Entwicklung ergeben: Wenn aus einem kleinen Handwerksbetrieb ein international tätiges Bauunternehmen wird, muss auch das Stammkapital regelmäßig angepasst werden.

Strittig ist dabei, ob die Haftung wegen Unterkapitalisierung verschuldensunabhängig ist oder ob es sich um einen Fall von § 826 BGB handelt, der Verschulden voraussetzt. In zwei Entscheidungen hat der BGH jedenfalls ausdrücklich zwischen der Durchgriffshaftung wegen eines existenzvernichtenden Eingriffs und der Haf-

tung aus § 826 BGB unterschieden (BGH, Urteil vom 20.09.2004 –
II ZR 302/02, DStR 2005, 2065 und BGH, Urteil vom 13.12.2004 –
II ZR 206/02, NJW 2005, 117, 118). Für die Durchgriffshaftung wegen Unterkapitalisierung dürfte dasselbe gelten, es handelt sich also
um jeweils selbständige Ansprüche.

Problem: Feststellung der Unterkapitalisierung

Im Ergebnis wird beim Nachweis einer unvertretbaren Unter-
kapitalisierung aber gleichzeitig ein Fall des § 826 BGB vorliegen:
die leichtfertige Spekulation auf Kosten der Gläubiger indiziert die
Sittenwidrigkeit und den Schädigungsvorsatz (s. Kap. 6.2.4). Die
(Unter-)Kapitalisierung ist auch bei der Beurteilung unzulässiger
Risikogeschäfte oder eines existenzvernichtenden Eingriffs von ent-
scheidender Bedeutung (OLG Düsseldorf, Urteil vom 26.10.2006 –
I-6 U 248/05, ZIP 2007, 227; s. Kap. 6.3.4 und Kap. 5.3.4.9).

6.3.4   Existenzvernichtender Eingriff
6.3.4.1   Überblick

Der Gesellschafter muss auf die eigenen Interessen der GmbH Rücksicht nehmen, insbesondere auf das Interesse, alle Schulden tilgen zu können

Nach der mittlerweile schon wieder »älteren« Rechtsprechung und
Literatur gab es bis 2001 eine Haftung des herrschenden Unternehmens (oder Gesellschafters) gegenüber der Gesellschaft, wenn dieser
erhebliche, nicht mehr voneinander abgrenzbare Nachteile zugefügt
werden. Diese Haftung im sogenannten »qualifizierten faktischen
Konzern« hat der BGH Ende 2001 aufgegeben und in drei Entscheidungen durch die Haftung wegen existenzvernichtenden Eingriffs
ersetzt (BGH, Urteil vom 17.09.2001 – II ZR 178/99, NJW 2001, 3622
– »Bremer Vulkan«; BGH, Urteil vom 25.02.2002 – II ZR 196/00, NJW
2002, 1803; BGH, Urteil vom 24.06.2002 – II ZR 300/00, NJW 2002,
3024).

»Bremer Vulkan«

Grundlegend für die Haftung wegen existenzvernichtenden Eingriffs ist die BGH-Entscheidung »Bremer Vulkan« (BGH, Urteil vom
17.09.2001 – II ZR 178/99, NJW 2001, 3622):

1. »Der Schutz einer abhängigen GmbH [...] ist auf die Erhaltung
   ihres Stammkapitals und die Gewährleistung ihres Bestandsschutzes beschränkt, der eine angemessene Rücksichtnahme auf
   die Eigenbelange der GmbH erfordert. An einer solchen Rücksichtnahme fehlt es, wenn die GmbH infolge der Eingriffe ihres
   Alleingesellschafters ihren Verbindlichkeiten nicht mehr nachkommen kann.
2. Veranlasst der Alleingesellschafter die von ihm abhängige
   GmbH, ihre liquiden Mittel in einem von ihm beherrschten konzernierten Liquiditätsverbund einzubringen, trifft ihn die Pflicht,
   bei Dispositionen über ihr Vermögen auf ihr Eigeninteresse an
   der Aufrechterhaltung ihrer Fähigkeit, ihren Verbindlichkeiten
   nachzukommen, angemessene Rücksicht zu nehmen und ihre
   Existenz nicht zu gefährden.

Kommt er dieser Verpflichtung nicht nach, kann er sich eines Treubruchs im Sinne des § 266 StGB schuldig machen.«

In einer Entscheidung vom 13.12.2004 (II ZR 206/02, ZIP 2005, 117) hat der BGH den Stand der Existenzvernichtungs-Haftung so zusammengefasst:

Zweckbindung des GmbH-Vermögens

»Nach der neueren Rechtsprechung des Senats haftet der Gesellschafter einer GmbH für die Gesellschaftsschulden persönlich, wenn er auf die Zweckbindung des Gesellschaftsvermögens keine Rücksicht nimmt und der Gesellschaft durch offene oder verdeckte Entnahmen ohne angemessenen Ausgleich Vermögenswerte entzieht, die sie zur Erfüllung ihrer Verbindlichkeiten benötigt (sogenannter existenzvernichtender Eingriff).

Das System der auf das Gesellschaftsvermögen beschränkten Haftung hat zur Voraussetzung, dass die Gesellschafter auf das der Gesellschaft überlassene und als Haftungsfonds erforderliche Vermögen nicht zugreifen. Tun sie das doch und bringen sie die Gesellschaft damit in die Lage, ihre Verbindlichkeiten nicht mehr oder nur noch in geringem Maße erfüllen zu können, missbrauchen sie die Rechtsform der GmbH und verlieren damit grundsätzlich die Berechtigung, sich auf die Haftungsbeschränkung des § 13 Abs. 2 GmbHG zu berufen.«

Missbrauch der GmbH

6.3.4.2 Existenzgefährdung/-vernichtung

Wesentlicher Grundgedanke der jetzigen Regelung ist, dass die Gesellschaft ein eigenes Interesse an ihrer Überlebensfähigkeit hat, zu der vor allem auch die Fähigkeit gehört, die eigenen Verbindlichkeiten erfüllen zu können. Es ist missbräuchlich, wenn der Gesellschafter in das Vermögen oder die existenziellen Interessen der Gesellschaft eingreift, ohne auf deren Interesse und Überlebensfähigkeit Rücksicht zu nehmen.

In einer strafrechtlichen Entscheidung hat der BGH deshalb eine Untreue angenommen und so auf den Punkt gebracht: »Der Gesellschafter kann sich nicht auf die Vorteile der Vermögenstrennung berufen, wenn es um seine Haftung geht, andererseits aber Vermögenseinheit geltend machen, wenn er der GmbH willkürlich wirtschaftliche Werte zum eigenen Vorteil entzieht« (BGH, Urteil vom 29.05.1987 – 3 StR 252/86, NJW 1988, 1397, 1398 f.).

Ein solcher Eingriff ist am deutlichsten, wenn der Gesellschaft Kapital/Vermögen entzogen wird, kann aber auch darin liegen, dass Geschäftschancen verlagert oder nicht wahrgenommen oder unverhältnismäßige Risiken eingegangen werden. Unverhältnismäßig sind Risiken, wenn die Gesellschaft sie voraussichtlich nicht bestehen kann, was vor allem von ihrer finanziellen Situation abhängt.

Entzug von Geschäftschancen oder Belastung mit überhöhten Risiken

Hat die Gesellschaft von Anfang an nicht die Fähigkeit, die vorher-sehbaren Risiken ihres Geschäftsbetriebes zu bestehen und ihre Verbindlichkeiten zu erfüllen, haften die Gesellschafter wegen exis-tenzvernichtenden Eingriffs (sogenannte Aschenputtel-GmbH).

Dafür ist es auch unerheblich, ob es sich um einen einzelnen Ein-griff oder um ein dauerhaftes »Ausbluten« der Gesellschaft handelt.

Wie die Bezeichnung »existenzvernichtend« schon nahe legt, muss es sich um einen schwerwiegenden und gezielten Eingriff han-deln, der über das operative Tagesgeschäft hinausgeht und nicht im Interesse der Gesellschaft ist (siehe zu Risikogeschäften auch Kap. 5.3.4.9). Bloße Management-Fehler führen dagegen nicht zu einer Existenzvernichtungs-Haftung.

6.3.4.3 Insolvenz der Gesellschaft

Eine Existenzvernichtung in diesem Sinne liegt nur dann vor, wenn der Eingriff auch zu einer entsprechenden Konsequenz führt. Wenn dagegen nur das Risiko der Existenzvernichtung besteht, sich dieses aber nicht realisiert, haben weder die Gesellschaft noch de-ren Gläubiger einen Schaden. Anspruchsvoraussetzung ist deshalb die Insolvenz der Gesellschaft.

Insolvenz bedeutet allerdings nicht zwingend die Eröffnung eines Insolvenzverfahrens, sondern es reicht aus, wenn die Gesellschaft aufgrund des Eingriffs nicht mehr in der Lage ist, ihre Verbindlich-keiten zu erfüllen. Dies ist bei Eröffnung eines Insolvenzverfahrens offensichtlich, ausreichend ist aber das Vorliegen eines Insolvenz-grundes oder ein erfolgloser Vollstreckungsversuch.

Bei der Beurteilung, ob ein Eingriff existenzgefährdend war und letztendlich zu der Existenzvernichtung geführt hat, kommt es na-turgemäß entscheidend auf die Fähigkeit der Gesellschaft an, wirt-schaftliche Schwierigkeiten zu kompensieren, also auf deren Kapi-talausstattung. Hier zeigt sich die Nähe des existenzvernichtenden Eingriffs zu der Haftung wegen Unterkapitalisierung (s. Kap. 6.3.3): Bei einer unterkapitalisierten Gesellschaft ist praktisch jedes Risiko eine Existenzgefährdung; je gesünder das Unternehmen ist, desto höher sind die Anforderungen an eine Existenzgefährdung.

6.3.4.4 Existenzvernichtung als Fall des § 826 BGB

Wenn eine Existenzvernichtung riskiert wird und sich in der In-solvenz der Gesellschaft realisiert, haftet der Gesellschafter wegen dieses Eingriffs persönlich und unbeschränkt.

Der BGH hat dabei zunächst ausdrücklich zwischen der Haftung wegen existenzvernichtenden Eingriffs und der Haftung wegen sittenwidriger vorsätzlicher Schädigung aus § 826 BGB unterschie-den und jeweils eigenständige Anspruchsgrundlagen angenommen

(BGH, Urteil vom 20.09.2004 – II ZR 302/02, DStR 2004, 2065 und Urteil vom 13.12.2004 – II ZR 206/02, ZIP 2005, 117, 118). In einer (bei Drucklegung noch unveröffentlichten) Entscheidung hat der BGH diese Rechtsprechung aufgegeben und den existenzvernichtenden Eingriff als Fallgruppe des § 826 BGB eingeordnet (BGH, Urteil vom 16.07.2007 – II ZR 3/04). Für die Haftung selbst dürfte sich dadurch kaum etwas ändern (s. Kap. 6.2.5), sie besteht jetzt aber nur noch als Innenhaftung gegenüber der geschädigten Gesellschaft.

Die Haftung wegen Existenzvernichtung ist ein Fall der Haftung wegen sittenwidriger Schädigung gemäß § 826 BGB

6.3.4.5 Haftung der Mitgesellschafter

Ein Gesellschafter greift nur dann ein, wenn er selbst handelt oder zumindest mit dem Eingriff eines anderen Gesellschafters einverstanden ist. Für die Haftung ist es dagegen völlig unerheblich, ob der Gesellschafter selbst etwas aus dem geduldeten Eingriff eines Mit-Gesellschafters erlangt hat (BGH, Urteil vom 24.06.2002 – II ZR 300/00, NJW 2002, 3024, 3025). Ein Gesellschafter, der von dem beanstandeten Verhalten nichts wusste oder dieses nicht verhindern konnte, haftet auch nicht (zur Überwachungspflicht des Geschäftsführers s. Kap. 5.6.2).

Haftung des Mitgesellschafters nur bei Kenntnis, aber ggf. Überwachungspflicht als Gesellschafter-Geschäftsführer

> **Tipp**
>
> Grenzenloses Vertrauen in den Mit-Gesellschafter-Geschäftsführer kann dazu führen, dass dieser mit Duldung seines Partners die Existenz der GmbH durch Privatentnahmen vernichtet und der verbleibende Gesellschafter dafür persönlich haftet. Es ist deshalb nicht nur die Pflicht des Geschäftsführers, den anderen Geschäftsführer zu überwachen, sondern ggf. auch sein Eigeninteresse als Mit-Gesellschafter.

Bei einer mehrgliedrigen Konzernstruktur (Holding – Obergesellschaft – Untergesellschaft) kommt auch die Haftung einer Obergesellschaft in Betracht, die zwar nicht unmittelbar an der geschädigten Gesellschaft beteiligt ist, aber beherrschenden Einfluss auf die Zwischengesellschaft ausübt, die die Untergesellschaft schädigt: »Wegen existenzvernichtenden Eingriffs haftet auch derjenige, der zwar nicht an der GmbH, wohl aber an einer Gesellschaft beteiligt ist, die ihrerseits Gesellschafterin der GmbH ist (Gesellschafter-Gesellschafter), jedenfalls wenn er einen beherrschenden Einfluss auf die Gesellschafterin ausüben kann« (BGH, Urteil vom 13.12.2004 – II ZR 206/02, ZIP 2005, 117).

Haftungsrisiko im Konzern und für Investment-Gesellschafter

Verlagert die Muttergesellschaft Vermögen auf eine Schwester, haftet diese mangels Leitungsmacht zumindest nicht wegen Existenzvernichtung, ggf. aber wegen vorsätzlicher Schädigung (§ 826 BGB).

6.3.4.6   Haftungsumfang

Wie bei den anderen Tatbeständen der Durchgriffshaftung haftet der existenzvernichtend eingreifende Gesellschafter wie ein OHG-Gesellschafter, also persönlich und unbeschränkt für die Schulden der Gesellschaft (§ 128 HGB analog).

In der Literatur wird dagegen argumentiert, dass die Gläubiger dadurch unter Umständen eine weit höhere Haftungsmasse erhalten, als sie ohne den existenzvernichtenden Eingriff gehabt hätten. Dies lässt sich allerdings gegen jede Aufhebung des Trennungsprinzips einwenden, die Verteidigung mit diesem Prinzip ist aber gerade missbräuchlich, wenn es der Gesellschafter selbst nicht akzeptiert: Wer die Gesellschaft als eigenes Vermögen behandelt und seinen eigenen Interessen unterordnet, hebt dadurch das Trennungsprinzip des § 13 Abs. 2 GmbHG auf und wählt die Haftungsverfassung einer Personengesellschaft, also die unbeschränkte persönliche Haftung.

Der BGH hat deshalb die unbeschränkte Haftung des Gesellschafters unter zwei Voraussetzungen bestätigt (Urteil vom 13.12.2004 – II ZR 206/02, ZIP 2005, 117):

1. der Gesellschafter weist keinen nur begrenzten Schaden nach und
2. es liegt kein Ausgleich des Schadens nach §§ 30 f. GmbHG vor.

6.3.4.7   Haftungsbeschränkung durch Nachweis eines geringeren Schadens

Möglichkeit der Haftungsbeschränkung auf einen konkret verursachten Schaden

Der Gesellschafter hat die Möglichkeit der Haftungsbeschränkung auf den tatsächlich verursachten Schaden, indem er nachweist, »dass der Gesellschaft im Vergleich zu der Vermögenslage bei einem redlichen Verhalten nur ein begrenzter – und dann in diesem Umfang auszugleichender – Nachteil entstanden ist« (BGH, Urteil vom 13.12.2004 – II ZR 206/02, ZIP 2005, 117, 118).

6.3.4.8   Subsidiarität

Die Haftung der Gesellschafter wegen existenzvernichtenden Eingriffs tritt hinter die Haftung der Gesellschafter aus §§ 30, 31 GmbHG auf Rückzahlung kapitalersetzender Leistungen zurück – aber nur, wenn diese Ansprüche nicht nur bestehen, sondern auch tatsächlich erfüllt werden (BGH, Urteil vom 24.06.2002 – II ZR 300/00, NJW 2002, 3024).

6.3.4.9   Beweislast

Im Prozess hat der Gläubiger/Insolvenzverwalter Umstände darzulegen und gegebenenfalls zu beweisen, die einen existenzvernichtenden Eingriff sowie dessen kausale Folge der Insolvenz zumindest plausibel machen. Ein Verschulden des Gesellschafters ist nicht erforderlich und muss deshalb auch nicht dargelegt oder bewiesen werden. Voraussetzung und Grund der Haftung sind der Eingriff und die fehlende Rücksichtnahme auf die Interessen der Gesellschaft. Beides sind rein objektive Kriterien (*Lutter/Hommelhoff*, GmbHG, § 13 Rz. 25 a).

Die Gesellschafter tragen die sekundäre Behauptungslast, die Argumentation des Anspruchsstellers zu entkräften. Gelingt ihnen dies nicht, ist der Vortrag des Klägers zugestanden (§ 138 Abs. 3 ZPO) und begründet die Haftung des Gesellschafters. Der Gesellschafter muss bzw. kann sich dann hinsichtlich der Höhe seiner Haftung entlasten, indem er einen konkreten Schaden durch seinen Eingriff nachweist (s. Kap. 6.3.4.7). Gelingt ihm dies nicht, haftet er für alle Verbindlichkeiten der Gesellschaft.

Sekundäre Behauptungslast der Gesellschafter

6.3.4.10   Haftung des Fremdgeschäftsführers

Die Haftung wegen existenzvernichtenden Eingriffs ist nicht nur für den Gesellschafter-Geschäftsführer relevant, sondern mittelbar auch für den Fremdgeschäftsführer: Er muss den anderen Geschäftsführer überwachen (s. Kap. 5.6.2) darf existenzvernichtende Weisungen nicht befolgen und haftet ggf. persönlich (s. zum Cash-Pooling Teil 2, Kap. 8.4.3).

6.3.5   Anspruchsinhaber

Ist über das Vermögen der Gesellschaft das Insolvenzverfahren eröffnet worden, stehen die Ansprüche auf Durchgriffshaftung alleine dem Insolvenzverwalter zu (§ 93 InsO analog; BGH, Urteil vom 25.07.2005, NJW 2005, 3137; BGH, Urteil vom 14.11.2005, NJW 2006, 1344).

Wollte man dem einzelnen Gläubiger außerhalb der Insolvenz Ansprüche aus Durchgriffshaftung verweigern, könnte sich der Gesellschafter-Geschäftsführer seiner Haftung faktisch weitgehend entziehen, indem er einfach keinen Insolvenzantrag stellt. So lange kein Insolvenzverfahren eröffnet ist, kann deshalb jeder Gläubiger den/die Gesellschafter selbständig in Anspruch nehmen (BGH, Urteil vom 24.06.2002 – II ZR 300/2000, NJW 2002, 3024).

Problematisch ist, ob der Gesellschafts-Gläubiger den Gesellschafter auch dann noch in Anspruch nehmen kann, wenn dieser seine Haftung auf einen konkreten Schaden beschränken kann (s. Kap. 5.3.4.6), weil damit aus der Durchgriffs- eine Schadensersatzhaftung wird. Teilweise wird vertreten, die Klage des Gläubigers werde dadurch unzulässig, der Gesellschafter hafte nur noch gegenüber der Gesellschaft (vgl. *Simon/Leuering*, NJW-Spezial 2005, 267, 268). Zur Sicherheit muss deshalb immer auch die Gesellschaft in Anspruch genommen und ggf. deren Anspruch gegen den Geschäftsführer gepfändet werden (OLG Koblenz, Urteil vom 27.02.2003 – 5 U 917/02, NJW-RR 2003, 1198).

Dies war zumindest bislang aber unnötig: Durch den existenzvernichtenden Eingriff begründet der Gesellschafter seine persönliche Haftung gegenüber den Gesellschaftsgläubigern. Durch den Nachweis eines geringeren Schadens beseitigt er diese Haftung nicht dem Grunde nach, sondern beschränkt diese der Höhe nach. Erfüllt er die Ersatzansprüche einzelner Gläubiger, ersetzt er der Gesellschaft deren Schaden durch Befreiung von einer Verbindlichkeit. Dies entspricht auch der dogmatischen Einordnung: Durch den Eingriff hebt der Gesellschafter die Haftungsbeschränkung der GmbH auf und haftet wie bei einer Personengesellschaft selbst neben der Gesellschaft, der Gläubiger hat also zwei Schuldner. Durch die Leistung an den Gesellschaftsgläubiger befreit sich der Gesellschafter von einer eigenen Verbindlichkeit. Die Zahlung an den Gläubiger ist deshalb weder inkongruent (§ 131 InsO) noch unentgeltlich (§ 134 InsO), in der Insolvenz des Gesellschafters oder der Gesellschaft also auch nicht anfechtbar.

Nachdem der BGH den existenzvernichtenden Eingriff jetzt aber als Innenhaftung gegenüber der GmbH gemäß § 826 BGB ansieht (s. Kap. 6.3.4.4), benötigt der geschädigte Gläubiger einen Titel gegen die Gesellschaft und kann den Gesellschafter(-Geschäftsführer) nicht unmittelbar in Anspruch nehmen. Es bleibt abzuwarten, wie sich die weitere Rechtsprechung dazu entwickeln wird.

6.3.6   Untreue

Ein Vorgang, der die Durchgriffshaftung begründet, liegt nicht im Interesse der Gesellschaft. Der beteiligte Geschäftsführer begeht deshalb in der Regel gleichzeitig eine strafbare Untreue nach § 266 StGB, die treuwidrige Zustimmung der Gesellschafter ist rechtswidrig und damit wirkungslos (s. Kap. 7.1.6).

6.4   Haftung für Produktfehler

6.4.1   Produkthaftungsgesetz

Produkthaftung Der Hersteller eines Produkts haftet nach § 1 ProdHaftG, wenn ein Dritter durch einen Fehler des Produkts geschädigt wird, ohne dass ihm ein Verschulden vorzuwerfen ist (»Gefährdungshaftung«).

Ein Produktfehler kann sich ergeben aus der

- Konstruktion des Produkts,
- Fabrikation des Produkts,
- Instruktion über den Umgang mit dem Produkt.

Der Geschäftsführer ist Organ des Herstellers, nicht Hersteller selbst, und haftet deswegen nicht nach dem ProdHaftG.

6.4.2   (Organisations-)Verschulden des Geschäftsführers

Der Geschäftsführer haftet – anders als die GmbH – nur nach § 823 BGB, also nur wenn ihm ein Verschulden zur Last fällt.

Organisationspflicht zur Vermeidung von Produktgefahren

Ein solches schuldhaftes Handeln kann darin liegen, den Geschäftsbetrieb nicht so organisiert und überwacht zu haben, dass Produktfehler möglichst vermieden wurden. Ein Verschulden trifft den Geschäftsführer natürlich erst recht, wenn er das fehlerhafte Produkt selbst hergestellt hat, es ist aber ausreichend, dass der Fehler in einem Bereich entstanden ist, der im Verantwortungsbereich des Geschäftsführers liegt.

»Produkt« in diesem Sinne ist nicht nur ein industriell, sondern auch ein handwerklich hergestelltes Erzeugnis, z.B. der Stuhl eines Schreiners oder das Essen in einer Gaststätte.

> Als Bestandteil des Risikomanagements braucht jede GmbH eine Qualitätssicherung, anderenfalls haftet der Geschäftsführer persönlich für Produktfehler.

Tipp

Allgemein ist die Qualitätssicherung an den drohenden Schäden auszurichten; empfehlenswert sind z.B.:

Qualitätssicherung

- die Auswahl zuverlässiger/zertifizierter Lieferanten,
- die Durchführung eigener/unabhängiger Tests,
- eine zentrale Reklamationsbearbeitung,
- Rückfragen bei den Kunden,
- sorgfältige Gebrauchsanleitungen,
- sorgfältige Warnhinweise,
- die unverzügliche Reaktion auf bekannt gewordene Risiken, ggf. Rückruf.

6.4.3   Verletzung eines absoluten Rechts

Voraussetzung der Haftung nach § 823 Abs. 1 BGB ist nicht nur ein Verschulden des Geschäftsführers, sondern auch die Verletzung eines absoluten Rechts des Geschädigten (s. Kap. 5.2.2). Genau solche Verletzungen des Lebens, der Gesundheit oder auch des Eigentums verursachen aber meist hohe Schäden.

6.4.4   Beweislast

Der Geschädigte hat zu beweisen,

- dass das Produkt fehlerhaft war,
- dass er dadurch geschädigt wurde und

● dass das Produkt aus dem Verantwortungsbereich des Geschäftsführers stammt.

Der Geschäftsführer hat sich dann dadurch zu entlasten, dass ihn an
dem Fehler kein Verschulden trifft. Sobald feststeht, dass das fehlerhafte Produkt aus seinem Bereich stammt, gehen alle Unklarheiten
zu Lasten des Geschäftsführers.

6.4.5   Spezialgesetze

Neben dem Produkthaftungsgesetz gibt es zahlreiche Spezialgesetze, die den Verbraucher vor Gefährdungen durch den Vertrieb von
Waren schützen sollen:

6.4.5.1   Gerätesicherheitsgesetz (GSG)

GS-Zeichen für geprüfte Sicherheit

Technische Arbeitsmittel dürfen nur vertrieben werden, wenn sie
den sicherheitstechnischen Anforderungen entsprechen, insbesondere den entsprechenden Rechtsverordnungen.

Das »GS«-Zeichen für geprüfte Sicherheit darf nur verwendet werden, wenn für das so gekennzeichnete Produkt eine Bescheinigung
der Zulassungsstelle ausgestellt wurde. Zuwiderhandlungen sind
Ordnungswidrigkeiten und im Wiederholungsfalle ggf. sogar strafbar (§ 16 GSG).

6.4.5.2   Produktsicherheitsgesetz (ProdSG)

CE-Zeichen

Nach dem Produktsicherheitsgesetz müssen alle Waren, die zum privaten Verbrauch in den Verkehr gebracht werden, sicher sein. Zum
Nachweis, dass ein Produkt aus den EU-Staaten den Anforderungen
an die Marktzulassung entspricht, kann das CE-Zeichen *(Conformité
Européenne)* vergeben werden. Sowohl das Inverkehrbringen eines
nicht sicheren Produkts als auch der Missbrauch des CE-Zeichens
sind Ordnungswidrigkeiten.

Die CE-Kennung ist teilweise Zulässigkeitsvoraussetzung für den
Vertrieb, z. B. von Medizinprodukten.

6.4.5.3   Gesetz über die elektromagnetische
Verträglichkeit von Geräten (EMVG)

Elektromagnetische Verträglichkeit

Nach dem Gesetz über die elektromagnetische Verträglichkeit von
Geräten müssen Geräte in einem elektromagnetischen Umfeld zu-
frieden stellend funktionieren, ohne selbst andere Geräte elektromag-
netisch zu beeinträchtigen; der Verstoß ist eine Ordnungswidrigkeit
(§ 12 EMVG).

6.4.5.4   Medizinproduktegesetz (MPG)

Medizinprodukte sind Gegenstände zur Krankheitserkennung,   Medizinprodukte
-behandlung oder -prophylaxe. Das MPG enthält mehrere Straf-
vorschriften, z. B. für den Fall des Vertriebs unsicherer Produkte,
von Geräten nach der StrahlenschutzVO der der RöntgenVO ohne
CE-Kennzeichnung oder von irreführenden Bezeichnungen (§§ 43,
44 MPG).

6.4.5.5   Lebensmittel- und Bedarfsgegenständegesetz (LMBG)

Das LMBG soll primär Gesundheitsgefährdungen oder Täuschungen   Lebensmittel und
der Verbraucher durch Lebensmittel, Tabakerzeugnisse, Kosmetika   Bedarfsgegenstände
oder sonstige Bedarfsgegenstände verhindern. Bedarfsgegenstände
sind Erzeugnisse im Nahbereich des Menschen, z. B. Gegenstände,
die bestimmungsgemäß mit Lebensmitteln in Berührung kommen,
Körperpflegeartikel, Spielwaren, Kleidung, Brillen, Armbänder, Rei-
nigungsmittel u.Ä. (§ 5 LMBG).

Es ist insbesondere verboten, gesundheitsschädliche Lebensmittel oder gefährliche Erzeugnisse, die mit Lebensmitteln verwechselt
werden könnten, in Verkehr zu bringen, z. B. Radiergummis, die wie
Gummibärchen aussehen (§ 8 LMBG).

Nach § 17 LMBG sind ekelerregende, nachgemachte, wertgemin-
derte oder scheinbar verbesserte Lebensmittel sowie falsche Rein-
heitsbezeichnungen verboten. § 18 LMBG verbietet grundsätzlich
jede gesundheitsbezogene Werbung für Lebensmittel. § 31 LMBG
verbietet die Verwendung oder den Vertrieb von Bedarfsgegenstän-
den, von denen Stoffe auf Lebensmittel übergehen können, es sei
denn, es handelt sich um gesundheitlich, geschmacklich und geruch-
lich unbedenkliche und unvermeidbare Anteile.

Erzeugnisse, die nicht den deutschen Anforderungen entsprechen, dürfen gar nicht erst eingeführt werden (§ 47 LMBG), es sei
denn, sie stammen aus einem anderen EU-Mitgliedsstaat, in dem sie
rechtmäßig hergestellt und in den Verkehr gebracht wurden.

Der Verstoß gegen die Regelungen des LMBG ist strafbar (§ 51 ff.
LMBG), was in Anbetracht der zahlreichen komplexen Vorschriften
ein ganz erhebliches Risiko für den Geschäftsführer (und seine Mitarbeiter) darstellt. So wird das LMBG beispielsweise durch zahlreiche Gesetze und Verordnungen (VO) ergänzt: HackfleischVO,
DiätVO, EiprodukteVO, HühnereierVO, AflatoxinVO, FleischhygieneG,
GeflügelfleischhygieneVO, MilchVO, LebensmittelhygieneVO, Zusatz-
stoff-ZulassungsVO, Zusatzstoff-VerkehrsVO, ÖkoVO, usw.

Wenn die GmbH irgendwie mit Lebensmitteln oder Bedarfsgegen-   Deutsches
ständen zu tun hat, kommt der Geschäftsführer nicht umhin, sich   Lebensmittelbuch
zumindest einen Überblick über die gesetzlichen Regelungen und

die daraus resultierenden Anforderungen an den Geschäftsbetrieb zu verschaffen. Eine erste Möglichkeit dazu bietet das Deutsche Lebensmittelbuch, eine Sammlung von Leitsätzen über die Herstellung und Beschaffenheit von Lebensmitteln, in denen beispielsweise 14 verschiedene Arten von Frucht(schaum)wein definiert oder auf 83 Seiten die Anforderungen an Fische, Krebs- und Weichtiere und Erzeugnisse daraus formuliert werden (s. www.verbraucherministerium.de unter den Stichworten Verbraucherschutz und Lebensmittelsicherheit).

6.5   Wettbewerbsrecht/ Gewerbliche Schutzrechte

6.5.1   Gesetz gegen unlauteren Wettbewerb

Gesetz gegen unlauteren Wettbewerb

Das Gesetz gegen den unlauteren Wettbewerb (UWG) soll sicherstellen, dass trotz des erwünschten Konkurrenzkampfes ein paar grundsätzliche »Spielregeln« eingehalten werden und sich die jeweiligen »Mitspieler« nicht »unfair« verhalten.

Deshalb verbietet die Generalklausel des § 3 UWG »unlautere Wettbewerbshandlungen, die geeignet sind, den Wettbewerb zum Nachteil der Mitbewerber, der Verbraucher oder der sonstigen Marktteilnehmer nicht nur unerheblich zu beeinträchtigen«.

Eine »Wettbewerbshandlung« in diesem Sinne ist jede Handlung einer Person mit dem Ziel, zugunsten des eigenen oder eines fremden Unternehmens den Absatz oder den Bezug von Waren oder Dienstleistungen zu fördern (§ 2 Abs. 1 Ziffer 1 UWG).

»Mitbewerber« ist jeder Unternehmer, der mit einem oder mehreren Unternehmern als Anbieter oder Nachfrager von Waren oder Dienstleistungen in einem konkreten Wettbewerbsverhältnis steht (§ 2 Abs. 1 Ziffer 3 UWG).

Ein konkretes Wettbewerbsverhältnis liegt bei austauschbaren Produkten oder Dienstleistungen vor, das UWG ist aber schon bei einem abstrakten Wettbewerbsverhältnis anwendbar, wenn eine Leistung den Absatz einer anderen beeinträchtigen kann. Das entscheidende Kriterium ist regelmäßig die Beurteilung der Unlauterkeit.

6.5.1.1   Gesetzliche Regelbeispiele

Regelbeispiele unlauterer Werbung

Das UWG in der älteren Fassung bis zum 02.07.2004 hatte sich darauf beschränkt, unlautere Handlungen zu verbieten, aber völlig offen gelassen, was unlauter sein soll. In Rechtsprechung und Literatur wurden ähnlich gelagerte Fälle zu fünf typischen Fallgruppen zusammengefasst (Kundenfang, Behinderung des Mitbewerbers,

Ausbeutung fremder Leistung, Vorsprung durch Rechtsbruch, Störung des gesamten Marktes).

In § 4 UWG der seit dem 03.07.2004 gültigen Fassung werden jetzt einige Beispiele für typisches unlauteres Verhalten aufgezählt, die sich an den früheren Fallgruppen orientieren:

- unsachlicher Einfluss auf Kunden (Kundenfang);
- Ausnutzung der geschäftlichen Unerfahrenheit, der Angst oder der Zwangslage von Verbrauchern (Kundenfang);
- Verschleierung des Werbecharakters von Wettbewerbshandlungen (Kundenfang);
- Werbung mit Rabatten, Zugaben oder Geschenken, ohne die Bedingungen für deren Inanspruchnahme klar und eindeutig anzugeben (Kundenfang);
- Preisausschreiben oder Gewinnspiele ohne klare und eindeutige Angabe der Teilnahmebedingungen (Kundenfang);
- Herabsetzung oder Verunglimpfung von Kennzeichen, Waren, Dienstleistungen, Tätigkeiten oder persönlichen oder geschäftlichen Verhältnissen eines Mitbewerbers (Behinderung);
- Verbreitung rufschädigender Behauptungen, deren Wahrheit nicht bewiesen werden kann (Behinderung);
- gezielte Behinderung von Mitbewerbern;
- Vertrieb von Imitationen, wenn der Abnehmer sie für ein Original hält, die Imitation den guten Ruf des Originals ausnutzt oder beeinträchtigt oder die Kenntnisse für die Nachahmung unredlich erlangt wurden (Ausbeutung);
- Verstoß gegen eine gesetzliche Regelung, die auch das Marktverhalten regelt (Rechtsbruch).

6.5.1.2   Irreführende Werbung

Ein Spezialfall der Unlauterkeit ist die in § 5 UWG besonders geregelte irreführende Werbung.

Irreführende Werbung

Bei der Beurteilung, ob eine Werbung irreführend ist, kommt es alleine darauf an, wie der angesprochene Verkehrskreis diese Werbung versteht. Objektiv zutreffende Aussagen können trotzdem irreführend sein, wenn sie falsch verstanden werden.

Dies gilt regelmäßig z.B. bei der Werbung mit Selbstverständlichkeiten: »Garantiert rostfreies Plastik« – die Aussage als solche ist zutreffend, die Kunden könnten sich damit aber einen besonderen Vorteil der angepriesenen Ware vorstellen und werden deshalb getäuscht.

Dabei ist auch zu berücksichtigen, dass nicht etwa alle Kunden irregeführt werden müssen, sondern es reicht, wenn eine Gefahr der Irreführung von etwa 15 % der angesprochenen Kunden besteht. Ob diese Gefahr besteht, entscheidet in der Regel alleine der Richter, zumindest wenn er potentiell zu den angesprochenen Kunden gehört.

6.5.1.3   Vergleichende Werbung

Ein Vergleich setzt grundsätzlich voraus, dass zwei Produkte oder Unternehmen erkennbar sind und zwischen diesen beiden irgendeine Beziehung hergestellt wird. Eine solche vergleichende Werbung ist nicht grundsätzlich zulässig, sondern nur dann, wenn der Vergleich

- sich auf Waren/Dienstleistungen für den gleichen Bedarf oder denselben Zweck bezieht
- sich objektiv auf eine oder mehrere wesentliche und typische Eigenschaften oder den Preis bezieht (der Preis ist keine Eigenschaft der Ware selbst),
- nicht zu Verwechslungen der Unternehmen, Produkte, Dienstleistungen oder Kennzeichen führt,
- die Wertschätzung einer Marke nicht ausnutzt oder beeinträchtigt,
- die Waren, Dienstleistungen, Tätigkeiten oder persönlichen oder geschäftlichen Verhältnisse eines Mitbewerbers weder herabsetzt noch verunglimpft oder
- eine Ware oder Dienstleistung nicht als Imitation oder Nachahmung einer unter einem geschützten Kennzeichen vertriebenen Ware oder Dienstleistung darstellt.

Allgemein lässt sich sagen, dass der Vergleich zulässig ist, wenn kein Fall des Kundenfangs, der Ausbeutung oder Behinderung vorliegt.

6.5.1.4   Rechtsfolgen

Wer gegen das UWG verstößt, kann auf Beseitigung und Unterlassung in Anspruch genommen werden. Wird der Verstoß in einem Unternehmen von einem Mitarbeiter oder Beauftragten begangen, haftet auch der Inhaber des Unternehmens (§ 8 UWG), Inhaber in diesem Sinne ist aber die Gesellschaft selbst, nicht ihr Gesellschafter oder Geschäftsführer.

Wer die Vorschriften des UWG schuldhaft (vorsätzlich oder fahrlässig) verletzt, haftet darüber hinaus auch auf Schadensersatz (§ 9 UWG).

6.5.1.5   Verjährung

UWG-Ansprüche verjähren in nur sechs Monaten ab Kenntnis der Umstände und des Schuldners (§ 11 UWG).

> Bei der Durchsetzung von UWG-Ansprüchen ist immer an die kurze Verjährung zu denken.

6.5.2   Schutzrechte im Überblick

Die zentralen (gewerblichen) Schutzrechte sind

- Marke (Kennzeichen),
- Patent,
- Gebrauchsmuster,
- Geschmacksmuster,
- Urheberrecht.

Geistige Eigentums-rechte (»Intellectual Property«)

Aufgrund des persönlichkeitsrechtlichen Einschlags wird terminologisch zwischen den rein gewerblichen Schutzrechten und dem künstlerisch geprägten Urheberrecht unterschieden, die grundlegenden Strukturen sind aber bei allen Schutzrechten identisch.

6.5.2.1   Marke

Eine Marke ist die Kennzeichnung eines Produkts oder einer Dienstleistung. Erst die Marke macht die Ware unterscheidbar und ermöglicht dem Kunden, sie wieder zu erkennen. Bleibt man beim Vergleich mit dem sportlichen Wettbewerb, ist die Marke die Rückennummer des Läufers.

Produktkennzeich-nung durch Marken

Nach dem Markengesetz werden drei verschiedene Kennzeichen geschützt:

1. die eigentliche Marke als Kennzeichen einer Ware oder Dienstleistung,
2. die geschäftliche Bezeichung als Kennzeichen eines Unternehmens oder eines Werkes,
3. die geographische Herkunftsangabe.

Als Marke kommen vor allem Wörter, Bilder oder Wort-Bild-Kombinationen in Betracht, aber auch Zahlen, einzelne Buchstaben, dreidimensionale Gestaltungen, Düfte oder Klänge. Schutzfähig sind nur Kennzeichen, die die Individualisierungs-Funktion der Marke erfüllen können, also z. B. nicht nur die Ware selbst beschreiben. Die Bezeichnung »Fruchtsaft« kann z. B. keine Marke für Apfelsaft sein, weil es sich um eine reine Beschreibung handelt. Für Computer-Zubehör wäre die Bezeichnung »Fruchtsaft« dagegen kreativ und schutzfähig.

Markenfähigkeit

Eine Marke entsteht durch Anmeldung und Eintragung, entweder nur für Deutschland beim Deutschen Patent- und Markenamt (DPMA) oder für ganz Europa beim Europäischen Harmonisierungsamt für den Binnenmarkt in Alicante/Spanien (HABM).

Entstehung durch Anmeldung und Eintragung

Tipp

> Eine Marke entsteht nicht durch die bloße Benutzung für ein Produkt.

**Unternehmens-
kennzeichen**

Darin unterscheidet sich die Kennzeichnung einer Ware/Dienstleistung von der Kennzeichnung eines Unternehmens: Nach §5 MarkenG sind Unternehmenskennzeichen und Werktitel automatisch als geschäftliche Bezeichnungen geschützt, zumindest soweit es sich nicht um rein beschreibende Angaben handelt.

Unternehmenskennzeichen sind Zeichen, die im geschäftlichen Verkehr als Name oder als besondere Bezeichnung eines Geschäftsbetriebs oder eines Unternehmens benutzt werden. Werktitel sind die Namen von Druckschriften, Filmwerken, Tonwerken, Bühnenwerken oder sonstigen vergleichbaren Werken.

Internet-Domain

Ein solches Unternehmenskennzeichen kann z.B. auch durch die Benutzung als Internet-Domain entstehen, die Internet-Domain ist aber kein eigenständiges Schutzrecht.

Für ein Unternehmen und damit für den Geschäftsführer ist dies in zweierlei Hinsicht von Bedeutung: er muss sowohl daran denken, die eigene Leistung durch Markenrechte abzusichern, als auch vermeiden, fremde Rechte zu verletzen. Deshalb muss vor jeder Aufnahme einer Kennzeichenbenutzung überprüft werden, ob es bereits ältere kollidierende Kennzeichen gibt.

Eine solche Kollision liegt nicht nur bei identischen Zeichen für identische Waren/Dienstleistungen vor, sondern auch bei nur ähnlichen Zeichen für ähnliche Waren/Dienstleistungen (§14 MarkenG).

Die Beurteilung der Ähnlichkeit von Zeichen und Waren/Dienstleistungen ist eines der zentralen markenrechtlichen Probleme, bei denen der Geschäftsführer regelmäßig externen Rat einholen sollte.

6.5.2.2   Patent und Gebrauchsmuster

**Technische Schutz-
rechte: Patent und
Gebrauchsmuster**

Patent und Gebrauchsmuster sind die technischen Schutzrechte für Erfindungen.

Ein wesentlicher Unterschied zwischen den beiden Schutzrechten liegt darin, dass ein Gebrauchsmuster ohne vorherige Überprüfung in die Gebrauchsmusterrolle beim Deutschen Patent- und Markenamt eingetragen wird, mit Erteilung der Schutzrechts-Urkunde also noch nicht feststeht, ob überhaupt ein Schutzrecht besteht. Diese Diskussion stellt sich erst in einem späteren Rechtsstreit.

Ein Patent wird dagegen vor Erteilung aufwendig geprüft. Wenn es einmal erteilt ist, sind die anderen Gerichte an die Existenz des Patents gebunden; es kann nur vom Patentamt selbst aufgehoben werden.

Die Verletzung von Patenten ist deutlich seltener und meist schwerer nachzuweisen, als eine Markenverletzung, für die Gesellschaft im Ernstfall aber oft existenzbedrohend. In technologisch ausgerichteten Gesellschaften gehört eine entsprechende Kontrolle kollidierender Rechte deshalb zum erforderlichen Risikomanagement: wer sich um nichts kümmert, handelt schuldhaft und schuldet Schadensersatz.

6.5.2.3   Urheberrecht und Geschmacksmuster

Ein Urheberrecht entsteht kraft Gesetzes automatisch mit der Werkschöpfung. Urheberrechte sind unter Lebenden nicht übertragbar, es können lediglich Nutzungsrechte eingeräumt werden. Wirtschaftlich am bedeutendsten sind Urheberrechte an Musikwerken, Filmen und Software.

»Künstlerische« Schutzrechte: Urheberrecht und Geschmacksmuster

Ein Geschmacksmuster ist das Schutzrecht für industrielles Design. Wie beim Gebrauchsmuster wird auch für das Geschmacksmuster gegen die reine Hinterlegung beim DPMA eine Schutzrechtsurkunde ausgestellt und das Muster in die Geschmacksmusterrolle eingetragen, aber erst in einem späteren Verletzungsprozess überprüft, ob der hinterlegte Gegenstand tatsächlich geschmacksmusterschutzfähig ist.

Ein (Geschmacks- oder Gebrauchs-)Muster ist deshalb ein relativ günstiges, aber unsicheres Schutzrecht.

6.5.3   Rechtsfolgen der Verletzung

Die Verletzung fremder Rechte hat immer dieselben Rechtsfolgen: Der Verletzer schuldet ohne weiteres sofortige Unterlassung und darüber hinaus Schadensersatz, wenn er vorsätzlich oder fahrlässig handelt.

Unterlassung und Schadenersatz

Wer ein Kennzeichen, Patent oder Werk verwendet, ohne seine Berechtigung zu überprüfen, handelt mindestens fahrlässig.

> Vor der Verwendung schutzfähiger Leistungen muss überprüft werden, ob es bereits ältere Rechte gibt, um zumindest die Schadensersatzhaftung möglichst zu vermeiden.

Tipp

Mit der Unterlassungsverpflichtung sind nicht nur Anwalts- und Gerichtskosten verbunden, sondern auch die Kosten für neue Briefköpfe, Internet-Seiten, Kataloge, Verpackungen, etc.

Während im Bereich von Wettbewerbsverstößen der Schadensnachweis regelmäßig schwierig ist, gibt es im Bereich der Schutzrechte eine Erleichterung, indem auf drei verschiedene Berech-

»Dreifache Schadensberechnung«

nungsmethoden zurückgegriffen werden kann. Der Verletzte kann nach seiner Wahl

- seinen tatsächlichen Schaden,
- den beim Verletzer entstandenen Gewinn oder
- eine angemessene Lizenzgebühr (»Lizenzanalogie«)

verlangen.

Der Verletzer schuldet also unter Umständen enorme Lizenzgebühren, obwohl er selbst kaum Umsätze erzielt hat.

6.5.4   Persönliche Haftung des Geschäftsführers
6.5.4.1   Haftung im Außenverhältnis gegenüber Dritten

Haftung schon bei bewusstem Zulassen des Verstoßes

Der Geschäftsführer muss im Innenverhältnis dafür sorgen, dass sich die GmbH rechtmäßig verhält (s. Kap. 5.3.4.13) und haftet persönlich gegenüber dem Verletzten, wenn er den Verstoß selbst begangen, veranlasst oder wissentlich nicht verhindert hat, aber nicht, wenn er weder beteiligt war noch etwas von dem Vorgang wusste (zur Haftung wegen Organisationsmängeln s. Kap. 6.2.3).

Sobald der Geschäftsführer Kenntnis der Schutzrechtsverletzung hat, muss er deren Fortsetzung verhindern, um eine persönliche Haftung zu vermeiden.

6.5.4.2   Haftung im Innenverhältnis gegenüber der Gesellschaft

Wenn der Geschäftsführer durch sein Verhalten einen Schaden der Gesellschaft verursacht, weil er beispielsweise die Verwendung eines Kennzeichens ohne vorangehende Recherche älterer Rechte veranlasst oder geduldet hat, haftet er intern der Gesellschaft auf Ersatz des dadurch verursachten Schadens.

6.6   Zusammenfassung

Alleine der Umfang dieses Kapitels zeigt die vielfältigen Haftungsrisiken des Geschäftsführers gegenüber Dritten, sei es gegenüber Geschäftspartnern der Gesellschaft, gegenüber Kunden oder gegenüber unbekannten Inhabern älterer Schutzrechte. Um eine persönliche Haftung zu vermeiden sind folgende Punkte ganz entscheidend:

✔ strenge Trennung zwischen persönlichen und geschäftlichen
    Interessen und Erklärungen;

✔ angemessene Rücksichtnahme auf die Interessen von Geschäfts-
    partnern und Kunden;

✔ klare interne Organisation und Überwachung;

✔ Vorsorge gegen die Verletzung fremder Rechte (Eigentum,
    Schutzrechte);

✔ ständige Dokumentation der wesentlichen Informationen
    und Entscheidungsgrundlagen;

✔ erhöhte Sorgfalt bei erhöhtem Risiko;

✔ externe Beratung bei wesentlichen Vorgängen.

Checkliste

7   Strafrecht und Öffentliches Recht

7.1   Strafrecht

7.1.1   Überblick

Die strafrechtlichen Risiken des Geschäftsführers knüpfen an seine zivilrechtlichen Pflichten an. Die Verletzung der Buchführungspflicht ist z. B. nicht nur haftungsrechtlich im Innenverhältnis gegenüber der Gesellschaft relevant, sondern gleichzeitig auch strafbar.

Allgemein liegt bei einer zivilrechtlichen Pflichtverletzung des Geschäftsführers immer auch eine Straftat nahe. Verletzt er z. B. seine Pflichten gegenüber der Gesellschaft, ist an eine Untreue zu denken (§ 266 StGB), schädigt er einen Geschäftspartner, liegt oft ein Betrug nahe (§ 263 StGB).

Strafgesetze bestehen gerade zum Schutz der Allgemeinheit und sind deshalb Schutzgesetze im Sinne des § 823 Abs. 2 BGB. Der Geschäftsführer haftet dem Geschädigten daher zivilrechtlich auf Schadensersatz (s. Teil 2, Kap. 6).

Abgesehen von der zivil- oder strafrechtlichen Haftung ist auch die Verteidigung in solchen Angelegenheiten regelmäßig aufwendig und mit hohen Kosten verbunden.

Die Kosten der Verteidigung gegen einen Geschäftsführer in Ermittlungs- oder Strafverfahren werden von der D&O-Versicherung regelmäßig nicht übernommen.

7.1.2   Buchführung und Bilanzierung
7.1.2.1   Erstellung der Bilanz (§ 283b StGB)

Die Bilanz muss rechtzeitig und richtig aufgestellt werden

Nach § 41 GmbHG ist der Geschäftsführer verpflichtet, für eine ordnungsgemäße Buchführung der Gesellschaft zu sorgen. Verletzt er diese Pflicht, haftet er gegenüber der Gesellschaft und macht sich gleichzeitig nach § 283b StGB strafbar, wenn die GmbH insolvent wird (außerhalb der Insolvenz liegt eine Ordnungswidrigkeit vor, § 334 HGB).

Besonders praxisrelevant ist die Regelung des § 283b Abs. 1 Ziffer 3 lit. b) StGB: Wer es unterlässt, die Bilanz in der vorgeschriebenen Zeit aufzustellen, wird mit Geldstrafe oder Freiheitsstrafe bis zu zwei Jahren bestraft.

Die Frist zur Aufstellung des Jahresabschlusses beträgt für die kleine Kapitalgesellschaft höchstens sechs Monate, für andere Kapitalgesellschaften höchstens drei Monate nach Ablauf eines Geschäftsjahres (§ 264 Abs. 1 HGB). Bei den meisten Gesellschaften entspricht das Geschäfts- dem Kalenderjahr, die Bilanz ist also bis zum 31.03. bzw. 30.06. des Folgejahres aufzustellen.

> Da auch die Steuerberater zu diesem Stichtag regelmäßig überlastet sind, verzögert sich die Fertigstellung der Bilanz häufig. Es ist dann aber die Pflicht des Geschäftsführers, den externen Berater in regelmäßigen Abständen zur schnellstmöglichen Fertigstellung der Bilanz aufzufordern.

Tipp

In der Krise entspricht nur eine schnellstmögliche Aufstellung einem ordnungsgemäßen Geschäftsgang. Trotzdem wird in der strafrechtlichen Praxis in der Regel die Höchstfrist von sechs Monaten zugebilligt. Wenn auch diese Höchstfrist überschritten wird, steht die Strafbarkeit allerdings weitgehend fest.

Besondere Pflichten in der Unternehmenskrise

> Strafbar ist, wenn die Bilanz nicht fertig gestellt ist; der vollständige Jahresabschluss (mit GuV und ggf. Anhang) kann zu einem späteren Zeitpunkt erstellt werden.

Tipp

7.1.2.2 Richtigkeit der Bilanz (§ 331 Nr. 1 HGB)

Es ist nicht ausreichend, überhaupt (fristgerecht) eine Bilanz zu erstellen, diese muss auch übersichtlich und inhaltlich richtig sein: Nach § 331 Nr. 1 HGB macht sich strafbar, wer als Mitglied des vertretungsberechtigten Organs einer Kapitalgesellschaft deren Verhältnisse in der Eröffnungsbilanz, im Jahresabschluss oder im Lagebericht unrichtig wiedergibt oder verschleiert.

Eine unrichtige Wiedergabe liegt vor, wenn die dargestellte Lage nicht mit der Wirklichkeit übereinstimmt. Dies kann entweder durch willkürliche Erhöhung oder Herabsetzung einzelner Bilanzpositionen erfolgen (Bilanzfälschung) oder wenn Tatsachen so undeutlich oder unkenntlich wiedergegeben werden, dass sich der tatsächlich Sachverhalt nur schwer oder überhaupt nicht feststellen lässt.

Bilanzfälschung

Der Geschäftsführer sollte mit »Halbwahrheiten« deshalb extrem vorsichtig sein. Sinn und Zweck der Buchhaltungs- und Bilanzierungsvorschriften ist gerade, dass die tatsächlichen Verhältnisse offen gelegt und nicht durch Tricks verheimlicht werden. Zur Verletzung der Buchführungspflicht s. Teil 2, Kap. 6.2.

7.1.3   Betrug (§ 263 StGB)
7.1.3.1   Überblick

Betrug

Ein Betrug liegt immer dann vor, wenn ein Dritter durch falsche Angaben getäuscht und zu einer Vermögensverfügung veranlasst und dadurch geschädigt wird. Der Betrugstatbestand hat also vier Voraussetzungen, wobei jedes Merkmal für das nächste kausal sein muss:

1. Täuschung (über eine Tatsache),
2. Irrtum (wegen der Täuschung),
3. Vermögensverfügung (wegen des Irrtums),
4. Schaden (wegen der Vermögensverfügung).

Beispiel: Manipulation der Kilometerleistung

Der Geschäftsführer G der A-GmbH manipuliert den Kilometerstand eines Firmenwagens, um diesen besser verkaufen zu können (Täuschung). Der Kunde irrt über die tatsächliche Fahrleistung (Irrtum) und bezahlt deshalb einen überhöhten Kaufpreis (Vermögensverfügung), der nicht dem Wert des Fahrzeugs entspricht (Schaden).

7.1.3.2   Täuschung

Täuschung über Tatsachen

Eine Täuschung kann zunächst durch ausdrückliche falsche Erklärungen über die wirtschaftlichen Verhältnisse erfolgen (»Wir haben vollkommen ausreichende Mittel und eine hervorragende Bonität«; zur zivilrechtlichen Eigenhaftung bei persönlichen Erklärungen s. Kap. 6.1 ff.).

Die eigene Erwartungshaltung ist eine Tatsache, die tatsächliche Entwicklung dagegen nicht

Eine Täuschung kann aber auch ohne ausdrückliche Erklärungen erfolgen: wer einen Vertrag abschließt, behauptet damit stillschweigend, dass er seine Leistung erbringen will (Erfüllungsbereitschaft) und davon ausgeht, bei Fälligkeit auch leisten zu können (Erfüllungsfähigkeit).

Eine Täuschung kann sich nur auf Tatsachen beziehen. Die zukünftige Leistungsfähigkeit ist keine Tatsache, sondern eine Prognose. Eine Tatsache ist aber, was der Geschäftsführer tatsächlich erwartet.

Es kommt deshalb darauf an, dass das äußere Handeln der inneren Erwartung entspricht. Entscheidend ist also nicht, ob die Gesellschaft bei Fälligkeit leisten kann, sondern ob die Prognose der Leistungsfähigkeit bei Vertragsschluss gerechtfertigt war:

Jeder Vertragsschluss beinhaltet die Erklärung, dass die eigene Leistungsfähigkeit erwartet wird

»Wenn ein Kaufmann Waren auf Kredit bestellt und dabei ein kurzes Zahlungsziel vereinbart, behauptet er in der Regel auch ohne ausdrückliche Erklärung, dass er willens sei und sich nach seiner gegenwärtigen wirtschaftlichen Lage und ihrer voraussichtlichen, von ihm auch tatsächlich überschauten Entwicklung für fähig halte, die Zahlungsfrist einzuhalten oder jedenfalls nicht länger zu überschreiten, als in der Geschäftsverbindung oder in dieser Branche üblicherweise hingenommen wird. Wenn er entgegen dieser Behauptung nicht an seine künftige Leistungsfähigkeit glaubt, vielmehr ernstliche Zweifel hat, ob er die eingegangene Verpflichtung werde erfüllen können, spiegelt er vorsätzlich eine falsche (innere) Tatsache vor« (BGH, Urteil vom 25.11.1980 – 5 StR 356/80, NJW 1981, 354 f.).

Der Besteller täuscht also nicht über die zukünftige Zahlungsfähigkeit (keine Tatsache), sondern über seine gegenwärtige Überzeugung, künftig leisten zu können. Nach dem BGH macht sich der Geschäftsführer bereits strafbar, wenn er Zweifel an dieser künftigen Leistungsfähigkeit hat, zumindest wenn diese Zweifel eine konkrete Ursache haben und über die übliche Prognose-Unsicherheit hinausgehen.

Der Geschäftsführer befindet sich damit ab Eintritt der Krise automatisch in einem ganz erheblichen Interessenkonflikt: Stellt er den Warenbezug ein, ist auch eine Sanierung praktisch ausgeschlossen und er muss sofort Insolvenz anmelden. Wird die operative Tätigkeit fortgesetzt, die beabsichtigte Sanierung bleibt aber trotzdem erfolglos, sieht er sich dem Vorwurf des Eingehungsbetruges ausgesetzt, weil er aufgrund der Krise zumindest ernstliche Zweifel an der künftigen Zahlungsfähigkeit der Gesellschaft hatte.

Diese Rechtsprechung zwingt den Geschäftsführer dazu, dass er nie Zweifel haben darf, sondern immer vollkommen überzeugt von der erfolgreichen Sanierung und der zukünftigen Zahlungsfähigkeit sein muss. Bei Zweifeln macht sich der Geschäftsführer strafbar, diese Zweifel müssen ihm aber nachgewiesen werden.

> **Tipp**
>
> Wer in der Krise den Geschäftsbetrieb aufrecht erhält, muss dokumentieren, dass und weshalb er davon ausgeht, bei Fälligkeit der neu begründeten Verbindlichkeiten leistungsfähig zu sein.

Ging der Besteller bei Vertragsabschluss von seiner Leistungsfähigkeit aus, darf er später trotz entstandener Zweifel die Vorleistung des anderen Teils annehmen: in der bloßen Annahme einer geschuldeten Leistung liegt keine Erklärung, sie auch bezahlen zu können (zur vertraglichen Organisationspflicht s. Kap. 6.2.3). Etwas anderes gilt nur dann, wenn der Leistungsempfänger aufgrund besonderer Umstände eine Aufklärungspflicht hat, beispielsweise aufgrund einer langjährigen und vertrauensvollen Geschäftsbeziehung.

Entscheidend ist der Zeitpunkt des Vertragsschlusses, nicht die Entgegennahme der Vorleistung

7.1.3.3   Irrtum

Irrtum aufgrund der Täuschung

Die Täuschungshandlung ist regelmäßig kausal für den Irrtum über die sicher geglaubte wirtschaftliche Leistungsfähigkeit und die Werthaltigkeit der eigenen Forderung.

Ein Irrtum scheidet aber aus, wenn die Krise dem Vertragspartner anderweitig bekannt wurde, beispielsweise aus den Medien oder aufgrund eigener Außenstände.

7.1.3.4   Vermögensverfügung

Vermögensverfügung aufgrund des Irrtums

Die Vermögensverfügung liegt bereits in der Verpflichtung zur Leistung gegenüber einem wirtschaftlich angeschlagenen Schuldner, spätestens aber in der Vorleistung selbst.

7.1.3.5   Schaden

Schaden aufgrund der Vermögensverfügung

Der getäuschte Vertragspartner hat bereits mit Abschluss des Vertrages einen Schaden: er ist zur Leistung verpflichtet, erhält dafür aber nur einen wertlosen oder zumindest zweifelhaften Gegenanspruch. Hat er seine Leistung schon erbracht und fällt mit der Gegenleistung aus, liegt der Schaden in dem endgültigen Verlust der Forderung.

Theoretisch ist es denkbar, einem Lieferanten Sicherheiten zu bestellen, um einen Ausfall zu verhindern. In der Krise stehen aber kaum mehr freie Sicherheiten zur Verfügung.

Wenn sich die Gesellschaft bereits im Stadium der drohenden Zahlungsunfähigkeit befindet, ist dringend an ein Engagement der Gesellschafter zu denken; immerhin versucht der Geschäftsführer die Rettung ihrer Gesellschaft. Dabei muss den Beteiligten aber klar sein, dass eine Kapitalzufuhr oder Bürgschaft zu dieser Zeit kapitalersetzend ist (s. Teil 2, Kap. 7).

7.1.3.6   Täterschaft durch Unternehmensleitung

Betrug durch Aufrechterhaltung des Geschäftsbetriebes ohne Mitwirkung an einzelnen Verträgen

Wer die Tatbestandsmerkmale selbst verwirklicht, also z.B. bei drohender Zahlungsunfähigkeit ohne ernsthafte Sanierungsaussichten noch Ware bestellt, ist ohne weiteres Täter.

Die Strafbarkeit kommt aber schon durch die bloße Fortführung des Unternehmens in Betracht, weil der Geschäftsführer weiß, dass damit automatisch weitere Bestellungen verbunden sind und die Lieferanten ggf. ausfallen werden:

> **Beispiel: BGH, Urteil vom 11.12.1997 – 4 StR 323/97, NJW 1998, 767**
>
> *Die beiden Angeklagten A und B waren Geschäftsführer der I-Holz GmbH, die spätestens seit September 1994 zahlungsunfähig war. Trotz-*

dem beschlossen die beiden Geschäftsführer, den Geschäftsbetrieb fortzuführen. Zwischen dem 15.09.1994 und dem 07.12.1994 haben die Angestellten der I-Holz GmbH bei verschiedenen Zulieferern 35 Bestellungen aufgegeben und dadurch erhebliche Verbindlichkeiten begründet, die nicht mehr erfüllt werden konnten.

Lösung:

Der BGH hat die beiden Geschäftsführer wegen Betruges verurteilt, obwohl sie an den eigentlichen Bestellungen nicht beteiligt waren:
Es versteht sich von selbst, dass die Lieferanten, denen mit den Neubestellungen wahrheitswidrig Zahlungswilligkeit und -fähigkeit vorgespiegelt worden ist, in Kenntnis der wahren Umstände keine Waren mehr auf Rechnung geliefert hätten. Zwar erfolgten die die Betrugsfälle begründenden Warenbestellungen nicht auf direkte Anweisungen oder konkrete Einwirkungen der Angeklagten hin, jedoch haben die Angeklagten die betrügerisch erlangten Warenlieferungen dadurch bewirkt, dass sie den Entschluss, den Geschäftsbetrieb der Firma I-Holz GmbH trotz endgültiger Zahlungsunfähigkeit fortzuführen, ... in die Tat umsetzten.
Beide Angeklagten waren über die Geschäftsabläufe in der Firma genau informiert und wussten daher zumindest nach Art und Umfang, welche regelmäßigen Bestellungen zur Aufrechterhaltung des Geschäftsbetriebes erfolgen würden. In diesem »bisherigen Umfang« wollten sie auch, dass Warenbestellungen durch die Angestellten der Firma getätigt werden würden, was nur unter Täuschung der Lieferanten über die Zahlungsfähigkeit und -willigkeit der Firma I-Holz GmbH erfolgen konnte.

Tipp

Die Krise sollte möglichst früh erkannt werden. Wenn die Zahlungsunfähigkeit bereits unmittelbar bevorsteht, geht der Geschäftsführer bei der Fortführung der Geschäfte hohe strafrechtliche Risiken ein.

7.1.4   Subventionsbetrug

Nach § 264 StGB ist es strafbar,

Strenge Haftung im Subventionsverfahren

- in einem Subventionsverfahren unrichtige oder unvollständige Angaben zu machen,
- Subventionen entgegen der Verwendungsbeschränkung zu verwenden,
- den Subventionsgeber über erhebliche Tatsachen in Unkenntnis zu lassen,
- eine durch unrichtige oder unvollständige Angaben erlangte Bescheinigung über die Subventionsberechtigung zu gebrauchen.

Eine Subvention im Sinne dieser Vorschrift ist jede Leistung aus öffentlichen Mitteln, die zumindest teilweise ohne Gegenleistung gewährt wird und der Förderung der Wirtschaft dienen soll.

Tipp

> Die strafrechtliche Haftung im Zusammenhang mit öffentlichen Subventionen ist mittlerweile extrem streng, der Geschäftsführer muss deshalb sowohl dem Antragsverfahren als auch der Mittelverwendung höchste Aufmerksamkeit widmen.

Beispiel: Insolvenzantrag vor Auszahlung
Der Geschäftsführer G der X-GmbH hat Subventionen beantragt und sich darin verpflichtet, die zuständige Behörde über alle wesentlichen Änderungen zu informieren. Das Bewilligungsverfahren zieht sich über mehrere Monate, zwischenzeitlich gerät die X-GmbH in die Krise. Der G stellt Insolvenzantrag, ohne die Behörden in dem Subventionsverfahren zu informieren. Kurz darauf werden die Mittel bewilligt und ausgezahlt.

Lösung:
G hat sich nach § 264 StGB strafbar gemacht.

7.1.5   Kreditbetrug

Krediterschleichung durch falsche Angaben

Eine weitere Sonderform des Betruges ist der Kreditbetrug (§ 265b StGB). Danach macht sich strafbar, wer durch falsche Angaben einen Kredit erschleicht.

7.1.6   Untreue

Untreue: Missbrauch und Treuebruch

Für Handlungen im Außenverhältnis ist der Betrugstatbestand die wichtigste strafrechtliche Haftungsnorm, für Handlungen im Innenverhältnis ist dies der Untreuetatbestand nach § 266 StGB: Wer seine Befugnis, über fremdes Vermögen zu verfügen oder einen anderen zu verpflichten, missbraucht oder seine Pflicht, fremde Vermögensinteressen wahrzunehmen, verletzt und dadurch dem, dessen Vermögensinteressen er zu betreuen hat, Nachteil zufügt, begeht eine strafbare Untreue (§ 266 StGB).

Genau genommen handelt es sich dabei um zwei unterschiedliche Fälle:

1. Missbrauch der Befugnis, über fremdes Vermögen zu verfügen oder einen anderen zu verpflichten (Missbrauchstatbestand),
2. Verletzung der Pflicht, fremde Vermögensinteressen wahrzunehmen (Treuebruchtatbestand).

7.1.6.1 Missbrauchstatbestand

Der Geschäftsführer hat die Befugnis, über Vermögen der Gesellschaft zu verfügen oder diese rechtsgeschäftlich zu verpflichten (§ 35 GmbHG).

Wer mehr tut als er darf, missbraucht seine Befugnisse

Ein Missbrauch dieser Befugnis liegt immer vor, wenn das rechtliche Können entgegen dem rechtliche Dürfen ausgenutzt wird, insbesondere also bei Zustimmungsvorbehalten oder sonstigen Beschränkungen der Vertretungsmacht im Innenverhältnis.

Nimmt der Geschäftsführer im Außenverhältnis eine Verfügung vor, ohne seine Beschränkungen zu berücksichtigen, ist die Verfügung trotzdem wirksam, auch wenn im Innenverhältnis die Zustimmung der Gesellschafter oder des Aufsichtsrates erforderlich gewesen wäre. Er missbraucht seine Befugnis (»Können«) also entgegen interner Weisungen (»Dürfen«).

Ein Missbrauch liegt aber nicht nur vor, wenn gegen ausdrückliche Vorgaben verstoßen wird, sondern auch dann, wenn der Geschäftsführer die selbstverständlichen Vermögensinteressen der Gesellschaft durch rechtsgeschäftliches Handeln verletzt:

- Verstoß gegen die Kapitalerhaltungsvorschriften (§§ 30, 31 GmbHG),
- Rückzahlung kapitalersetzender Darlehen (s. Teil 2, Kap. 7),
- Bezug überhöhter Provisionen für Geschäftsabschlüsse,
- überteuerter Einkauf,
- unangemessene Nachlässe,
- übertriebener Aufwand für Repräsentation und Spesen.

Beispiel: Überhöhter Repräsentationsaufwand
Ein Geschäftsführer einer mittelständischen GmbH mit einem Jahresumsatz in Höhe von 10 Mio. € begeht eine Untreue, wenn er 250 T€ in die Ausstattung der Geschäftsräume mit Kunstgegenständen investiert, 50 T€ für Geschenke für Geschäftsfreunde ausgibt, einen Geschäftswagen für 150 T€ fährt und pro Jahr Wein für 64 T€ zu einem Durchschnittspreis von 75 €/Flasche ordert.

Lösung:
Dieser Aufwand ist nicht im Interesse der Gesellschaft, der Geschäftsführer missbraucht deshalb seine Vertretungsmacht.

7.1.6.2 Treubruchtatbestand

Während der Missbrauch immer ein (rechtsgeschäftliches) Handeln voraussetzt, mit dem das rechtliche »Können« ausgenutzt wird, kann die Verletzung der Vermögensbetreuungs-(Treue-) pflicht auch und gerade in einem Unterlassen liegen: Wenn die Interessen der Gesellschaft ein aktives Handeln erfordern, muss der Geschäftsführer tätig werden. Bleibt er untätig, verletzt er seine Pflicht, die Ver-

Der Geschäftsführer muss die Interessen und Rechte der GmbH betreuen, sonst begeht er eine strafbare Untreue (ggf. durch Unterlassen)

mögensinteressen der Gesellschaft wahrzunehmen. Typische Fälle sind beispielsweise:

- Stammeinlagen nicht einzufordern,
- die Verjährung von Ansprüchen der Gesellschaft nicht zu hemmen,
- der ungerechtfertigte Verzicht auf Ansprüche der Gesellschaft,
- unzulässige Privatentnahmen,
- übermäßig riskante Geschäfte.

Zu den in letzter Zeit besonders diskutierten Prämienzahlungen hat der BGH festgehalten, dass »eine im Dienstvertrag nicht vereinbarte Sonderzahlung, die ausschließlich belohnenden Charakter hat ... als treupflichtwidrige Verschwendung des anvertrauten Gesellschaftsvermögens zu bewerten ist« (»Mannesmann«-Urteil des BGH vom 21.12.2005 – 3StR 470/04 ZIP 2006, 72, 74).

7.1.6.3   Einwilligung der Gesellschafter

Weisungen entlasten den Geschäftsführer nur, wenn sie wirksam sind, also wenn die Gesellschafter überhaupt dispositionsbefugt sind

Grundsätzlich handelt der Geschäftsführer nicht pflichtwidrig, wenn er auf Weisung oder mit Zustimmung der Gesellschafter handelt. Im Gegenteil, Weisungen der Gesellschafter sind für den Geschäftsführer grundsätzlich verbindlich (s. Kap. 5.3.4.14). Der Geschäftsführer wäre in einer rechtlichen Pflichtenkollision, wenn er einerseits den Weisungen der Gesellschafter Folge leisten müsste, dadurch aber gleichzeitig eine Untreue begehen würde. Deshalb entlastet eine Zustimmung oder Weisung der Gesellschafter den Geschäftsführer zunächst.

Damit ist das eigentliche Problem aber lediglich auf den Geschäftsführer verschoben: Selbstverständlich muss und darf der Geschäftsführer eine treu- und rechtswidrige Weisung der Gesellschafter nicht befolgen, erst recht entlastet ihn keine rechtswidrige Zustimmung der Gesellschafter. Es obliegt also letztendlich dem Geschäftsführer, zu entscheiden, ob eine Weisung oder Zustimmung der Gesellschafter treuwidrig und damit wirkungslos oder rechtmäßig und damit beachtlich ist.

Ähnlich wie bei der zivilrechtlichen Beurteilung kommt es auch strafrechtlich im Wesentlichen auf zwei Kriterien an:
- auf die ordnungsgemäße Buchführung und Dokumentation;
- auf die Rücksichtnahme auf die existenziellen Interessen der Gesellschaft.

Verschleierung indiziert den Missbrauch

Nach der BGH-Rechtsprechung entscheidet die nachträgliche Buchung und Dokumentation darüber, ob eine vorherige Maßnahme pflichtgemäß oder pflichtwidrig war und ob die Gesellschafter diese Handlung genehmigen konnten:

»Tatsächliche oder rechtsgeschäftliche Handlungen des Geschäftsführers [...] sind **trotz Zustimmung der Gesellschafter in der Regel missbräuchlich oder pflichtwidrig im Sinne § 266 StGB**, wenn die Vermögensverschiebung bei der GmbH unter Missachtung der Pflicht nach § 41 GmbHG **durch Falsch- oder Nichtbuchen verschleiert** und die Zustimmung unter Missbrauch der Gesellschafterstellung erteilt wird. Das gilt auch, wenn das nach § 30 GmbHG geschützte Stammkapital unmittelbar noch nicht angegriffen wird« (BGH, Urteil vom 29.05.1987 – III StR 242/86, NJW 1988, 1397, 1399).

Die Zustimmung der Gesellschafter zu einem Rechtsgeschäft der Gesellschaft ist erst recht treuwidrig und damit rechtswidrig, wenn das Stammkapital angegriffen und die existenziellen Interessen der Gesellschaft gefährdet werden (*Maurer*, GmbHR 2004, 1549, 1550).

Das Stammkapital unterliegt nicht der Disposition durch die Gesellschafter

> **Tipp**
>
> Auch strafrechtlich kommt es ganz entscheidend auf eine ordentliche Buchführung und Dokumentation an.

Abgesehen von der unzulässigen Verschleierung können die Gesellschafter oberhalb der Grenze des Stammkapitals aber weitgehend frei über das Vermögen der Gesellschaft verfügen, also auch Verfügungen des Geschäftsführers anweisen oder genehmigen. Dies trifft allerdings dann wiederum nicht zu, wenn durch die konkrete Verfügung mittelfristig das Stammkapital konkret gefährdet wird, beispielsweise wenn der GmbH entscheidende Kunden oder die Produktionsgrundlagen entzogen werden (BGH, Urteil vom 20.07.1999 – I StR 668/98, NJW 2000, 154, 155):

Auch oberhalb des Stammkapitals mittelbare Gefährdung unzulässig

»Der Geschäftsführer verletzt seine Vermögensbetreuungspflicht nicht, wenn sein Vorgehen im Einverständnis des Vermögensinhabers erfolgt. Handelt es sich um das Vermögen einer GmbH, fehlt es grundsätzlich an der Pflichtwidrigkeit, wenn sich die Gesellschafter mit dem Vorgehen des Pflichtigen einverstanden erklärt haben.

Vermögensbetreuungspflicht

Allerdings ist es im Hinblick auf die eigene Rechtspersönlichkeit der GmbH (§ 13 Abs. 1 GmbHG) anerkannt, dass eine Strafbarkeit wegen Untreue in Betracht kommt, wenn die Zustimmung der Gesellschafter zu einem Rechtsgeschäft der GmbH gegenüber treuwidrig und somit wirkungslos ist.

Da jedoch die Gesellschafter nach der gesetzlichen Konzeption grundsätzlich frei sind, über das Gesellschaftsvermögen zu verfügen, hat der BGH den Anwendungsbereich unwirksamer Zustimmungen auf Handlungen des Pflichtigen beschränkt, die die wirtschaftliche Existenz der GmbH gefährden. Der 3. Strafsenat hat dies schließlich dahingehend präzisiert, dass die Gesellschafter über das Gesellschaftsvermögen nicht verfügen dürfen, wenn dadurch eine konkrete Existenzgefährdung für die Gesellschaft entsteht, was jedenfalls bei einem Angriff auf das durch §30 GmbHG geschützte Stammkapital der Fall ist.

Eine solche Existenzgefährdung könnte sich nur aus einer **Erhöhung des Haftungsrisikos** ergeben, die Folge des Vertragsabschlusses hätte sein müssen.«

Nach dieser Ausführung kommt als Existenzgefährdung also auch die nur mittelbare Folge einer tatsächlichen Handlung oder eines Vertragsabschlusses in Betracht, was insbesondere bei der Beurteilung von Risikogeschäften zu Lasten der Gesellschaft von Bedeutung ist (s. Kap. 5.3.4.9 f.).

7.1.7   Vorenthalten von Sozialversicherungsbeiträgen

Sozialversicherungsbeiträge

Die Nichtabführung von (Arbeitnehmer-)Sozialversicherungsbeiträgen ist unter bestimmten Voraussetzungen strafbar und begründet die persönliche Haftung des Geschäftsführers (s. Teil 2, Kap. 6.3).

7.1.8   Bestechung und Bestechlichkeit (§ 299 StGB)

Bestechung und Bestechlichkeit

Wer aktiv einem anderen einen Vorteil für ihn selbst oder einen Dritten anbietet, verspricht oder gewährt als Gegenleistung dafür, dass er ihn oder einen anderen bei dem Bezug von Waren oder gewerblichen Leistungen bevorzugt, begeht eine strafbare Bestechung.

Wer spiegelbildlich dazu einen Vorteil für sich oder einen Dritten fordert, sich versprechen lässt oder annimmt als Gegenleistung dafür, dass er einen anderen bei dem Bezug von Waren oder gewerblichen Leistungen bevorzugt, begeht eine strafbare Bestechlichkeit.

Der durch Bestechung erreichte Vertrag ist nichtig

Neben der reinen Strafbarkeitsfolge ist besonders problematisch, dass ein rechtswidrig zustande gekommener Vertrag sittenwidrig und damit nichtig ist (§ 138 BGB). Aus einem solchen Rechtsgeschäft gibt es auch keine vertraglichen Erfüllungsansprüche. Der Geschäftsführer, der auf einen so zustande gekommenen Vertrag Vorleistungen erbringt, haftet der Gesellschaft intern deshalb auf Schadensersatz.

Verfall

Wenn die Gesellschaft trotzdem bereits Leistungen erhalten hat, droht der Verfall (§§ 73 ff. StGB, s. Kap. 5.3.5.11 ff.).

7.1.9   Verrat von Geschäfts- und Betriebsgeheimnissen (§ 17 UWG)

Geheimhaltungspflicht des Geschäftsführers

Wer ein Geschäfts- oder Betriebsgeheimnis, das ihm im Rahmen seines Dienstverhältnisses anvertraut oder bekannt geworden ist, während der Geltungsdauer des Dienstverhältnisses unbefugt zu Zwecken des Wettbewerbs, aus Eigennutz, zugunsten eines Dritten oder in der Absicht, dem Inhaber des Unternehmens Schaden zuzufügen, mitteilt, macht sich nach § 17 UWG strafbar.

Dasselbe gilt für denjenigen, der sich ein Geschäfts- oder Betriebs-geheimnis durch Anwendung technischer Mittel, Herstellung einer verkörperten Wiedergabe des Geheimnisses oder Wegnahme einer Sache, in der das Geheimnis verkörpert ist, unbefugt verschafft oder sichert oder ein solches Geheimnis selbst verwertet oder einem Drit-ten mitteilt. Dies ist eigentlich vollkommen selbstverständlich, trotz-dem scheint die Hemmschwelle des ausscheidenden Geschäftsfüh-rers extrem niedrig zu sein, noch während seiner Tätigkeit bereits eine spätere Konkurrenztätigkeit vorzubereiten.

7.1.10   Strafbare Werbung

Irreführende Werbung in der Absicht, den Eindruck eines besonders günstigen Angebotes zu erwecken, ist nach § 16 UWG strafbar.

Daneben verwirklichen falsche Angaben in der Werbung aber oft den Tatbestand eines (versuchten) Betruges (s. im Einzelnen *Wab-nitz/Janovsky*, Hb-Wirtschaftsstrafrecht, Kapitel 14).

7.1.11   Insolvenzverschleppung (§ 84 GmbHG)

In der Insolvenzverschleppung konzentrieren sich meist mehrere haftungsbegründende Umstände in der Person des Geschäftsfüh-rers, z. B. die mangelnde Risikovorsorge, die unzureichende Buch-führung und die Vermischung persönlicher und gesellschaftlicher Interessen.

Insolvenz-
verschleppung

Die rechtzeitige Stellung des Insolvenzantrages und die Vermei-dung der persönlichen zivilrechtlichen und strafrechtlichen Haftung durch die Insolvenzverschleppung werden ausführlich dargestellt in Teil 2, Kap. 3.

7.1.12   Strafrechtliche Produkthaftung

Das In-Verkehr-Bringen fehlerhafter Produkte kann nicht nur zu ei-ner zivilrechtlichen Haftung führen (s. Kap. 6.4), sondern auch zur Verwirklichung von Straftatbeständen, entweder durch den Verstoß gegen strafrechtliche Spezialregelungen (s. Kap. 6.4.5) oder durch allgemeine Straftaten, insbesondere Körperverletzungs- oder gar Tötungsdelikte (§§ 211, 223 ff. StGB; vgl. im Einzelnen *Müller-Gu-genberger/Bieneck*, Wirtschaftsstrafrecht, § 56).

Produkthaftung

Die strafrechtliche Verantwortung setzt immer eine Pflichtverlet-zung voraus und konzentriert sich deshalb bei dem Geschäftsführer, weil dieser im Unternehmen die strengsten Pflichten hat. Generell haftet aber jeder Mitarbeiter strafrechtlich, der die ihm obliegende Kontrolle seiner eigenen oder einer fremden Arbeitsleistung nicht ordnungsgemäß vornimmt.

Maßnahmen zur Schadensabwehr

Die Ressortaufteilung entlastet den einzelnen Geschäftsführer nicht (s. Kap. 5.6.2); er muss trotzdem alles tun, um einen ggf. erforderlichen Beschluss aller Geschäftsführer herbeizuführen. Wird er überstimmt, muss er anderweitige Maßnahmen zur Schadensabwehr ergreifen, z. B. den Aufsichtsrat, staatliche Behörden oder die Staatsanwaltschaft informieren.

Beispiel: Glykol-Weinverschnitt (BGH, Urteil vom 19.07.1995, NJW 1995, 2933)
Mehrere Mitarbeiter einer Firmengruppe hatten Wein vertrieben, der mit Glykol verschnitten war. Es ist unklar, wer wann welche Weinpartie in den Handel gebracht und dadurch einen Schaden der Konsumenten verursacht hat.

Lösung:
Darauf kommt es aber auch nicht an: zum einen kommt in diesem Fall eine gemeinschaftliche Begehung in Betracht, zum anderen haften Mitglieder der Leitungsebene des Unternehmens auch dann strafrechtlich, wenn sie ein Produkt in Kenntnis des Mangels weiter vertreiben (lassen).

Beispiel: Lederspray-Fall (BGH, Urteil vom 06.07.1990, NJW 1990, 2560)
Die Geschäftführer der W-GmbH hatten ein Lederspray entwickelt und vertrieben. Nachdem Kunden nach der Verwendung dieses Sprays gesundheitliche Beeinträchtigungen hatten, wurde das Spray intern ohne Ergebnis auf eine toxische Wirkung untersucht. Die Geschäftsführer beschlossen deshalb, das Produkt weiter zu vertreiben, aber mit einem Warnhinweis zu versehen.

Lösung:
Die Geschäftsführer wurden in den Fällen vor der Sitzung wegen fahrlässiger Körperverletzung verurteilt, in den Fällen nach der Sitzung wegen vorsätzlicher gefährlicher Körperverletzung: es ist unerheblich, warum das Spray zu Gesundheitsschäden geführt hat, ausreichend ist, dass es dafür verantwortlich war. Die Geschäftsführer hätten das Spray nach den ersten Meldungen nicht weiter vertreiben dürfen, sondern zurückrufen müssen. Indem sie dies unterlassen haben, sind sie für die späteren Schäden verantwortlich.

7.2   Öffentliches Recht

Der Geschäftsführer hat für die Erfüllung aller Pflichten der Gesellschaft Sorge zu tragen, also auch der zahlreichen öffentlich-rechtlichen Pflichten wie z.B. des Lebensmittel-, Baunutzungs-, Kapitalmarkt-, Steuer-, Abfall-, Immissionsschutz- oder Transportrechts.

Die Vielfältigkeit solcher Vorschriften wurde schon im Einleitungssatz dieses Buches angedeutet und kann hier nicht erschöpfend behandelt werden. Von zunehmender Bedeutung ist aber das Umwelthaftungsrecht, das deshalb kurz dargestellt werden soll.

7.2.1   Umweltrecht
7.2.1.1   Überblick

Umweltrecht ist Polizeirecht, d.h. Gefahrenabwehrrecht; der Geschäftsführer ist Garant dafür, dass in der Sphäre der GmbH keine Umweltgefahren entstehen.

Gefahrenabwehr für die Umwelt

Wenn die Gesellschaft ihre öffentlich-rechtlichen Verpflichtungen verletzt, kann den Geschäftsführer sowohl eine strafrechtliche als auch eine öffentlich-rechtliche Haftung treffen, d.h. die zuständige Behörde kann gegen den Geschäftsführer persönlich Anordnungen zur Gefahrenerforschung oder -beseitigung erlassen, die beispielsweise bei einer erforderlichen Altlastenerkundung oder gar -sanierung ausgesprochen kostspielig sein können.

7.2.1.2   Störerhaftung

Zur Beseitigung einer Gefahr kann grundsätzlich sowohl der Verhaltens- als auch (zumindest nachrangig) der Zustandsstörer herangezogen werden.

Verhaltens- und Zustandsstörer

Verhaltensstörer ist derjenige, der selbst unmittelbar eine spätere Störung oder Gefährdung verursacht, Zustandsstörer derjenige, von dessen Eigentum oder Besitz die Gefährdung ausgeht, der also die tatsächliche Einfluss- und Beseitigungsmöglichkeit hat.

Beispiel: Altlasten
Vergräbt der Geschäftsführer der A-GmbH auf dem Nachbargelände der X-OHG rostige Ölfässer, ist er selbst Handlungsstörer, die völlig unbeteiligte X-OHG aber Zustandsstörer.

Der Geschäftsführer ist auch dann Verhaltensstörer, wenn er nicht selbst handelt, sondern die haftungsbegründende Tätigkeit durch entsprechend angewiesene Mitarbeiter ausführen lässt. Der Geschäftsführer kann sich nicht damit entlasten, dass Mitarbeiter seine Weisungen ausgeführt haben.

Umstritten ist, ob auch eine mangelhafte Organisation und Überwachung der Mitarbeiter zu einer Verhaltenshaftung des Geschäftsführers führt. Dagegen wird einerseits vorgetragen, dass dessen Untätigkeit nicht unmittelbar kausal für die Entstehung der Gefährdung sei, andererseits ist es aber gerade die primäre Aufgabe des Geschäftsführers, den Geschäftsbetrieb so zu organisieren und zu überwachen, dass Gefahren vermieden werden.

Wenn ein Geschäftsführer in der besten Absicht, Gefahren zu verhindern, unzureichende Vorsichtsmaßnahmen anordnet, haftet er als Verhaltensstörer. Es kann ihn dann nicht entlasten, wenn er sich überhaupt nicht um die Gefahrenabwehr kümmert und sich nicht für die von dem Geschäftsbetrieb ausgehenden Umweltgefahren interessiert. Richtigerweise haftet der Geschäftsführer deshalb auch als Verhaltensstörer, wenn er seine Pflicht zur Organisation und Überwachung des Geschäftsbetriebes verletzt.

Beispiel: Unsachgemäße Lagerung
Auf dem Gelände der A-GmbH werden flüssige Gefahrstoffe gelagert. Um eine Umweltgefährdung zu vermeiden, ordnet der Geschäftsführer G an, dass diese nur in besonderen Tanks gelagert werden dürfen. Wie sich später herausstellt, waren diese Tanks für die konkreten Stoffe ungeeignet, es sind große Mengen Flüssigkeit ausgetreten, das Erdreich ist großflächig kontaminiert.

Lösung:
Die objektiv unzureichende Anweisung des G war für diesen Schaden bzw. die damit verbundene weitere Gefährdung kausal, er haftet als Verhaltensstörer.
Dasselbe gilt, wenn sich der G überhaupt nie um die Lagerung gekümmert hat: sein Verhalten (Unterlassen) hat den Schaden dann erst recht verursacht.

Der Geschäftsführer haftet deshalb auch bei Verletzung seiner Organisationspflicht als Verhaltensstörer.

7.2.1.3   Umweltstrafrecht (§§ 324 ff. StGB)

Umweltstrafrecht

Allgemein macht sich strafbar, wer die Umwelt vorsätzlich oder fahrlässig verunreinigt oder unerlaubt mit Gefahrgütern umgeht. Diese Grundregel wird in zahlreichen Einzelvorschriften konkretisiert:

- Gewässerverunreinigung (§ 324 StGB),
- Bodenverunreinigung (§ 324a StGB),
- Luftverunreinigung (§ 325 StGB),
- unerlaubter Umgang mit gefährlichen Abfällen (§ 326 StGB),
- unerlaubtes Betreiben von Anlagen (§ 327 StGB),

- unerlaubter Umgang mit radioaktiven Stoffen (§ 328 StGB),
- Gefährdung schutzbedürftiger Gebiete (§ 329 StGB).

7.3   Steuerrecht

Der Geschäftsführer hat nicht nur ganz erhebliche zivilrechtliche Haftungsrisiken, wenn die Gesellschaft ihre Steuerverbindlichkeiten nicht erfüllt, sondern auch strafrechtliche.

Neben der allgemein bekannten Steuerhinterziehung gibt es auch noch die Straftatbestände des Bannbruchs, der Steuerhehlerei sowie die Steuerordnungswidrigkeiten der Steuerverkürzung und der Steuergefährdung (§§ 370 ff. AO).

Wegen der Haftung des Geschäftsführers für Steuerverbindlichkeiten der Gesellschaft ausführlich s. Teil 2, Kap. 5.

Steuerstraftaten

7.4   Außenwirtschaft/Exportkontrolle

Wer Geschäfte mit Auslandsbezug betreibt, hat die Vorschriften des Außenwirtschaftsrechts zu beachten. Nach § 1 AWG ist der Waren-, Dienstleistungs- und sonstige Wirtschaftsverkehr mit fremden Wirtschaftsgebieten zwar grundsätzlich frei, unterliegt aber zahlreichen spezialgesetzlichen Einschränkungen. Die Fülle von Verordnungen, Übereinkommen, Durchführungsverordnungen, Anhängen und Listen ist ausgesprochen unübersichtlich, Verstöße sind in § 34 AWG aber mit empfindlichen Geld- bzw. Freiheitsstrafen bedroht, so dass jeder, der Geschäfte mit Auslandsbezug betreibt, sich entsprechend informieren und absichern muss. Dabei hilft u.a. das Bundesamt für Wirtschaft und Ausfuhrkontrolle (www.ausfuhrkontrolle.info).

Außenwirtschaftsverkehr

7.5   Antiterror-Verordnungen

Der weltweite Kampf gegen den Terrorismus ist zwar allgemein präsent, dem Einzelnen ist aber trotzdem meist nicht bewusst, dass sich daraus für ihn konkrete Handlungspflichten ergeben. So hat die Europäische Gemeinschaft auf der Grundlage von Resolutionen des UN-Sicherheitsrates bereits 2001 bzw. 2002 Verordnungen erlassen, die Geschäfte mit bestimmten verdächtigen Personen und Organisationen verbieten (Verordnung (EG) Nr. 2580/2001 und Verordnung (EG) Nr. 881/2002). Beide Verordnungen wurden zwischenzeitlich mehrfach geändert, entscheidend ist aber, dass es ein strafbarer Verstoß gegen das Außenwirtschaftsrecht wäre (Embargobruch), mit den

Personenbezogenes Embargo

gesperrten Personen und Organisationen Geschäfte zu betreiben. Die EU stellt dazu eine konsolidierte Liste zur Verfügung, auf der alle unzulässigen Geschäftspartner aufgeführt sind (http://ec.europa. eu/external_relations/cfsp/sanctions/list/consol-list.htm).

Die Kontrolle der eigenen Geschäftskontakte anhand dieser Liste ist in der Praxis aber ausgesprochen schwierig. Zum einen sind hier teilweise in der westlichen Welt relativ »normale« Namen aufgeführt, wie z. B. Richard Hove, Howard Taylor oder Friedrich Huber. Zum anderen ist aber gerade anhand der zahlreichen arabischen Namen wie z. B. Mostafa Ibrahim, Mohammat Hassan, Mohammed Hammid oder Abdullah Hammad nur schwer zu überprüfen, ob der Geschäftspartner zufällig gleich oder ähnlich heißt oder wirklich die gesperrte Person ist. Allerdings sind auch leicht identifizierbare Gesellschaften gelistet, die auf den ersten Blick nicht ohne weiteres verdächtig sind, so z. B. die SEPAH International Bank oder die Santa Cruz Imperial Airlines aus Dubai. Es ist eine der zahlreichen Aufgaben des Geschäftsführers, sicherzustellen, dass mit solchen Organisationen keine geschäftlichen Kontakte bestehen.

Bundesamt für Wirtschaft und Ausfuhrkontrolle (BAFA)

Auf staatlicher Seite ist für die Überwachung und Durchführung der Antiterrorverordnungen das Bundesamt für Wirtschaft und Ausfuhrkontrolle (BAFA) zuständig, das ein entsprechendes Merkblatt veröffentlicht hat (www.ausfuhrkontrolle.info). Das Embargo gegenüber den gelisteten Personen und Organisationen gilt aber länderunabhängig, d. h. der Gewerbetreibende bzw. die Geschäftführung ist verpflichtet, sogar jeden Geschäftsvorgang im Inland auf seine Vereinbarkeit mit den Antiterrorverordnungen bzw. den dazu veröffentlichten Listen zu prüfen. Verstöße gegen diese Verpflichtung spielen in der (Strafverfolgungs-)Praxis bislang aber noch keine nennenswerte Rolle, vermutlich auch, weil die gesperrten Personen und Organisationen nach ihrer Aufnahme in die Embargo-Listen unter geändertem Namen oder anderer Anschrift auftreten und die Kontrolle dadurch weiter erschweren.

8 Versicherung

Der GmbH-Geschäftsführer ist einer Vielzahl von Haftungsrisiken ausgesetzt. Sollte sich eines dieser Haftungsrisiken realisieren, ist oft die wirtschaftliche Existenz des Geschäftsführers bedroht. Der Geschäftsführer selbst hat daher ein besonderes Interesse daran, sich gegen diese Risiken zu versichern. Gleichermaßen hat die Gesellschaft selbst ein solches Interesse, weil sie im Falle der Versicherung einen potenten Schuldner hat, der eventuelle Haftungsansprüche auch befriedigen kann. Diesen Interessen kann dadurch Rechnung getragen werden, dass eine Haftpflichtversicherung abgeschlossen wird, nämlich eine sogenannte D&O-Versicherung (Directors and Officers Liability Insurance). Daneben besteht die Möglichkeit, den Geschäftsführer in die von der Gesellschaft abgeschlossene Betriebshaftpflichtversicherung aufzunehmen.

Versicherung gegen Haftungsrisiken

8.1 Vermögensschadenshaftpflichtversicherung (D&O-Versicherung)

Die Versicherung wird im Regelfall von der Gesellschaft als Versicherungsnehmerin abgeschlossen. Versicherte Personen sind die Mitglieder der Geschäftsführung und des Aufsichtsrats der Gesellschaft und ihrer Tochtergesellschaften.

Vermögensschäden

Versichertes Risiko ist die Inanspruchnahme der versicherten Personen durch die Versicherungsnehmerin oder Dritte für einen Vermögensschaden wegen bei Ausübung ihres Amtes begangener Pflichtverletzungen auf der Grundlage gesetzlicher Haftpflichtbestimmungen privatrechtlichen Inhalts.

Versichert sind nur Vermögensschäden, keine Personen- und Sachschäden und keine Schäden, die sich aus Sachschäden herleiten. Nicht versichert sind auch Ansprüche aus der Produkthaftpflicht und aus Ansprüchen im Zusammenhang mit Umweltschäden. Vom Versicherungsschutz ausgeschlossen ist – wie üblich – die Haftung für Vorsatz und wissentliche Pflichtverletzungen, nicht jedoch die Haftung für grob fahrlässiges Verhalten.

Soweit der Geschäftsführer selbst am Unternehmen beteiligt ist, bleibt die Quote des Haftpflichtanspruchs, die seiner Beteiligung entspricht, ungedeckt. Das bedeutet für den Gesellschafter-Geschäftsführer der Ein-Mann-GmbH, dass es praktisch keine Versicherungsmöglichkeit gibt.

Beispiel: Eigene Beteiligungsquote als Selbstbeteiligung
G ist Geschäftsführer der X-GmbH und zu 25% an dieser beteiligt. Haftet G einem Dritten in Höhe von 100 T€, tritt die Versicherung mit 75 T€ ein, die restlichen 25 T€ hat der G selbst zu tragen.

8.2   Versicherung gegen Sach- und Personenschäden

Personen- und Sachschäden

Eine D&O-Versicherung deckt nur Risiken aus Vermögensschäden, nicht aber aus Personen- und Sachschäden ab. Haftungsrisiken aus Personen- und Sachschäden, die der Geschäftsführer in dieser Eigenschaft (und nicht als Privatmann) verursacht hat, werden im Regelfall nicht von seiner privaten Haftpflichtversicherung gedeckt. Im Rahmen der von der Gesellschaft abgeschlossenen Betriebshaftpflichtversicherung ist es indessen möglich, den Geschäftsführer in den Versicherungsschutz derart einzubeziehen, dass die Betriebshaftpflichtversicherung auch für gegen den Geschäftsführer geltend gemachte Ansprüche wegen Personen- und Sachschäden bzw. Ansprüche aus Produkt- oder Umwelthaftung wegen Vermögensschäden eintritt.

Teil 2 Typische Fehler des Geschäftsführers in der Krise

1   Einleitung

In Teil 1 wurde dargestellt, dass der Geschäftsführer im laufenden Unternehmen einer Vielzahl von Haftungsrisiken ausgesetzt ist. Hierbei handelt es sich im Wesentlichen um Haftungsrisiken, die durch eine ordnungsgemäße kaufmännische Geschäftsführung vermieden werden können. Insoweit stellt sich die Problematik in der Krise der Gesellschaft anders dar:

In der Krise hat der Geschäftsführer eine Vielzahl von Pflichten zu erfüllen, die oft nicht bekannt sind und teilweise miteinander kollidieren. In dieser Situation kann der Geschäftsführer schwerwiegende Fehler begehen, die sich vermeiden lassen, wenn rechtzeitig das entsprechende Problembewusstsein geweckt wird. Dies ist Ziel der nachfolgenden Ausführungen. Dabei soll zunächst die Bedeutung der Krisenfrüherkennung (sowohl aus betriebswirtschaftlicher als auch aus rechtlicher Sicht) dargelegt werden; sodann werden die einzelnen typischen Haftungstatbestände erläutert. Zur Veranschaulichung werden jeweils praktische Beispiele aus der Rechtsprechung vorgestellt.

Ziel: Vermeidung der persönlichen Haftung

Die außerordentliche Relevanz der darzustellenden Haftungstatbestände ergibt sich daraus, dass die Zahl der Unternehmensinsolvenzen in Deutschland in den letzten Jahren ständig angestiegen ist (1991: 8.837; 1994: 18.824; 1998: 27.828; 2002: 27.700; 2004: 39.600); auch wenn aufgrund der derzeitigen gesamtwirtschaftlichen Entwicklung ein leichter Rückgang der Unternehmensinsolvenzen festzustellen ist (2005: 36.850; 2006: 31.300), bewegen sich die Zahlen weiter auf hohem Niveau. Seit vielen Jahren führen Unternehmen in der Rechtsform der GmbH oder GmbH & Co. KG die Liste der Unternehmensinsolvenzen an. Nach Angaben des statistischen Bundesamtes betrug die Zahl der Insolvenzen im Jahre 2001 von Unternehmen der Rechtsform der GmbH 17.857 und bei der GmbH & Co. KG 1.600 (bei 32.390 Unternehmensinsolvenzen insgesamt).

Diese Zahlen verdeutlichen: In der Praxis muss der Geschäftsführer immer damit rechnen, dass er mit einer zu erwartenden oder eingetretenen Krise umzugehen hat.

2   Krisenfrüherkennung

2.1   Begriff der Krise

Definition der Krise

Die Betriebswirtschaftslehre versteht den Begriff »Krise« als den Zustand eines Schuldners oder schuldnerischen Unternehmens, der seine Lebensfähigkeit in Frage stellt, d. h. seine Existenz bedroht, wobei der Begriff wesensbestimmend die Chance zur positiven Wende enthält.

Der rechtliche Krisenbegriff umfasst nicht nur Teile der betriebswirtschaftlichen Krise, sondern vor allem auch die insolvenzrechtliche Krise. Die insolvenzrechtliche Krise liegt vor, wenn ein Insolvenzgrund gegeben ist, wenn also Zahlungsunfähigkeit (§ 17 InsO), drohende Zahlungsunfähigkeit (§ 18 InsO) oder Überschuldung der GmbH vorliegt. Daneben wird der Begriff der Krise im Recht der eigenkapitalersetzenden Gesellschafterleistungen durch die Kreditunwürdigkeit des Unternehmens definiert; Kreditunwürdigkeit liegt dann vor, wenn eine Gesellschaft von dritter Seite keinen Kredit zu marktüblichen Bedingungen erhält und ohne Kapitalzufuhr liquidiert werden müsste. Schließlich ist Krise im strafrechtlichen Sinne nicht nur die insolvenzrechtliche Krise, sondern liegt bereits bei einer eingetretenen oder drohenden Unterkapitalisierung der GmbH vor.

2.2   Krisenursachen

Die Krise tritt in verschiedenen Bereichen auf

Die Ursachen für eine Krise des Unternehmens sind vielfältig; denkbar ist eine Unterteilung nach Bereichen:
- Beschaffungsrisiko (insbesondere Kostenentwicklung bei der Beschaffung knapper Ressourcen, Unterbrechung der Rohstoffversorgung, Probleme aus dem Umgang mit Lieferanten, unzureichende Optimierung der Beschaffungsdurchführung und Lagerhaltung).
- Produktionsrisiko (insbesondere Überalterung der Anlagen, Fehlinvestitionen, keine Berücksichtigung des technischen Fortschritts für den Produktionsprozess, unrationelle Fertigungsverfahren, mangelhafte Produktionseffizienz).

- Marktrisiko (insbesondere negative allgemeine Konjunkturlage, schlechte Entwicklung der Branche, Veränderung der gesetzlichen Rahmenbedingungen, Qualitätsmängel, mangelhafter Vertrieb).
- Organisation und Führung (insbesondere unzureichende Praxiserfahrung, mangelhafter Führungsstil, unterentwickeltes Rechnungswesen und Controlling).
- Personalrisiko (insbesondere ungünstige Lohn- und Gehaltsentwicklung, unqualifizierte und unmotivierte Mitarbeiter).
- Finanzwirtschaftliches Risiko (insbesondere hoher Verschuldungsgrad, steigende Zinsaufwendungen, Fehlinvestitionen im Finanzanlagevermögen).

Allgemein gesprochen ist das Unternehmen gefordert, sich vor dem Hintergrund eines sich dynamisch verändernden Umfelds im Markt zu behaupten. Den daraus resultierenden Anpassungsprozessen hat die Gesellschaft zu begegnen. Geschieht dies verspätet oder etwa überhaupt nicht, ist die Krise der Gesellschaft vorprogrammiert.

2.3   Bedeutung der Krisenfrüherkennung

2.3.1   Instrumentarien zur Krisenfrüherkennung

Ziel einer jeden Unternehmensstrategie ist grundsätzlich, den Bestand und die Profitabilität des Unternehmens zu erhalten. Unternehmenskrisen bedrohen die Existenz des Unternehmens. Das Nichterkennen oder verspätete Erkennen solcher Entwicklungen kann daher fatale Folgen haben. Oft sind lange Vorlaufzeiten für Reaktion und Abwehrstrategien erforderlich. Deshalb obliegen dem Geschäftsführer laufende Selbstprüfungspflichten sowie die Installation eines Frühwarnsystems. Die laufende Kontrolle hat insbesondere zu erfolgen durch

Installation eines Frühwarnsystems

- Finanzanalyse (laufender Vergleich der verschiedenen Positionen von Bilanz und Gewinn- und Verlustrechnung der letzten Rechnungsperioden untereinander sowie mit den durchschnittlichen Branchenvergleichsdaten),
- Analyse der leistungswirtschaftlichen Daten (Beschaffungs-, Produktions-, Absatz- und Logistikbereich),
- Unternehmensplanung (ständiger Soll/Ist-Vergleich auf Basis einer detaillierten Unternehmensplanung).

Die Krisenfrüherkennung ist zur Abwehr bestandsgefährdender Entwicklungen sowohl aus Sicht des Unternehmens als Gläubiger wichtig als auch aus Sicht des Unternehmens als Schuldner.

Tipp Je früher die Bekämpfung der Krise beginnt, desto größer sind die Erfolgsaussichten von Gegenmaßnahmen und – bei bereits fortgeschrittener Krise – die Wahrscheinlichkeit einer erfolgreichen Sanierung der Gesellschaft.

2.3.2 Bedeutung der Krisenfrüherkennung aus Sicht des Unternehmens als Gläubiger eines in der Krise befindlichen Unternehmens

Aus Sicht des Unternehmens als Gläubiger ist die Krisenfrüherkennung wichtig, damit

- Forderungsausfälle verhindert werden,
- die Materialversorgung bei der Insolvenz von Lieferanten sichergestellt werden kann,
- der eigene Vertrieb bei der Insolvenz wichtiger Kunden sichergestellt werden kann,
- eigene Forderungen rechtzeitig besichert werden können,
- die eigene Produktion aufrecht erhalten werden kann, wenn der Geschäftspartner im Besitz von Werkzeugen, Formen etc. ist,
- Eigentumsvorbehaltsware und Rechte gesichert werden.

Ziel: Insolvenzen von Geschäftspartnern vom eigenen Unternehmen fernhalten

Generell gilt, dass die Krisenfrüherkennung unter diesem Blickwinkel den Sinn hat, die Folgen der Insolvenz von Geschäftspartnern vom eigenen Unternehmen fernzuhalten. Das Problem liegt für die Lieferantengläubiger darin, dass ihnen – anders etwa als den Bankengläubigern – keine betriebsinternen Informationen vorliegen. Die Lieferantengläubiger müssen daher zur Ermittlung der wirtschaftlichen Situation ihres Geschäftspartners auf andere erkennbare Informationen ausweichen. Typische Krisenanzeichen sind

- Verzicht auf Skontoausnutzung bei vorheriger Skontoinanspruchnahme,
- Überschreitung vereinbarter Zahlungsziele,
- häufige Änderung der Zahlungsziele,
- Mahnungen werden nicht mit Zahlungen beantwortet,
- steigende Neigung zu Reklamationen,
- Stornierung von Aufträgen,
- Wunsch nach Ratenzahlungen,
- häufiger Wechsel der Lieferanten,
- Verkleinerung der Bestellmengen.

2.3.3 Bedeutung der Krisenfrüherkennung aus Sicht des Unternehmens als Schuldner

Aus Sicht des Unternehmens als Schuldner ist die Krisenfrüherkennung wichtig, damit

- bestandsgefährdende Entwicklungen erkannt und durch rechtzeitige Abwehrstrategien verhindert werden können,
- das Management die persönliche Haftung vermeiden kann, weil die Selbstprüfung und Sanierung zu den Pflichten der Geschäftsführung gehört.

Ziel: Entwicklungen von Abwehrstrategien und Vermeidung der persönlichen Haftung

Generell gilt, dass in der Krise des Unternehmens den Geschäftsführer eine Vielzahl von Pflichten treffen, deren Verletzung erhebliche persönliche Haftungsrisiken zivilrechtlicher, strafrechtlicher, steuerrechtlicher und sozialversicherungsrechtlicher Art begründen, welche bei richtigem Verhalten vermieden werden können. Darüber hinaus hat der Geschäftsführer die Verpflichtung, so früh wie möglich Gegenmaßnahmen zu entwickeln, insbesondere Restrukturierungs- und Sanierungskonzepte aufzustellen und umzusetzen.

Bedeutung der Krisenfrüherkennung:

Checkliste

✔ Die Krise stellt die Lebensfähigkeit des Unternehmens in Frage; sie liegt jedenfalls dann vor, wenn das Unternehmen kreditunwürdig ist.

✔ Die Krisenfrüherkennung hat durch Finanzanalyse, Analyse der leistungswirtschaftlichen Daten sowie durch seriöse Unternehmensplanung zu erfolgen.

✔ Aus Sicht des Unternehmens als Gläubiger gilt es, die Insolvenz von Vertragspartnern vom eigenen Unternehmen fernzuhalten.

✔ Aus Sicht des Unternehmens als Schuldner gilt es, bestandsgefährdende Entwicklungen rechtzeitig zu erkennen, um Abwehrstrategien entwickeln zu können.

✔ Geschäftsführer müssen persönliche Haftungsrisiken unbedingt vermeiden.

3   Insolvenzverschleppung

3.1   Gesetzliche Vorgabe

Antrag auf
Eröffnung des
Insolvenzverfahrens

Wenn eine Gesellschaft insolvent wird, hat der Geschäftsführer unverzüglich, spätestens aber innerhalb von drei Wochen, Antrag auf Eröffnung des Insolvenzverfahrens zu stellen (§ 64 Abs. 1 GmbHG). Daneben ist der Geschäftsführer der Gesellschaft zum Ersatz von Zahlungen verpflichtet, die nach Eintritt der Zahlungsunfähigkeit der Gesellschaft oder nach Feststellung ihrer Überschuldung geleistet werden (§ 64 Abs. 2 Satz 1 GmbHG). An die Verletzung der Insolvenzantragspflicht sind damit vielfältige zivilrechtliche und auch strafrechtliche Haftungsfolgen geknüpft. Es ist daher für den Geschäftsführer von außerordentlicher Bedeutung, das Vorliegen der Insolvenzgründe festzustellen und, sollte einer der Insolvenzgründe eingetreten sein, auf diese Situation richtig zu reagieren.

Tipp

Die kontinuierliche Kontrolle der Liquidität und Finanzsituation der Gesellschaft gehört zu den wichtigsten Pflichten des Geschäftsführers.

Beispiel: BGH, Urteil vom 20.02.1995, NJW-RR 1995, 669
Geschäftsführer G war seit dem 01.11.1988 als Geschäftsführer bei der X-GmbH angestellt. Nach einem am 02.03.1990 geschlossenen Anstellungsvertrag war das Dienstverhältnis ordentlich erstmals zum 31.12.1999 kündbar. Am 23.11.1990 kündigte die X-GmbH den Anstellungsvertrag fristlos; die Kündigung wurde damit begründet, dass der G die X-GmbH nicht rechtzeitig über den Verlust des gesamten Stammkapitals, der spätestens im Sommer 1990 eingetreten und erkennbar war, unterrichtet hatte. G hat sich damit verteidigt, dass die Buchhaltungsarbeiten nicht am Sitz der Gesellschaft ausgeführt wurden und es ihm daher nicht möglich war, die wirtschaftliche Lage der X-GmbH festzustellen. G hat daher Feststellung beantragt, dass das Anstellungsverhältnis durch die Kündigung nicht aufgelöst worden sei und Zahlung seiner vollen Bezüge nebst Zinsen verlangt.

Lösung:

Mit seinen Argumenten hat G keinen Erfolg. Wörtlich hat der BGH zu der Verpflichtung des Geschäftsführers Folgendes ausgeführt:

»1. Der Geschäftsführer einer GmbH hat in Erfüllung der ihm insbesondere durch das Gesetz (§§ 43 Abs. 1, 49 Abs. 3 GmbHG) vorgeschriebenen Pflichten, in Angelegenheiten der Gesellschaft die Sorgfalt eines ordentlichen Kaufmanns anzuwenden, die wirtschaftliche Lage des Unternehmens laufend zu beobachten und sich bei Anzeichen einer krisenhaften Entwicklung durch Aufstellung einer Zwischenbilanz oder eines Vermögensstatus einen Überblick über den Vermögensstand zu verschaffen. Denn nur dadurch kann er dem Gebot des § 49 Abs. 3 GmbHG und ggf. seiner Konkursantragspflicht (jetzt: Insolvenzantragspflicht) nach § 64 Abs. 1 GmbHG gerecht werden.

2. Um diese Aufgaben erfüllen zu können, muss der Geschäftsführer für eine Organisation sorgen, die ihm die dafür erforderliche Übersicht über die wirtschaftliche und finanzielle Situation der Gesellschaft jederzeit ermöglicht.«

3.2   Insolvenzgründe

3.2.1   Überblick

Insolvenzgründe, welche die Verpflichtung des Geschäftsführers zur Stellung des Insolvenzantrages auslösen, sind die Zahlungsunfähigkeit sowie die Überschuldung. Daneben hat der Geschäftsführer das Recht, nicht aber die Pflicht, bei drohender Zahlungsunfähigkeit den Insolvenzantrag zu stellen.

Zahlungsunfähigkeit, Überschuldung, drohende Zahlungsunfähigkeit

3.2.2   Zahlungsunfähigkeit
3.2.2.1   Definition

Zahlungsunfähigkeit liegt vor, wenn die Gesellschaft nicht in der Lage ist, ihre fälligen Zahlungspflichten zu erfüllen (§ 17 Abs. 2 Satz 1 InsO). Gem. § 17 Abs. 2 Satz 2 InsO ist Zahlungsunfähigkeit in der Regel gegeben, wenn der Schuldner seine Zahlungen eingestellt hat.

Beispiel: BGH, Urteil vom 25.10.2001, NJW 2002, 512

Der Kläger ist Insolvenzverwalter über das Vermögen der X-GmbH. Gegen diese beantragte die beklagte Krankenkasse K nach fruchtlosem Pfändungsversuch mit Schreiben vom 24.11.2000 die Eröffnung des Insolvenzverfahrens wegen Zahlungsunfähigkeit. Der Beitragsrückstand der X-GmbH belief sich zu diesem Zeitpunkt auf 85 T€. Eine weitere Krankenkasse beantragte am 13.12.2000 wegen eines Beitragsrückstands von fast 90 T€ gleichfalls die Eröffnung des Insolvenzverfahrens. Die beklag-

te K vereinbarte mit der X-GmbH am 14.12.2000, dass die X-GmbH sofort einen Betrag von 37 T€ zahlen und die Restschuld in monatlichen Raten abtragen sollte. Die Schuldnerin zahlte alsbald 37 T€ an die beklagte K. Diese nahm am 16.01.2001 ihren Antrag auf Eröffnung des Insolvenzverfahrens zurück. Am 01.01.2002 wurde aufgrund des Antrags der weiteren Krankenkasse das Insolvenzverfahren über das Vermögen der X-GmbH eröffnet. Der klagende Insolvenzverwalter verlangte im Wege der Anfechtung Rückzahlung folgender Beträge, welche die beklagte K von der X-GmbH erhalten hat: Die X-GmbH selbst zahlte unter anderem am 19.2.2001 6,5 T€ und am 13.3.2001 7 T€ an die beklagte K. Weitere 40 T€ zahlte ein Drittschuldner auf Grund einer Pfändungs- und Überweisungsverfügung der beklagten K in Raten vom 01.08. bis 25.09.2001. Die beklagte K verteidigt sich damit, dass sie nach Abschluss der Ratenzahlungsvereinbarung vom 14.12.2000 und der daraufhin erbrachten Zahlungen der X-GmbH davon ausgegangen sei, dass die X-GmbH ihre Zahlungsfähigkeit wiedergewonnen habe. Weitere Nachforschungen in dieser Richtung habe sie nicht anstellen können. Auch der Erfolg der Pfändung vom 10.07.2001 spreche nicht für eine Zahlungsunfähigkeit, sondern ergebe im Gegenteil, dass die X-GmbH noch über Außenstände verfügt habe.

Lösung:

Mit dieser Argumentation kann sich die K nicht durchsetzen. Der BGH hat dazu ausgeführt:

»Zahlungseinstellung ist dasjenige nach außen hervortretende Verhalten eines Schuldners, in dem sich typischerweise ausdrückt, dass er zahlungsunfähig, d. h. nicht in der Lage ist, seine fälligen, eingeforderten Zahlungsverpflichtungen im Wesentlichen zu erfüllen. Die Nichtzahlung gegenüber einem einzigen Gläubiger kann ausreichen, wenn dessen Forderung von erheblicher Höhe ist. Eine einmal nach außen hin in Erscheinung getretene Zahlungseinstellung wirkt grundsätzlich fort. Sie kann nur dadurch wieder beseitigt werden, dass die Zahlungen im Allgemeinen wieder aufgenommen werden Die Stundung von Forderungen genügt hierzu erst, wenn danach die geschuldeten Ratenzahlungen allgemein wieder aufgenommen werden. Allenfalls ein nicht wesentlicher Teil fälliger Forderungen darf unerfüllt bleiben.«

Zahlungsunfähigkeit und Zahlungsstockung Der Zustand der Zahlungsunfähigkeit ist abzugrenzen vom Zustand der Zahlungsstockung, also der bloß vorübergehenden Zahlungsschwierigkeit. Von Zahlungsstockungen spricht man, wenn nur kurzfristige Zahlungsengpässe auftreten. Werden aber erhebliche Geldschulden nicht erfüllt, so müssen konkrete Aussichten für eine baldige Beendigung dieses Engpasses aufgezeigt werden, um noch von einer Zahlungsstockung ausgehen zu können. Nach einer besonders strengen Rechtsprechung des Amtsgerichts Köln (Beschluss vom 09.06.1999, NZI 2000, 89) liegt die Zahlungsunfähigkeit in Abgrenzung von der Zahlungsstockung bereits dann vor, wenn das Unternehmen für einen Zeitraum von zwei Wochen nur 95% der fälligen Zahlungsverbindlichkeiten erfüllen kann, 5% der fälligen Verbindlichkeiten also nicht bedient werden können. Diese äußerst strenge Rechtsprechung wird von der weitaus überwiegenden Literatur nicht für praktikabel gehalten. Nach allgemeiner Ansicht ist die Zahlungsunfähigkeit aber in der Regel jedenfalls dann eingetreten, wenn die Gesellschaft über einen Zeitraum von drei Wochen 10% ihrer fälligen Verbindlichkeiten nicht erfüllen kann. Dies hat der Bundesgerichtshof in einer aktuellen Entscheidung erstmals bestätigt:

Beispiel: BGH, Urteil vom 24.05.2005, ZIP 2005, 1426

»1. Eine bloße Zahlungsstockung ist anzunehmen, wenn der Zeitraum nicht überschritten wird, den eine kreditwürdige Person benötigt, um sich die benötigten Mittel zu leihen. Dafür erscheinen drei Wochen erforderlich, aber auch ausreichend.

2. Beträgt eine innerhalb von drei Wochen nicht zu beseitigende Liquiditätslücke des Schuldners weniger als 10 % seiner fälligen Gesamtverbindlichkeiten, ist regelmäßig von Zahlungsfähigkeit auszugehen, es sei denn, es ist bereits absehbar, dass die Lücke demnächst mehr als 10 % erreichen wird.

3. Beträgt die Liquiditätslücke des Schuldners 10 % oder mehr, ist regelmäßig von Zahlungsunfähigkeit auszugehen, sofern nicht ausnahmsweise mit an Sicherheit grenzender Wahrscheinlichkeit zu erwarten ist, dass die Liquiditätslücke demnächst vollständig oder fast vollständig beseitigt werden wird und den Gläubigern ein Zuwarten nach den besonderen Umständen des Einzelfalls zuzumuten ist.«

Tipp

Eine Gesellschaft, die für einen Zeitraum von mehr als drei Wochen permanent nur weniger als 90% der fälligen Verbindlichkeiten bedienen kann, ist in aller Regel zahlungsunfähig.

3.2.2.2   Feststellung der Zahlungsunfähigkeit

Für den Geschäftsführer ist von besonderer Bedeutung, auf welche Art und Weise er den Eintritt der Zahlungsunfähigkeit feststellen kann. Das Gesetz schweigt zu dieser Frage. Es besteht aber Einigkeit darüber, dass der Geschäftsführer zu beständiger Selbstüberprüfung des Unternehmens gezwungen ist.

Pflicht zur beständigen Selbstüberprüfung

Checkliste

Folgende Indizien sprechen für eine bereits eingetretene Zahlungsunfähigkeit:

✔ sich häufende Mahnungen,

✔ Wechselproteste,

✔ gerichtliche Mahnbescheide,

✔ Versäumnisurteile,

✔ fruchtlos verlaufende Vollstreckungen,

✔ Kreditkündigungen durch Banken,

✔ Nichtzahlung von Mieten und Gehältern,

✔ Verkauf von betriebsnotwendigem Anlagevermögen.

Tipp

Der Geschäftsführer hat die Verpflichtung, sich laufend über den Zustand der Gesellschaft zu informieren. Für die Frage der Zahlungsfähigkeit der Gesellschaft bedeutet diese Verpflichtung, dass der Geschäftsführer fortlaufend Liquiditätspläne zu erstellen und fortzuschreiben hat.

Erstellung von Liquiditätsplänen

Je weiter die Krise voranschreitet, desto detaillierter und kurzfristiger müssen diese Liquiditätspläne aufgestellt werden; als Faustregel gilt, dass eine Liquiditätsplanung zumindest eine monatliche Entwicklung abzubilden hat, bei fortschreitender Krise sogar eine wöchentliche Entwicklung bis hin zur Tagesplanung.

Ergibt diese Planung nach der obigen Definition der Zahlungsunfähigkeit, dass sich für einen fortlaufenden Zeitraum von drei Wochen eine permanente Unterdeckung von mehr als 10 % aufbaut, ist der Insolvenzgrund der Zahlungsunfähigkeit eingetreten.

3.2.3   Überschuldung

3.2.3.1   Definition

Überschuldung liegt vor, wenn das Vermögen des Schuldners die bestehenden Verbindlichkeiten nicht mehr deckt (§ 19 Abs. 2 Satz 1 InsO).

3.2.3.2   Feststellung der Überschuldung

Erstellung von Vermögensstatus

Für den Geschäftsführer ist wiederum von außerordentlicher Bedeutung, auf welche Art und Weise er feststellen kann, ob die Gesellschaft überschuldet ist. Insoweit ist der Geschäftsführer verpflichtet, Aktiva und Passiva der Gesellschaft in einem Vermögensstatus (Überschuldungsstatus) gegenüberzustellen.

> **Tipp**
>
> In der Krise der Gesellschaft hat der Geschäftsführer die Verpflichtung, sich fortlaufend über die Vermögenssituation der Gesellschaft zu unterrichten. Zu diesem Zweck muss der Geschäftsführer einen Vermögensstatus erstellen und laufend fortschreiben.

Für die Aufstellung eines Überschuldungsstatus hat der Geschäftsführer spätestens dann Anlass, wenn die Gesellschaft in eine krisenhafte Entwicklung gerät; ein eindeutiges Warnsignal liegt jedenfalls dann vor, wenn die Handelsbilanz ein negatives Eigenkapital aufweist (nicht durch Eigenkapital gedeckter Fehlbetrag). **Wichtig ist: Für die Frage, ob unter insolvenzrechtlichen Gesichtspunkten die Überschuldung eingetreten ist, sind nicht die Buchwerte der Handelsbilanz maßgeblich, sondern Zeitwerte, also entweder Fortführungswerte (going-concern) oder Zerschlagungswerte (Liquidation).**

Ansatz von Zeitwerten im Vermögensstatus

Beispiel: BGH, Urteil vom 06.12.1993, ZIP 1994, 295:
»Die Überschuldungsbilanz dient der Feststellung, ob die Gläubiger der Gesellschaft (noch) aus dem am Stichtag verwertbaren Gesellschaftsvermögen befriedigt werden können, oder ob zur weiteren Vermeidung einer Verschlechterung der Befriedigungsaussichten umgehend die Durchführung eines Insolvenzverfahrens beantragt werden muss.«

Das bedeutet indessen nicht, dass die Handelsbilanz für die Frage der Überschuldung völlig unbeachtlich wäre. Der BGH misst der Handelsbilanz indizielle Bedeutung bei und geht davon aus, dass eine in der Jahresbilanz ausgewiesene (bilanzielle) Überschuldung Ausgangspunkt für die Prüfung des weiteren Wertes des Gesellschaftsvermögens ist. Insbesondere können stille Reserven eine buchmäßige Überschuldung neutralisieren. In einem Haftungsprozess ist es aber Sache des in Anspruch genommenen Geschäftsführers, darzulegen und zu beweisen, dass trotz einer aus der Handelsbilanz ersichtlichen Überschuldung tatsächlich keine Insolvenz vorgelegen hat.

Indizwirkung der Handelsbilanz

Muster einer Liquiditätsplanung

in T€	Jan 06	Feb 06	Mrz 06	Apr 06	Mai 06	Jun 06	Jul 06	Aug 06	Sep 06	Okt 06	Nov 06	Dez 06
Einnahmen aus Umsatz Großmaschinen												
Einnahmen aus sonstigen Erträgen/ Zinserträgen												
Einlagen												
Summe Einnahmen												
Auszahlungen für Material – Großanlagen												
Auszahlungen für Material – Übriges												
Auszahlungen Personalaufwand												
Auszahlungen sonstige betriebliche Aufwendungen												
Ausgaben aus Betriebsaufwand												
Zinsaufwendungen für langfristige Verbindlichkeiten												
Zinsaufwendungen für kurzfristige Verbindlichkeiten												
Zinsaufwand												
Darlehenstilgung X-Bank												
Darlehen Mietkauf/Finanzkauf KFZ												
Darlehenstilgung												
Sonstige Ausgaben												
Entnahmen												
Summe sonstige Ausgaben und Entnahmen												
Summe fälliger Ausgaben												
Saldo Mittelfluss												
Plan-Kontokorrent Ende Periode (Stand der Vorperiode: ./. 500)												
KK-Linie X-Bank												
KK-Über-/Unterdeckung												

Beispiel einer Liquiditätsplanung, die den Eintritt der Zahlungsunfähigkeit im Laufe des Geschäftsjahres ausweist

in T€	Jan 06	Feb 06	Mrz 06	Apr 06	Mai 06	Jun 06	Jul 06	Aug 06	Sep 06	Okt 06	Nov 06	Dez 06
Einnahmen aus Umsatz Großmaschinen	200	220	215	215	220	220	194	210	350	185	190	135
Einnahmen aus sonstigen Erträgen/ Zinserträgen	1	0	0	0	0	0	1	0	0	0	0	0
Einlagen	71	0	0	0	0	0	0	0	0	0	0	0
Summe Einnahmen	**272**	**220**	**215**	**215**	**220**	**220**	**195**	**210**	**350**	**185**	**190**	**135**
Auszahlungen für Material – Großanlagen	0	270	58	53	53	100	200	250	150	170	50	40
Auszahlungen für Material – Übriges	32	24	27	22	20	15	30	20	16	19	20	20
Auszahlungen Personalaufwand	60	60	60	60	60	60	60	66	60	60	60	66
Auszahlungen sonstige betriebliche Aufwendungen	34	30	22	23	22	20	22	18	18	18	26	19
Ausgaben aus Betriebsaufwand	**126**	**384**	**167**	**158**	**155**	**195**	**312**	**354**	**244**	**267**	**156**	**145**
Zinsaufwendungen für langfristige Verbindlichkeiten	2	2	2	2	2	2	2	2	2	2	2	2
Zinsaufwendungen für kurzfristige Verbindlichkeiten	0	0	0	15	0	0	0	22	0	0	0	0
Zinsaufwand	**2**	**2**	**2**	**17**	**2**	**2**	**2**	**24**	**2**	**2**	**2**	**2**
Darlehenstilgung X-Bank	3	3	3	3	3	3	3	3	3	3	3	3
Darlehen Mietkauf/Finanzkauf KFZ	1	1	1	1	1	1	1	1	1	1	1	1
Darlehenstilgung	**4**	**4**	**4**	**4**	**4**	**4**	**4**	**4**	**4**	**4**	**4**	**4**
Sonstige Ausgaben	2	2	2	2	2	2	2	2	2	2	2	2
Entnahmen	10	0	0	0	0	0	10	0	0	0	0	0
Summe sonstige Ausgaben und Entnahmen	**12**	**2**	**2**	**2**	**2**	**2**	**12**	**2**	**2**	**2**	**2**	**2**
Summe fälliger Ausgaben	**144**	**392**	**175**	**181**	**163**	**203**	**330**	**384**	**252**	**275**	**164**	**153**
Saldo Mittelfluss	**128**	**./.172**	**40**	**34**	**57**	**17**	**./.135**	**./.174**	**98**	**./.90**	**26**	**./.18**
Plan-Kontokorrent Ende Periode (Stand der Vorperiode: ./. 500)	**372**	**544**	**504**	**470**	**413**	**396**	**531**	**705**	**607**	**697**	**671**	**689**
KK-Linie X-Bank	**520**	**520**	**520**	**520**	**520**	**520**	**520**	**520**	**520**	**520**	**520**	**520**
KK -Über-/Unterdeckung	**148**	**./.24**	**16**	**50**	**107**	**124**	**./.11**	**./.195**	**./.87**	**./.77**	**./.151**	**./.69**

Aus dieser Liquiditätsplanung ist ersichtlich, dass die Zahlungsunfähigkeit im August 06 eintritt. Zwar weisen die Monate Februar 06 und Juli 06 bereits eine Unterdeckung aus; diese Unterdeckung liegt jedoch deutlich unterhalb von 10 % der fälligen Verbindlichkeiten (Februar 06: 6,12 % der gesamten fälligen Verbindlichkeiten, Juli 06: 3,43 % der gesamten fälligen Verbindlichkeiten). Damit ist für diese Monate nur von einer Zahlungsstockung auszugehen. Im Monat August 06 beläuft sich die Unterdeckung bereits auf 50,78 % der fälligen Verbindlichkeiten; diese Quote verbessert sich nicht entscheidend (September: 34,52 %, Oktober: 64,36 %, November: 92,07 %, Dezember: 110,45 %) mit der Folge, dass im August 06 vom Eintritt der Zahlungsunfähigkeit des Unternehmens auszugehen ist.

Beispiel: LG München I, Urteil vom 22.09.1999, BB 2000, 428

Der klagende Lieferant L nimmt den Geschäftsführer G der X-GmbH wegen verspäteter Insolvenzantragstellung in Anspruch. Die Bilanz der X-GmbH wies bereits zum 21.12.1999 einen Fehlbetrag von 40 T€ aus; die erste Bestellung bei L und dessen nachfolgende Lieferung datiert aus dem Jahr 2001.

Der G verteidigt sich pauschal damit, dass die X-GmbH nicht überschuldet gewesen sei, weil es stille Reserven gegeben habe. Konkreten Sachvortrag dazu, wie sich diese stillen Reserven zusammensetzen sollen, hält der G nicht.

Lösung:

Mit seinem Vorbringen hat G keinen Erfolg. Er wird zur Zahlung verurteilt. Das LG München I hat dazu ausgeführt, dass bei Vorliegen einer bilanziellen Überschuldung der in Anspruch genommene Geschäftsführer substantiiert darzulegen hat, aufgrund welcher stillen Reserven die materielle Überschuldung entfällt.

Die oftmals entscheidende Frage lautet, ob im Überschuldungsstatus auf der Aktiv-Seite Fortführungswerte angesetzt werden dürfen oder Liquidationswerte angesetzt werden müssen. Die Beantwortung dieser Frage hängt ab von der Fortbestehensprognose.

3.2.3.3   Die Fortbestehensprognose

Going-Concern oder Liquidation?

Die Ermittlung der Zeitwerte für die Einzelwirtschaftsgüter (Fortführungswerte oder Liquidationswerte) hängt ab von der für das Unternehmen zu erstellenden Fortbestehensprognose: Ist die Prognose für die Fortführung des Unternehmens positiv, also dessen Fortbestand überwiegend wahrscheinlich, darf der Geschäftsführer im Überschuldungsstatus Fortführungswerte ansetzen; ist die Prognose für den Fortbestand des Unternehmens negativ, also die Fortführung weniger wahrscheinlich als seine Zerschlagung, muss der Geschäftsführer Liquidationswerte ansetzen.

Damit stellt sich die nächste Frage, wann die Fortführungsprognose positiv ist. Dies ist dann der Fall, wenn die Finanzierung des Unternehmens für einen längerfristigen Zeitraum sichergestellt ist.

Tipp

Die Fortbestehensprognose ist eine Zahlungsfähigkeitsprognose, die eine nach betriebswirtschaftlichen Grundsätzen durchzuführende Ertrags- und Finanzplanung voraussetzt und in drei Stufen aufzustellen ist.

Die drei Schritte der Zahlungsfähigkeitsprognose lauten wie folgt:
1. Zunächst ist ein aussagekräftiges und plausibles Unternehmenskonzept zu erstellen.
2. Sodann ist auf Grundlage dieses Unternehmenskonzepts ein Finanzplan aufzustellen.
3. Die Fortbestehensprognose ist sodann aus dem Ergebnis des Finanzplans abzuleiten.

Aufstellung der Zahlungsfähigkeitsprognose

Der BGH stellt darauf ab, ob die Finanzkraft des Unternehmens objektiv mit überwiegender Wahrscheinlichkeit zur Fortführung des Unternehmens ausreicht. Ein konkreter Zeitraum wird von der Rechtsprechung nicht vorgegeben. Nach herrschender Meinung in der Literatur ist auf das laufende und das folgende Geschäftsjahr abzustellen. Die Fortführung des Unternehmens ist also nur dann überwiegend wahrscheinlich, wenn die Finanzierung des Unternehmens für das laufende und das folgende Geschäftsjahr sichergestellt (so die strenge Auffassung) oder wenigstens überwiegend wahrscheinlich ist (so die weniger strenge Auffassung).

Die Darlegungs- und Beweislast für die positive Fortführungsprognose hat im Streitfall der Geschäftsführer. Wenn der Beweis nicht gelingt, sind Liquidationswerte anzusetzen. Der BGH (Beschluss vom 09.10.2006, ZIP 2006, 2171) hat zu dieser Frage wörtlich ausgeführt: »Aus dem Aufbau der Norm des § 19 Abs. 2 InsO folgt ohne weiteres, dass die Überschuldungsprüfung nach Liquidationswerten in Satz 1 den Regelfall und die nach Fortführungswerten in Satz 2, der eine positive Fortbestehensprognose voraussetzt, den Ausnahmefall darstellt. Im Haftungsprozess wegen Insolvenzverschleppung nach § 64 Abs. 2 GmbHG hat die Geschäftsleitung daher die Umstände darzulegen und notfalls zu beweisen, aus denen sich eine günstige Prognose für den fraglichen Zeitraum ergibt.«

Darlegungs- und Beweislast

3.2.3.4 Ansatz und Bewertung im Überschuldungsstatus

Ist die Fortführungsprognose positiv, schließt dieses Ergebnis eine Überschuldung der Gesellschaft keineswegs immer aus. Die positive Fortführungsprognose berechtigt den Geschäftsführer nur, im Rahmen der Bewertung der Aktiva von Going-concern-Werten auszugehen.

Auf der Aktivseite sind sämtliche Vermögenswerte anzusetzen, die im Fall eines eröffneten Insolvenzverfahrens zu den verwertbaren Massebestandteilen gehören. Sicherungsrechte sind von den Aktiva nicht abzuziehen, da die diesen zugrunde liegenden Verbindlichkeiten bereits als Passiva bilanziert werden. Zu den anzusetzenden Vermögenswerten zählen:

● **Immaterielle Vermögensgegenstände**
Zu den aktivierbaren sonstigen immateriellen Vermögensgegen-
ständen gehören alle nachweislich verwertbaren Gegenstände,
also Patente, Lizenzen, Markenrechte, Konzessionen etc.

● **Sachanlagen**
Bei positiver Fortführungsprognose sind die Sachanlagen zu
Fortführungswerten, also Going-concern zu bewerten.

● **Finanzanlagen**
Ansprüche aus Positionen des Finanzanlagevermögens sind
grundsätzlich mit dem vollen Wert in den Überschuldungsstatus
einzustellen.

● **Roh-, Hilfs- und Betriebsstoffe**
Grundsätzlich sind Roh-, Hilfs- und Betriebsstoffe mit dem erziel-
baren Marktpreis zu aktivieren.

● **Forderungen aus Lieferungen und Leistungen**
Forderungen aus Lieferungen und Leistungen sind grundsätzlich mit den Buchwerten in den Überschuldungsstatus einzustellen, wenn sie vollwertig und durchsetzbar sind.

● **Ansprüche gegen Geschäftsführer und Gesellschafter**
Ansprüche gegen Geschäftsführer und Gesellschafter sind im
Überschuldungsstatus zu bewerten und grundsätzlich zu akti-
vieren.

● **Patronatserklärungen**
Aktivierbar im Überschuldungsstatus sind auch harte Patronatserklärungen einer Muttergesellschaft.

● **Geschäfts- oder Firmenwert als anzusetzender Vermögens-
wert?**
Ob der Geschäfts- oder Firmenwert im Überschuldungsstatus
berücksichtigt werden darf, ist streitig. Fest steht, dass die handelsrechtlichen Grundsätze für den Überschuldungsstatus nicht
gelten. Vertreten wird, dass eine positive Marktbeurteilung vorliegen muss, sowie die Auffassung, dass ein Ertragswertverfah-
ren zu einem eigenständigen und selbständig verwertbaren Firmenwert gelangen muss. Eine Aktivierung des Geschäfts- oder
Firmenwerts wird sich jedenfalls nur dann rechtfertigen lassen,
wenn er für die Gläubiger eine greifbare Werthaltigkeit darstellt.

Grundsätzlich gilt: Sämtliche Vermögenswerte sind in Höhe des Betrages zu aktivieren, der nach den gegenwärtigen Umständen erziel-
bar erscheint.

Auf der Passivseite des Überschuldungsstatus gibt es zu berücksichtigen:

- Alle **gegenwärtig bestehenden Verbindlichkeiten,** die für den Fall der Eröffnung eines Insolvenzverfahrens aus der Insolvenzmasse zu befriedigen wären. Es kommen daher auch nicht fällige oder gestundete Verbindlichkeiten in Ansatz. Zu passivieren sind Verbindlichkeiten gegenüber Gesellschaftern, sofern diese nicht mit einer Rangrücktrittserklärung versehen sind (vgl. dazu im Einzelnen Kap. 7.5).

- **Verbindlichkeiten aus schwebenden Verträgen** sind grundsätzlich zu passivieren, ebenso Rückstellungen für drohende Verluste und ungewisse Verbindlichkeiten, wenn ernsthaft mit einer Inanspruchnahme zu rechnen ist.

- Zu passivieren sind auch **Regressansprüche,** die dem Sicherheitengeber im Falle der Inanspruchnahme der bestellten Sicherheit (insbesondere Bürgschaft und Grundschuld) gegen die Gesellschaft zustehen.

- Außer Betracht bleiben lediglich künftige, durch das **Insolvenzverfahren ausgelöste Verbindlichkeiten.** Außer Ansatz bleibt daneben insbesondere das Eigenkapital/Stammkapital; insoweit handelt es sich nicht um »echte« Verbindlichkeiten der Gesellschaft, sondern um Haftkapital, das i.d.R. vor allem bei der Überschuldung verloren ist.

- Fraglich ist die Behandlung von **streitigen Verbindlichkeiten,** insbesondere dann, wenn die streitige Verbindlichkeit die Überschuldung begründen würde. Hier gilt nach richtiger Auffassung Folgendes: Grundsätzlich sind sämtliche Verbindlichkeiten, gleichgültig ob bestritten oder unbestritten, zu passivieren. Eine Ausnahme ist nur anzuerkennen, wenn die bestrittene Forderung noch der Klärung in einem gerichtlichen Prozessverfahren bedarf oder über sie noch nicht rechtskräftig entschieden worden ist.

Ansatz sämtlicher bestehender Verbindlichkeiten

Beispiel:

Die Darstellung eines Überschuldungsstatus sowohl unter Liquidationsgesichtspunkten als auch unter Fortführungsgesichtspunkten im Vergleich zur Handelsbilanz wird wie folgt dargestellt:

Beispiel einer Handelsbilanz

Aktiva	in T€	Passiva	in T€
A. Anlagevermögen		**A. Eigenkapital**	
I. Immaterielle Vermögensgegenstände		I. Gezeichnetes Kapital	100
1. Konzessionen, gewerbliche Schutzrechte und ähnliche Rechte und Werte sowie Lizenzen an solchen Rechten und Werten	1	II. Gewinnvortrag	50
		III. Jahresfehlbetrag	40
II. Sachanlagen		Buchmäßiges Eigenkapital	110
1. Grundstücke, grundstücksgleiche Rechte und Bauten einschließlich der Bauten auf fremden Grundstücken	500	**B. Rückstellungen**	
		1. Steuerrückstellungen	0
2. Technische Anlagen und Maschinen	250	2. Sonstige Rückstellungen	100
3. Andere Anlagen, Betriebs- und Geschäfts- ausstattung	150	**C. Verbindlichkeiten**	
		1. Verbindlichkeiten gegenüber Kreditinstituten	950
III. Finanzanlagen		– davon mit einer Restlaufzeit bis zum einem Jahr 620 T€	
1. Beteiligungen	25	– davon mit einer Restlaufzeit von mehr als fünf	
B. Umlaufvermögen		Jahren 330 T€	
I. Vorräte		2. Erhaltene Anzahlungen auf Bestellungen	190
1. Roh-, Hilfs- und Betriebsstoffe	50	– davon mit einer Restlaufzeit bis zu einem Jahr 100 T€	
2. In Arbeit befindliche Aufträge	120		
3. Fertige Erzeugnisse und Waren	270	3. Verbindlichkeiten aus Lieferungen und Leistungen	240
II. Forderungen und sonstige Vermögensgegenstände		– davon mit einer Restlaufzeit bis zu einem Jahr 250 T€	
1. Forderungen aus Lieferungen und Leistungen	350	4. Sonstige Verbindlichkeiten	192
2. Sonstige Vermögensgegenstände – davon gegen Gesellschafter 15 T€	25	– davon aus Steuern 70 T€	
		– davon im Rahmen der sozialen Sicherheit 30 T€	
III. Kassenbestand, Bundesbankguthaben, Guthaben bei Kreditinstituten und Schecks	30	– davon mit einer Restlaufzeit bis zu einem Jahr 150 T€	
C. Rechnungsabgrenzungsposten – davon Disagio 11 T€	11	– davon mit einer Restlaufzeit von mehr als fünf Jahren 50 T€	
D. Sonstige Aktiva	1	5. Sonstige Passiva	1
Bilanzsumme	**1.783**	**Bilanzsumme**	**1.783**

Aktiva	in T€	Passiva	in T€
A. Anlagevermögen		**B. Rückstellungen**	
I. Immaterielle Vermögensgegenstände		2. Sonstige Rückstellungen	100
1. Konzessionen, gewerbliche Schutzrechte und ähnliche Rechte und Werte sowie Lizenzen an solchen Rechten und Werten	1	**C. Verbindlichkeiten** 1. Verbindlichkeiten gegenüber Kreditinstituten	950
II. Sachanlagen		2. Erhaltene Anzahlungen auf Bestellungen	190
1. Grundstücke, grundstücksgleiche Rechte und Bauten einschließlich der Bauten auf fremden Grundstücken	600	3. Verbindlichkeiten aus Lieferungen und Leistungen 4. Sonstige Verbindlichkeiten	240 192
2. Technische Anlagen und Maschinen	300	Sonstige Passiva	1
3. Andere Anlagen, Betriebs- und Geschäftsausstattung	150		
III. Finanzanlagen			
1. Beteiligungen	25		
B. Umlaufvermögen			
I. Vorräte			
1. Roh-, Hilfs- und Betriebsstoffe	50		
2. In Arbeit befindliche Aufträge	120		
3. Fertige Erzeugnisse und Waren	270		
II. Forderungen und sonstige Vermögensgegenstände			
1. Forderungen aus Lieferungen und Leistungen	350		
2. Sonstige Vermögensgegenstände	25		
III. Kassenbestand, Bundesbankguthaben, Guthaben bei Kreditinstituten und Schecks	30		
C. Rechnungsabgrenzungsposten	11		
D. Sonstige Aktiva	1		
Summe	**1.933**		**1.673**
Überdeckung +/Unterdeckung ./.	**+ 260**		

Auf der Aktivseite können die im Grundstück ruhenden stillen Reserven i.H.v. 100 T€ aufgedeckt werden, ebenso die stillen Reserven in den technischen Anlagen und Maschinen i.H.v. 50 T€. Auf der Passivseite sind die tatsächlichen Verbindlichkeiten aufzuführen. Das Unternehmen ist im Beispielsfall nicht überschuldet; das Vermögen übersteigt die Verbindlichkeiten um 260 T€.

Überschuldungsstatus unter Zerschlagungsgesichtspunkten

Aktiva	in T€	Passiva	in T€
A. Anlagevermögen		**B. Rückstellungen**	
I. Immaterielle Vermögensgegenstände		2. Sonstige Rückstellungen	100
1. Konzessionen, gewerbliche Schutzrechte und ähnliche Rechte und Werte sowie Lizenzen an solchen Rechten und Werten	1	**C. Verbindlichkeiten**	
		1. Verbindlichkeiten gegenüber Kreditinstituten	950
II. Sachanlagen		2. Erhaltene Anzahlungen auf Bestellungen	190
1. Grundstücke, grundstücksgleiche Rechte und Bauten einschließlich der Bauten auf fremden Grundstücken	600	3. Verbindlichkeiten aus Lieferungen und Leistungen	240
		4. Sonstige Verbindlichkeiten	192
2. Technische Anlagen und Maschinen	200	Sonstige Passiva	1
3. Andere Anlagen, Betriebs- und Geschäftsausstattung	75		
III. Finanzanlagen			
1. Beteiligungen			
B. Umlaufvermögen			
I. Vorräte			
1. Roh-, Hilfs- und Betriebsstoffe	25		
2. In Arbeit befindliche Aufträge	60		
3. Fertige Erzeugnisse und Waren	135		
II. Forderungen und sonstige Vermögensgegenstände			
1. Forderungen aus Lieferungen und Leistungen	250		
2. Sonstige Vermögensgegenstände	10		
III. Kassenbestand, Bundesbankguthaben, Guthaben bei Kreditinstituten und Schecks	30		
C. Rechnungsabgrenzungsposten	11		
D. Sonstige Aktiva	1		
Summe	**1.398**		**1.673**
Überdeckung +/Unterdeckung ./.	**./. 275**		

Auf der Aktivseite können zwar die im Grundstück ruhenden stillen Reserven i.H.v. 100 T€ aufgedeckt werden; es wird für den Beispielsfall unterstellt, dass das Grundstück voll werthaltig ist. Unter Zerschlagungsgesichtspunkten ist aber in der Regel davon auszugehen, dass das bewegliche Anlage- und Umlaufvermögen erhebliche Wertabschläge erfährt: Maschinen können nur zu Schleuderpreisen veräußert werden, Aufträge können nicht mehr erfüllt werden, Forderungen aus Lieferungen und Leistungen sind nicht mehr vollständig durchsetzbar, fertige Erzeugnisse und Waren können nicht mehr zu den geplanten Preisen abgesetzt werden. Das Unternehmen ist im Beispielsfall damit i.H.v. 275 T€ überschuldet.

3.2.4 Drohende Zahlungsunfähigkeit
3.2.4.1 Definition

Die Gesellschaft droht zahlungsunfähig zu werden, wenn sie voraussichtlich nicht in der Lage sein wird, ihre bestehenden Zahlungsverpflichtungen im Zeitpunkt der Fälligkeit zu erfüllen (§ 18 Abs. 2 InsO).

3.2.4.2 Rechtliche Bedeutung und Konsequenzen

Der Insolvenzgrund der drohenden Zahlungsunfähigkeit wurde vom Gesetzgeber in die Insolvenzordnung aufgenommen, um sanierungsfähigen Unternehmen, bei denen sich die Zahlungsunfähigkeit bereits abzeichnet, die Möglichkeit zu geben, möglichst frühzeitig Antrag auf Eröffnung des Insolvenzverfahrens zu stellen, um das Unternehmen sodann durch ein Insolvenzverfahren zu sanieren. Eine Verpflichtung des Geschäftsführers, bei drohender Zahlungsunfähigkeit Antrag auf Eröffnung des Insolvenzverfahrens zu stellen, gibt es indessen nicht; es handelt sich lediglich um ein Recht.

Frühzeitige Insolvenzantragstellung zum Zwecke der Sanierung

> **Tipp**
>
> Nachdem die rechtzeitige Verfahrenseröffnung eine optimale Befriedigungsquote gewährleistet oder sogar eine aussichtsreiche Sanierung durch einen Insolvenzplan ermöglicht, hat der Gesetzgeber der Insolvenzordnung den Insolvenzgrund der »drohenden Zahlungsunfähigkeit« eingeführt.

Der Schuldner droht danach zahlungsunfähig zu werden, wenn er voraussichtlich nicht in der Lage sein wird, die bestehenden Zahlungspflichten im Zeitpunkt der Fälligkeit zu erfüllen (§ 18 Abs. 2 InsO). Offen gelassen hat der Gesetzgeber dabei die Frage, wie der Prognosezeitraum zu bemessen ist. Diskutiert werden Zeiträume, die vom Ende des folgenden Geschäftsjahres ausgehen bis zu drei Jahren. Die ganz überwiegende Meinung in der Literatur gründet indessen darauf, dass für die Feststellung der drohenden Zahlungsunfähigkeit auf den Planungszeitraum vom laufenden Geschäftsjahr bis zum nachfolgenden Geschäftsjahr abgestellt werden kann. Wenn aufgrund einer solchen Planung in diesem Zeitraum die Zahlungsunfähigkeit voraussichtlich eintreten wird, ist der Insolvenzgrund der drohenden Zahlungsunfähigkeit eingetreten.

Prognosezeitraum

Grundsätzlich können bei Vorliegen der Insolvenzgründe auch die Gläubiger des Unternehmens Antrag auf Eröffnung des Insolvenzverfahrens stellen (§ 14 InsO); Voraussetzung ist, dass der Gläubiger seine Forderung glaubhaft macht, sowie das Vorliegen des Eröffnungsgrundes. Dies gilt indessen nicht für den Insolvenzgrund der drohenden Zahlungsunfähigkeit. Nachdem an die drohende Zahlungsunfähigkeit keine Antragsverpflichtung geknüpft ist, sondern lediglich das Recht des Schuldners auf Antragstellung zur Ermöglichung der frühzeitigen Ergreifung einer Sanierungschance besteht, gibt der Insolvenzgrund der drohenden Zahlungsunfähigkeit nur dem Schuldner das Recht auf die Stellung des Insolvenzantrages.

Mit dem in § 18 InsO statuierten Antragsrecht korreliert die Verpflichtung des Geschäftsführers, die Gesellschafter auf diese Form der Unternehmenssanierung hinzuweisen. Der Vorteil der frühzeitigen Antragstellung liegt insbesondere darin, dass nach Antragstellung und Einsetzung eines vorläufigen Insolvenzverwalters in der Regel, jedenfalls nach Eröffnung des Insolvenzverfahrens, die Gläubiger der Gesellschaft nicht mehr in das Gesellschaftsvermögen vollstrecken können. Eine Verletzung dieser Hinweispflicht kann zu einer Haftung des Geschäftsführers nach § 43 Abs. 2 GmbHG führen.

3.2.5   Dokumentation der Kontrolle von Liquiditäts- und Vermögenssituation

Dem Gesetz kann eine Verpflichtung des Geschäftsführers, die Erstellung des Liquiditätsplans bzw. die Erstellung des Überschuldungsstatus zu dokumentieren, nicht entnommen werden. In der Praxis ist es jedoch unabdingbar, dass diese Kontrollvorgänge schriftlich dokumentiert werden.

Tipp

> Der Geschäftsführer hat die Erstellung von Liquiditätsplan und Überschuldungsstatus sowie die Entwicklung der Fortführungsprognose schriftlich zu dokumentieren.

Zivil- und strafrechtliche Entlastung

Dies findet seine Begründung darin, dass die nicht belegbare Behauptung, man habe »im stillen Kämmerlein« die Überschuldung bzw. Zahlungsunfähigkeit geprüft und die Fortbestehensprognose im positive Sinne bejaht, in einem etwaigen Haftungs- oder Strafprozess kaum ausreichen wird, den Vorwurf der Insolvenzverschleppung zu entkräften.

Angesichts der aufgezeigten besonderen Schwierigkeiten bei der Feststellung der Insolvenzgründe ist es für den Geschäftsführer ratsam, sachkundigen Rat einzuholen.

3.3 Pflichten des Geschäftsführers bei Eintritt eines Insolvenzgrundes

Sobald Zahlungsunfähigkeit und/oder Überschuldung eingetreten sind, hat der Geschäftsführer unverzüglich, spätestens aber innerhalb von drei Wochen Antrag auf Eröffnung des Insolvenzverfahrens zu stellen (§ 64 Abs. 1 GmbHG).

> **Tipp**
>
> Die Dreiwochenfrist zur Eröffnung des Insolvenzverfahrens gem. § 64 Abs. 1 GmbHG ist eine absolute Höchstfrist; sie kann insbesondere nicht durch Sanierungsverhandlungen verlängert werden, wie vielfach irrtümlich angenommen wird.

Dreiwochenfrist

Im Übrigen darf die Dreiwochenfrist des § 64 Abs. 1 GmbHG nur dann ausgenutzt werden, wenn aussichtsreiche Sanierungsverhandlungen geführt werden. Wenn bei Eintritt eines Insolvenzgrundes bereits feststeht, dass die Zahlungsunfähigkeit bzw. die Überschuldung nicht mehr durch geeignete Maßnahmen beseitigt werden können, darf die Frist nicht ausgeschöpft werden. In diesem Fall ist der Insolvenzantrag vielmehr unverzüglich zu stellen. Um den Druck auf die Verantwortlichen – und damit den Geschäftsführer – zu erhöhen, rechtzeitig den Insolvenzantrag zu stellen, bestimmt § 26 Abs. 3 InsO, dass derjenige, der zur Eröffnung des Insolvenzverfahrens einen Vorschuss geleistet hat, die Erstattung dieses Vorschusses vom Geschäftsführer verlangen kann.

Checkliste

Insolvenzgründe und deren Feststellung:

- ✔ Insolvenzgründe sind Zahlungsunfähigkeit, Überschuldung und drohende Zahlungsunfähigkeit.
- ✔ Die Zahlungsunfähigkeit wird durch die fortlaufende Erstellung von Liquiditätsplänen festgestellt.
- ✔ Die Zahlungsunfähigkeit ist im allgemeinen eingetreten, wenn das Unternehmen für einen Zeitraum von drei Wochen permanent weniger als 90 % seiner fälligen Verbindlichkeiten bedienen kann.
- ✔ Die Überschuldung wird durch die Erstellung und laufende Fortschreibung eines Überschuldungsstatus festgestellt.
- ✔ Die Überschuldung ist eingetreten, wenn die verwertbaren Vermögensgegenstände des Unternehmens die »echten Verbindlichkeiten« und Rückstellungen nicht mehr decken.
- ✔ Für die Bewertung der Aktiva kommt es nicht auf die Werte der Handelsbilanz an, sondern auf Zeitwerte.

- ✔ Ob im Überschuldungsstatus Fortführungswerte angesetzt werden dürfen oder Zerschlagungswerte angesetzt werden müssen, hängt von der Fortbestehensprognose ab.

- ✔ Ist die Fortbestehensprognose positiv, dürfen Fortführungswerte angesetzt werden; ist die Fortbestehensprognose negativ, müssen Zerschlagungswerte angesetzt werden.

- ✔ Die Fortbestehensprognose ist positiv, wenn sich dies aus einem Finanzplan ergibt, der aus einer seriösen Unternehmensplanung abgeleitet wurde.

- ✔ Der Geschäftsführer hat das Recht (nicht aber die Pflicht), bei drohender Zahlungsunfähigkeit den Antrag auf Eröffnung des Insolvenzverfahrens zu stellen.

- ✔ Drohende Zahlungsunfähigkeit liegt vor, wenn im laufenden oder im folgenden Geschäftsjahr die bestehenden Verbindlichkeiten bei Fälligkeit nicht mehr bedient werden können.

- ✔ Der Geschäftsführer hat die von ihm durchzuführenden Kontrollen nachvollziehbar zu dokumentieren.

Beispiel: OLG Brandenburg, Urteil vom 17.01.2002, ZIP 2003, 451

»§ 26 Abs. 3 InsO eröffnet einen Ersatzanspruch für den Fall, dass infolge der Verletzung der Pflicht zur Stellung des Eröffnungsantrages das Vermögen des Schuldners voraussichtlich nicht einmal ausreicht, die Kosten des Verfahrens zu decken, und deshalb ein zur Antragstellung Berechtigter einen zur Erreichung der Verfahrenseröffnung ausreichenden Vorschuss geleistet hat. Notwendige und hinreichende Voraussetzung ist demnach, dass der vorgeschossene Betrag gerade zur Deckung der andernfalls ungedeckten Verfahrenskosten erforderlich war und mit der Bestimmung der Deckung dieser Kosten überlassen worden ist.«

Die Pflicht zur Insolvenzantragstellung entfällt im Übrigen nicht dadurch, dass ein Gläubiger seinerseits einen Eröffnungsantrag gestellt hat, weil dieser seinen Antrag auch wieder zurücknehmen könnte.

Antragspflicht des faktischen Geschäftsführers

Die Verpflichtung zur Insolvenzantragstellung trifft nicht nur den zum Organ der Gesellschaft bestellten Geschäftsführer, der nominell im Handelsregister eingetragen ist, sondern auch den »faktischen Geschäftsführer«, der in Wahrheit die Geschäfte führt (siehe dazu im Einzelnen Teil 1, Kap. 5.9).

3.4   Zivilrechtliche Konsequenzen der verspäteten Insolvenzantragstellung

3.4.1   Überblick

Neben den strafrechtlichen Konsequenzen einer verspäteten Insolvenzantragstellung (dazu s. Kap. 3.5) hat die Verletzung der Insolvenzantragspflicht die Haftung des Geschäftsführers sowohl gegenüber der Gesellschaft als auch gegenüber den Gesellschaftern zur Folge.

3.4.2   Haftung gegenüber der Gesellschaft

Der Geschäftsführer ist der Gesellschaft zum Ersatz von Zahlungen verpflichtet, die nach Eintritt der Zahlungsunfähigkeit der Gesellschaft oder nach Feststellung ihrer Überschuldung geleistet werden (§ 64 Abs. 2 Satz 1 GmbHG). Die Begründung für diese Vorschrift findet sich darin, dass der Gesellschaft durch die nach Eintritt eines Insolvenzgrundes noch geleisteten Zahlungen ein Schaden entsteht, weil diese Beträge der Insolvenzmasse nicht mehr zur gleichmäßigen Verteilung an alle Gläubiger zur Verfügung stehen.

Nach allgemeiner Meinung erstreckt sich die Bestimmung des § 64 Abs. 2 GmbHG über den Wortlaut hinaus nicht nur auf Zahlungen, sondern auf sämtliche die Masse schmälernde Maßnahmen, also auch auf Dienstleistungen und Warenlieferungen durch die Gesellschaft; diese sind nach der Insolvenzeröffnung im Hinblick auf die gleichmäßige Befriedigung der Gläubiger nicht mehr zu erfüllen. Daneben gilt die Schadensersatzpflicht des Geschäftsführers nach der herrschenden Literaturmeinung auch für alle Geschäfte, die nach Eintritt der Insolvenzreife vorgenommen werden und die bei Neugeschäften Gläubigern, etwa Warenlieferanten, dadurch Schaden zufügen, dass die gelieferten Waren oder erbrachten Dienstleistungen von der Gesellschaft nicht mehr bezahlt werden können. Grund ist wiederum, dass das Vermögen der Gesellschaft in dem Stand zur Zeit der Insolvenzreife erhalten werden soll, damit die Gesellschaft von diesem Stand aus abgewickelt werden kann.

Erstattung sämtlicher die Masse schmälernder Maßnahmen

Beispiel: BGH, Urteil vom 29.11.1999, NJW 2000, 668:
Der Kläger ist Insolvenzverwalter in dem am 14.08.2000 eröffneten Insolvenzverfahren über das Vermögen der X-GmbH, deren geschäftsführender Mehrheitsgesellschafter der Beklagte G war. G reichte in der Zeit zwischen dem 27.11.1999 und dem 12.06.2000 acht Schecks von Kunden der X-GmbH in Höhe eines Gesamtbetrags von 68 T€ zur Gutschrift auf das debitorisch geführte Geschäftskonto der X-GmbH bei der Bank B. ein. Während dieses gesamten Zeitraums war die X-GmbH bereits insolvenzreif. Der G verteidigt sich damit, dass er deshalb nicht gem. § 64 Abs. 2

GmbHG auf Erstattung der Scheckbeträge hafte, weil mit der Einreichung von Kundenschecks auf ein debitorisches Konto der X-GmbH deren Vermögen nicht geschmälert, sondern ihr finanzielle Mittel zugeführt würden. Zwar werde durch den Scheckeinzug und die Gutschrift auf dem Konto der GmbH auch ihre Schuld gegenüber der Bank vermindert, was aber bei dem vorliegenden Kontokorrentkonto nur vorübergehend sei, weil die GmbH bzw. ihr Geschäftsführer sogleich wieder über den zugeflossenen Betrag im Rahmen des ihr eingeräumten Kreditlimits verfügen und damit zum Beispiel gem. § 64 Abs. 2 Satz 2 GmbHG mit der Sorgfalt eines ordentlichen Geschäftsmanns in Einklang stehende Zahlungen leisten können.

Lösung:

Mit dieser Argumentation hat G keinen Erfolg, er wird zur Zahlung verurteilt. Der BGH hat dazu Folgendes ausgeführt: »*Sinn und Zweck des mit der Ersatzpflicht des Geschäftsführers bewehrten Zahlungsverbots gem. § 64 Abs. 2 GmbHG ist es, die verteilungsfähige Vermögensmasse einer insolvenzreifen GmbH im Interesse der Gesamtheit ihrer Gläubiger zu erhalten und eine zu ihrem Nachteil gehende, bevorzugte Befriedigung einzelner Gläubiger zu verhindern. Diesem Normzweck wird die Ansicht des G nicht gerecht, weil der auf das debitorische Konto eingezogene Scheckbetrag aufgrund der Kontokorrentabrede mit dem Sollsaldo bzw. mit dem Kreditrückzahlungsanspruch der Bank verrechnet wird und damit im Ergebnis ebenso an einen Gläubiger, hier die Bank, gezahlt wird, wie in dem Fall, dass der Geschäftsführer mit dem von einem Schuldner der GmbH erhaltenen Barbetrag die Forderung eines ihrer Gläubiger begleicht. Da der Begriff der »Zahlungen« i.S. von § 64 Abs. 2 GmbHG – dem Zweck der Vorschrift entsprechend – weit auszulegen ist, besteht kein rechtserheblicher Unterschied zwischen diesen beiden Zahlungsvorgängen. In beiden Fällen wird der Insolvenzmasse zugunsten der Befriedigung eines Gläubigers ein Betrag entzogen, der anderenfalls zur (teilweisen) Befriedigung aller Insolvenzgläubiger zur Verfügung stünde.*«

Verschulden des Geschäftsführers wird vermutet

Hat der Geschäftsführer nach Insolvenzreife noch Zahlungen im Sinne des § 64 Abs. 2 GmbHG vorgenommen, so wird vermutet, dass dieses Fehlverhalten schuldhaft erfolgte. Es ist Sache des Geschäftsführers, diese Verschuldensvermutung zu widerlegen (s. Teil 1, Kap. 5.7.3). So haftet der Geschäftsführer nicht, wenn die Zahlung trotz Insolvenzreife mit der Sorgfalt eines ordentlichen Geschäftsmannes vereinbar ist (§ 64 Abs. 2 Satz 2 GmbHG).

Dies ist dann der Fall, wenn die Leistung entweder

• nicht zu einer Schmälerung der Insolvenzmasse geführt hat, oder

- erforderlich war, um den sofortigen Zusammenbruch der Gesellschaft zu verhindern (wie etwa Energiekosten und Telekommunikationsdienstleistungen), oder
- wenn der Leistung eine vollwertige Gegenleistung gegenüberstand, die aktuell zum Zeitpunkt der Leistung in das Gesellschaftsvermögen geflossen ist, oder
- wenn die Leistung auch von einem (vorläufigen) Insolvenzverwalter erbracht worden wäre oder
- zur Abführung der Arbeitnehmeranteile zur Sozialversicherung dient (dies gilt nach dem Beschluss des BGH vom 30.07.2003, NJW 2003, 3787 allerdings nicht während des Laufs der Dreiwochenfrist des § 64 Abs. 1 GmbHG; während dieser Zwischenphase rechtfertigt die Regelung des § 64 Abs. 2 Satz 1 GmbHG die Nichtabführung der Arbeitnehmeranteile, was im Umkehrschluss bedeutet, dass die während dieses Zeitraums dennoch geleistete Zahlung die Berufung des Geschäftsführers auf § 64 Abs. 2 Satz 2 GmbH ausschließt).

Tipp

Der Geschäftsführer darf nach Eintritt der Insolvenzreife nur noch Zahlungen leisten, die zu einem gleichwertigen Austausch von Vermögenswerten im unmittelbaren Leistungszusammenhang führen; daneben darf der Geschäftsführer Zahlungen leisten, die unabdingbar sind, um den Geschäftsbetrieb aufrechtzuerhalten und aussichtsreiche Sanierungsbemühungen innerhalb der Dreiwochenfrist überhaupt erst ermöglichen.

Zahlungen zur Aufrechnung des Geschäftsbetriebes

Aus diesem Grunde dürfen etwa Rechnungen von Telekommunikationsdienstleistern bezahlt werden, weil eine Sanierung des Unternehmens von vornherein zum Scheitern verurteilt wäre, würde das Telefon abgestellt werden; Gleiches gilt für Energiekosten u.Ä. Definitiv nicht bezahlt werden dürfen fällige Forderungen von Gläubigern, deren Waren längst an das Unternehmen ausgeliefert wurden.

Beispiel: OLG Schleswig, Urteil vom 10.04.2003 ZIP 2003, 856

Der Kläger, Insolvenzverwalter über das Vermögen der X-GmbH, nimmt den Geschäftsführer G in Anspruch. G hat nach Eintritt der Insolvenzreife Zahlungen an Lieferantengläubiger der X-GmbH in Höhe von 400 T€ vorgenommen. G verteidigt sich damit, dass mit der Bezahlung der Lieferantengläubiger nur fällige Forderungen beglichen worden seien und er deshalb nicht haften könne.

Lösung:

Mit dieser Argumentation dringt G nicht durch; er wird verurteilt. Das OLG Schleswig hat hierzu ausgeführt: »Mit der Sorgfalt eines ordentlichen Kaufmanns können zwar noch gewisse Auszahlungen der Gesellschaft verantwortet werden, etwa in dem Umfang, in dem auch ein vorläufiger Insolvenzverwalter gem. § 22 InsO verfahren darf, also Zahlungen, die etwa die Begleichung laufender Gehälter, von Strom- und Wasserrechnungen oder von Mietzinsverbindlichkeiten betreffen. Die bevorzugte Befriedigung eines Teils kleinerer Gesellschaftsgläubiger gehört hierzu aber eindeutig nicht.«

Anspruchsinhaber   Der Anspruch gemäß § 64 Abs. 2 Satz 1 GmbHG wird im eröffneten Insolvenzverfahren vom Insolvenzverwalter geltend gemacht. Nachdem es sich bei den dargestellten Zahlungen um typische Fehler des Geschäftsführers handelt, wird jeder sorgfältige Insolvenzverwalter den Zeitraum der Krise daraufhin untersuchen, ob solche Zahlungen vorliegen und, wenn dies der Fall ist, den Geschäftsführer in Anspruch nehmen (müssen). Sollte ein Insolvenzverfahren mangels Masse nicht eröffnet werden, kann der Anspruch der Gesellschaft gegen den Geschäftsführer von einem Gläubiger der Gesellschaft gepfändet und dann von diesem Gläubiger direkt gegen den Geschäftsführer verfolgt werden (s. Teil 1, Kap. 5.3.2.2).

Für den Geschäftsführer ist die Vorschrift des § 64 Abs. 2 GmbH damit außerordentlich gefährlich. Letztlich bedeutet die Bestimmung, dass jede Gläubigerbefriedigung in der Krise ein Haftungsrisiko auslöst; der Geschäftsführer muss in der Krise bei jeder Zahlung die Entscheidung treffen, ob die Zahlung noch mit der Sorgfalt eines ordentlichen Kaufmanns vereinbar ist. Ist die Entscheidung falsch, haftet er für die geleistete Zahlung.

3.4.3   Haftung gegenüber Dritten
3.4.3.1   Differenzierung zwischen Alt- und Neugläubigern

Gegenüber Dritten haftet der Geschäftsführer für die verspätete Insolvenzantragstellung ebenfalls. Insoweit ist zu differenzieren zwischen Altgläubigern und Neugläubigern.

3.4.3.2   Haftung gegenüber Altgläubigern

Haftung für den Quotenschaden   Altgläubiger sind diejenigen Gläubiger, die zum Zeitpunkt des Eintritts der Insolvenzreife bereits Forderungen gegen die Gesellschaft hatten, also zu einem Zeitpunkt Gläubiger geworden sind, zu dem das Unternehmen noch nicht insolvenzreif war. Gegenüber diesen Gläubigern haftet der Geschäftsführer für den sogenannten Quotenschaden. Das bedeutet, dass der Geschäftsführer den Gläubiger so stellen muss, wie er stünde, wenn der Insolvenzantrag rechtzeitig gestellt worden wäre. Wenn bei rechtzeitiger Insolvenzantragstellung die Insolvenzquote höher gewesen wäre, als sie bei der tatsächlichen Insolvenzantragstellung ist, stellt die Differenz den Quotenschaden dar.

Beispiel:
Eintritt der Insolvenzreife ist am 01.05. Die zuvor begründete Gläubigerforderung beläuft sich auf 100.000 €. Bei rechtzeitiger Insolvenzantragstellung hätte sich eine Insolvenzquote von 20 % ergeben, somit hätte der Gläubiger auf seine Forderung 20.000 € erhalten. Der Geschäftsführer verschleppt die Insolvenz und stellt den Antrag erst am 01.10. Nunmehr beläuft sich die Insolvenzquote nur noch auf 5 %; der Gläubiger erhält auf seine Forderung also nur 5.000 €.

Lösung:
Die Differenz von 15.000 € stellt den Quotenschaden dar, für den der Geschäftsführer persönlich haftet.

Im eröffneten Insolvenzverfahren werden diese Ansprüche gebündelt vom Insolvenzverwalter gegen den Geschäftsführer geltend gemacht. Wird das Insolvenzverfahren mangels Masse nicht eröffnet, hat jeder einzelne Gläubiger die Möglichkeit, den Anspruch gegenüber dem Geschäftsführer zu verfolgen. In diesem Fall beläuft sich die tatsächliche Insolvenzquote auf Null, so dass es für die Berechung des Quotenschadens »nur noch« der Darlegung der Insolvenzquote bedarf, die bei rechtzeitiger Antragstellung ausgeschüttet worden wäre. *(margin note: Anspruchsinhaber)*

In der Praxis liegt allerdings genau hier das Problem. Es ist nahezu unmöglich, den Quotenschaden zu berechnen, weil hierfür interne Informationen aus dem Unternehmen erforderlich sind, die sich ein Gläubiger kaum wird beschaffen können. Abhilfe kann hier ggf. ein Einblick in die Insolvenzakte schaffen; wegen der praktischen Schwierigkeiten sind keine Urteile bekannt, die einen Geschäftsführer tatsächlich wegen des Quotenschadens zur Haftung heranziehen.

3.4.3.3 Haftung gegenüber Neugläubigern

Anders sieht die Rechtslage bei den sogenannten Neugläubigern aus. Neugläubiger sind diejenigen Gläubiger, die erst nach dem Zeitpunkt, zu dem der Insolvenzantrag pflichtgemäß hätte gestellt werden müssen, Gläubiger des Unternehmens geworden sind. Diese Gläubiger haben einen direkten Anspruch gegen den Geschäftsführer auf Ersatz des negativen Interesses. D.h., die Gläubiger können vom Geschäftsführer verlangen, so gestellt zu werden, wie sie stünden, wenn sich *(margin note: Anspruch auf Ersatz des negativen Interesses)*

der Geschäftsführer pflichtgemäß verhalten hätte; bei pflichtge-
mäßem Verhalten hätte der Geschäftsführer rechtzeitig einen Antrag
auf Eröffnung des Insolvenzverfahrens gestellt mit der Folge, dass es
gar nicht mehr zum Entstehen der Forderung gekommen wäre. Bei
Kaufleuten kann insoweit regelmäßig argumentiert werden, dass die
Ware dann an einen anderen Abnehmer ausgeliefert worden wäre
mit der Folge, dass der Nettokaufpreis die Schadenshöhe bestimmt.
Dieser Anspruch kann auch im eröffneten Insolvenzverfahren jederzeit vom Gläubiger gegen den Geschäftsführer geltend gemacht
werden. Zwar sind auch insoweit Interna aus dem schuldnerischen
Unternehmen vorzutragen; die Rechtsprechung hilft dem Gläubiger
in diesen Fällen jedoch mit umfangreichen Beweiserleichterungen.
So genügt für den Nachweis des Eintritts der Überschuldung, dass
eine bilanzielle Überschuldung vorliegt. Ist dies der Fall, so hat der
Geschäftsführer darzulegen und ggf. zu beweisen, dass unter insolvenzrechtlichen Gesichtspunkten eine Überschuldung nicht vorlag,
etwa weil im Unternehmen stille Reserven geschlummert haben.

Haftung für Insolvenzgeld?

Fraglich ist, ob auch die Ansprüche der Arbeitnehmer, die nach
Bezahlung von Insolvenzgeld auf die Bundesagentur für Arbeit übergehen, als »Neugläubiger-Ansprüche« zu qualifizieren sind.

> **Beispiel: (OLG Saarbrücken, Urteil vom 21.11.2006, NZI 2007, 111; OLG Koblenz, Urteil vom 26.10.2006, NZI 2007, 113)**
> *G ist Geschäftsführer der Y-GmbH. Die Insolvenzantragsverpflichtung ist aufgrund Zahlungsunfähigkeit am 01.02.2006 entstanden. Unter Verletzung dieser Antragsverpflichtung führt G das Unternehmen weiter und stellt erst am 01.11.2006 Insolvenzantrag. Am gleichen Tag wird V zum vorläufigen Insolvenzverwalter bestellt. Die Eröffnung des Insolvenzverfahrens erfolgt am 01.02.2007. Für den Zeitraum 01.11.2006 bis 31.01.2007 zahlt die Bundesagentur für Arbeit an die Mitarbeiter der Y-GmbH Insolvenzgeld. Diese Zahlungen macht die Y-GmbH anschlie-ßend gegenüber dem G als Schadensersatz geltend. G verteidigt sich damit, dass die Bundesagentur für Arbeit auch bei rechtzeitiger Insol-venzantragstellung am 01.02.2006 Insolvenzgeld in identischer Höhe hätte bezahlen müssen; der Bundesagentur für Arbeit sei also gar kein Schaden entstanden.*

Lösung:
Ob G mit dieser Argumentation Erfolg hat, ist derzeit noch ungeklärt. Das OLG Koblenz hat den Standpunkt eingenommen, dass der vom Ge-schäftsführer dargelegte hypothetische Kausalverlauf unter Wertungs-gesichtspunkten nicht geeignet ist, den Geschäftsführer zu entlasten. Der Geschäftsführer wurde vom OLG Koblenz daher zur Zahlung von Scha-densersatz in Höhe des bezahlten Insolvenzgelds an die Bundesagentur

für Arbeit verurteilt. Anderer Auffassung ist das OLG Saarbrücken. Das OLG Saarbrücken vertritt die Auffassung, dass die Bundesagentur für Arbeit den Nachweis führen muss, dass die Zahlung von Insolvenzausfallgeld bei rechtzeitiger Stellung des Insolvenzantrages unterblieben wäre. Wenn dieser Nachweis nicht geführt werden kann, wird G nicht verurteilt.

Beide Urteile haben die Revision zugelassen. Wie der BGH entscheiden wird, ist derzeit noch offen.

Umstritten ist in diesem Zusammenhang, wann Schadensersatzansprüche der Neugläubiger verjähren. Zur Auswahl stehen die Verjährungsvorschriften des § 195 BGB (drei Jahre ab Kenntnis oder Kennenmüssen der den Anspruch begründenden Umstände, so OLG Stuttgart, Urteil vom 29.06.2000, NZI 2000, 597) oder die Verjährungsfrist des § 64 Abs. 2 Satz 3 GmbHG i.V.m. § 43 Abs. 4 GmbH (fünf Jahre ab Begehen der Pflichtverletzung, so OLG Saarbrücken, Urteil vom 22.09.1999, NZI 2000, 20). Nachdem der BGH diese Frage noch nicht entschieden hat, ist das Ergebnis weiter offen.

Verjährung

Aus praktischer Sicht ist allerdings darauf hinzuweisen, dass die juristische Durchsetzbarkeit des Anspruchs eines Neugläubigers gegen den Geschäftsführer wegen Insolvenzverschleppung in vielen Fällen dennoch nicht zu einer Zahlung führt. Dies findet seine Begründung darin, dass bei mittelständischen Unternehmen die Gesellschafter-Geschäftsführer häufig Bürgschaften gegenüber den Kreditgläubigern übernommen haben und Sicherheiten aus ihrem Privatvermögen stellen (Grundschulden, Verpfändung von Guthabenkonten etc.). Dies hat zur Folge, dass die Insolvenz des schuldnerischen Unternehmens häufig auch die Zahlungsunfähigkeit des Geschäftsführers selbst auslöst mit der Konsequenz, dass Gläubiger, die ihre berechtigten Ansprüche juristisch durchgesetzt haben, wirtschaftlich wegen Vermögenslosigkeit ihres Schuldners im Ergebnis mit ihrer Forderung ausfallen.

Praktische Durchsetzung

3.5 Strafrechtliche Konsequenzen der verspäteten Insolvenzantragstellung

Die verspätete Insolvenzantragstellung hat neben den soeben dargestellten zivilrechtlichen Konsequenzen auch strafrechtliche Folgen. Die verspätete Insolvenzantragstellung ist strafbar gem. § 84 Abs. 1 Nr. 2 GmbHG: Mit Freiheitsstrafe bis zu drei Jahren oder mit Geldstrafe wird bestraft, wer es als Geschäftsführer entgegen § 64 Abs. 1 GmbHG unterlässt, bei Zahlungsunfähigkeit oder Überschuldung die Eröffnung des Insolvenzverfahrens zu beantragen.

Checkliste

Zivilrechtliche Folgen der verspäteten Insolvenzantragstellung

✔ Der Geschäftsführer ist der Gesellschaft zum Ersatz von Zahlungen verpflichtet, die nach Eintritt der Zahlungsunfähigkeit der Gesellschaft oder nach Feststellung ihrer Überschuldung geleistet werden.

✔ Altgläubigern gegenüber haftet der Geschäftsführer auf den Quotenschaden. Der Anspruch wird im eröffneten Insolvenzverfahren vom Insolvenzverwalter geltend gemacht.

✔ Neugläubigern gegenüber haftet der Geschäftsführer auf das negative Interesse. Der Anspruch wird auch im eröffneten Insolvenzverfahren vom Gläubiger selbst geltend gemacht.

Überprüfung jeder Insolvenzakte durch die Staatsanwaltschaft

In jedem Insolvenzverfahren wird die Insolvenzakte von Amts wegen an die Staatsanwaltschaft überstellt, welche die Aufgabe hat, den festgestellten Sachverhalt auf strafrechtlich relevante Handlungen zu untersuchen. Anlass zu weitergehenden Ermittlungen wegen Insolvenzverschleppung wird in jedem Fall der dem Geschäftsjahr der Insolvenzantragstellung vorausgehende Jahresabschluss geben, der bereits ein negatives Eigenkapital ausweist. In aller Regel wird bei leichten bis mittelschweren Fällen der verspäteten Insolvenzantragstellung eine Geldstrafe verhängt, allerdings ist in der Praxis eine zunehmende Verschärfung bis hin zur Verhängung von Freiheitsstrafen festzustellen. Die Insolvenzverschleppung ist auch unter diesem Gesichtspunkt ein ernstzunehmendes Delikt, dessen Begehung durch die Beachtung der oben dargestellten Maßnahmen unbedingt zu vermeiden ist.

3.6   Exkurs 1: Der verfrühte Insolvenzantrag

Die Frage, ob einer der Insolvenzgründe vorliegt und die Verpflichtung besteht, Antrag auf Eröffnung des Insolvenzverfahrens zu stellen, ist nicht leicht zu beantworten, weil hierfür Bewertungen vorzunehmen und Prognosen anzustellen sind.

Ausschöpfung sämtlicher Sanierungschancen

Der Geschäftsführer hat aber aufgrund seiner Stellung als Leitungsorgan der Gesellschaft nicht nur die öffentlich-rechtliche Verpflichtung, rechtzeitig Antrag auf Eröffnung des Insolvenzverfahrens zu stellen; er hat gleichzeitig gegenüber der Gesellschaft die Verpflichtung, sämtliche Sanierungschancen auszuschöpfen.

Der Geschäftsführer hat daher zu untersuchen, ob sich die Krise mit weniger einschneidenden Maßnahmen als der Stellung eines Insolvenzantrages vermeiden lässt. Da für die Meinungsbildung und die Entscheidungsfindung nach Eintritt eines Insolvenzgrundes nur die Höchstfrist von drei Wochen zur Verfügung steht, hat der Geschäftsführer mit aller gebotenen Beschleunigung zu handeln. Da ein verfrühter Insolvenzantrag dazu führen kann, dass es überhaupt zu einer Insolvenz kommt, drohen dem Geschäftsführer erhebliche Ersatzpflichten gegenüber der Gesellschaft (s. Teil 1, Kap. 5.3.5.13).

> Ist zweifelhaft, ob die Insolvenzantragspflicht objektiv besteht, sollte der Geschäftsführer fachkundigen Rat bei einem spezialisierten Rechtsanwalt einholen.

Tipp

3.7   Exkurs 2: Verspätete Insolvenzantragstellung bei der Limited

In der Praxis wird von professionellen Inkorporationsunternehmen als Alternative zur GmbH für die inländische Geschäftstätigkeit die sogenannte »Private Limited Company« (abgekürzt plc oder Ltd.) propagiert. Die relevanten Vorteile einer solchen Gesellschaftsform liegen auf der Hand: Die Limited kennt kein Mindestkapital, darüber hinaus ist der Gesellschaftsvertrag weitgehend formfrei. Bei der Darstellung dieser Vorteile werden die Nachteile und Gefahren, die mit einer Limited verbunden sind, regelmäßig verschwiegen. Bei Inanspruchnahme eines Inkorporationsdienstleisters ist innerhalb der ersten zehn Jahre mit Gesamtkosten von ca. 9.000 € zu rechnen; darüber hinaus ist die in England gegründete Limited mit ihrer Zweigniederlassung im Inland anzumelden, was doppelten Verwaltungsaufwand sowie im Inland Beibringung und Übersetzung der ausländischen Urkunden erfordert. Fraglich ist, ob den Director einer Limited, die in Deutschland ihren eigentlichen Geschäftsbetrieb mit einer Zweigniederlassung betreibt, die Insolvenzantragspflicht des § 64 Abs. 1 GmbHG trifft.

Insolvenzantrags-pflicht bei der Limited?

Beispiel: (LG Kiel, Urteil vom 20.04.2006, NZI 2006, 482)

A gründet im Jahr 2001 in England eine englische Private Limited Company, die Y-Ltd., mit einem Gründungskapital von 2 £, deren Alleingesellschafter und Director er ist. Die Y-Ltd. betreibt mit einer Zweigniederlassung in Deutschland ihre Geschäfte. Im Juni 2002 bestellt die Y-Ltd. bei B Ware im Wert von 10.000 €, obwohl die Y-Ltd. zu diesem Zeitpunkt bereits zahlungsunfähig ist. B liefert die Ware aus. Bevor die Y-Ltd. die Ware bezahlen kann, stellt A für die Y-Ltd. Antrag auf Eröffnung des Insolvenzverfahrens. B nimmt A persönlich für den entstandenen Schaden i.H.v. 10.000 € in Anspruch. A verteidigt sich damit, dass seine Inanspruchnahme nur nach den Vorschriften des englischen Rechts in Frage komme, dessen Voraussetzungen im vorliegenden Fall nicht erfüllt seien.

Lösung:

Das LG Kiel hat den B gemäß § 823 Abs. 2 BGB i.V.m. § 64 Abs. 1 Gmb-HG verurteilt. Als Begründung wird hierfür angeführt, dass § 64 GmbHG eine insolvenzrechtliche Vorschrift sei, die auch auf eine englische Limited anzuwenden sei. Die Vorschrift des § 64 GmbHG diene dem Gläubigerschutz durch Sicherung der Haftungsmasse sowie der Fernhaltung insolvenzreifer Gesellschaften vom Rechtsverkehr. Diese Entscheidung wurde in der Literatur stark kritisiert. Bei richtiger Behandlung der Angelegenheit hätte englisches Recht zur Anwendung kommen müssen; danach hafte der Director wegen »wrongful trading«, also dann, wenn er nach Eintritt einer negativen Fortführungsprognose nicht jeden vernünftigen Schritt eingeleitet hat, um den Gläubigerausfall zu minimieren.

Die Entwicklung der Rechtsprechung steht insoweit erst am Anfang. Festgehalten werden kann allerdings bereits jetzt, dass auch den Director einer Limited, die in Deutschland ihre Geschäfte betreibt, Haftungsgefahren wegen verspäteter Insolvenzantragstellung drohen.

3.8   Ungeeignete bzw. unzulässige Abwehrstrategien

3.8.1   Überblick

In der Praxis ist immer wieder zu beobachten, dass Geschäftsführer in der Krise nach Mitteln und Wegen suchen, Insolvenzverfahren zu verhindern, selbst wenn die rechtlich zulässigen und betriebswirtschaftlich möglichen Maßnahmen hierzu nicht mehr ausreichend sind. Zu diesen Mitteln gehört der Versuch eines Rechtsformwechsels, also der Wechsel in eine Rechtsform, bei der eine Insolvenzantragspflicht nicht besteht; daneben versuchen Geschäftsführer immer wieder, sich durch Amtsniederlegung (vermeintlich) von der Insolvenzantragsverpflichtung zu befreien oder gar durch eine sog. »gewerbliche Firmenbestattung« die Verantwortung (vermeintlich) zu übertragen. Diese Strategien sind teils nur ungeeignet, teils aber auch rechtlich unzulässig.

3.8.2   Rechtsformwechsel

Auftragspflicht je nach Rechtsform

Insolvenzantragsverpflichtungen richten sich nur an juristische Personen wie GmbH, GmbH & Co. KG, Aktiengesellschaft, KG a.A. etc. Für den Inhaber einer Einzelfirma, die Geschäftsführer einer Offenen Handelsgesellschaft (OHG) mit mindestens einer natürlichen Person als Gesellschafter oder die Geschäftsführer einer Kommanditgesellschaft (KG) mit mindestens einer natürlichen Person als persönlich haftendem Gesellschafter bestehen keine Antragsverpflichtungen, und zwar auch dann nicht, wenn das Unternehmen überschuldet oder zahlungsunfähig ist. Die Umwandlung in eine Einzelfirma könnte daher zur Beseitigung eines etwaigen Insolvenztatbestandes führen.

Die Umwandlung setzt allerdings voraus, dass jemand bereit ist, die Rolle des Inhabers der Einzelfirma zu übernehmen und damit neben dem Erwerb der Aktiva auch die persönliche Haftung für alle Verbindlichkeiten des Unternehmens einzugehen. Bei einem defizitären oder überschuldeten Unternehmen wird sich dazu kaum jemand bereit finden. Dies kann im Einzelfall dann anders sein, wenn der alleinige Gesellschafter-Geschäftsführer ohnehin sein gesamtes Privatvermögen für die Verbindlichkeiten der Gesellschaft verhaftet hat und im Falle einer Insolvenz des Unternehmens die Gläubiger dieses Vermögen sowieso verwerten würden; der Gesellschafter-Geschäftsführer ginge insoweit hinsichtlich seines Vermögens kein zusätzliches Risiko ein. Die Bereitschaft zur Umwandlung und zur Übernahme der persönlichen Haftung ist vor diesem Hintergrund eine persönliche Entscheidung des daran allein wirtschaftlich Interessierten, was bei einem krisenbefangenen Unternehmen nur der Altgesellschafter sein kann.

> **Übernahme der persönlichen Haftung für alle Verbindlichkeiten des Unternehmens**

Problematisch ist in jedem Fall der zeitliche Aspekt. Die Umwandlung einer GmbH in eine Einzelfirma bedarf der sorgfältigen Vorbereitung, der Beschlussfassungen auf Seiten der GmbH-Gesellschafter und des Abschlusses von Verträgen etc. (s. Teil 1, Kap. 2.3).

> **Problem: Der zeitliche Aspekt**

Die Beendigung der Insolvenzantragsverpflichtung setzt erst mit vollendeter Umwandlung ein, also mit Eintragung des neuen Unternehmens im Handelsregister.

> **Tipp**

Wenn in der Zwischenzeit Insolvenzantragspflichten verletzt wurden, ist die Strafbarkeit eingetreten; die Strafbarkeit der Insolvenzverschleppung ist ein abstraktes Gefährdungsdelikt, das bereits dann erfüllt ist, wenn durch die Verletzung der Antragspflicht eine Gefährdung der Gläubiger eintritt, selbst dann, wenn sich diese Gefährdung nicht zu einem konkreten Vermögensschaden auswirkt. Die Umwandlung des Unternehmens in eine Einzelfirma kann daher eine bereits eingetretene Strafbarkeit nicht mehr rückwirkend beseitigen.

Ungeachtet dessen kann die Umwandlung des Unternehmens die ertragswirtschaftlichen Probleme nicht lösen. Selbst wenn eine etwaige Insolvenzreife durch Umwandlung der Gesellschaft in eine Einzelfirma beseitigt werden kann, muss durch Erstellung von Ertrags- und Finanzplänen Klarheit gewonnen werden über die Maß-

> **Die ertragswirtschaftlichen Probleme müssen gelöst werden**

nahmen, die für eine Restrukturierung des Unternehmens, konkret für die Wiederherstellung der Profitabilität, erforderlich sind.

Dazu ist in jedem Fall die Erstellung eines Sanierungsplans erforderlich, aus dem die aktuelle Situation ersichtlich ist; die zu ergreifenden Maßnahmen sind nach Art und Inhalt und deren Auswirkungen für die Liquidität und Ertragslage des Unternehmens zu dokumentieren. Ebenso muss deutlich werden, wann diese Maßnahmen ergriffen werden und wie sie sich zeitlich auswirken. Diese Informationen sind letztlich auch für die Entscheidung des Gesellschafters für eine Umwandlung in eine Einzelfirma notwendig.

Tipp

> Die Umwandlung des Unternehmens in eine nicht der Insolvenzantragspflicht unterworfene Rechtsform ist theoretisch zwar denkbar, praktisch aber ohne die Erfüllung von Straftatbeständen nach Eintritt der Krise kaum möglich.

3.8.3 Amtsniederlegung

Oftmals legen die Geschäftsführer ihr Amt in der Krise des Unternehmens in der Annahme nieder, sich dadurch von ihren gesetzlichen Verpflichtungen befreien zu können. Mit dieser Annahme geht der Geschäftsführer fehl. Zwar ist die sofortige Niederlegung des Amtes eines Geschäftsführers grundsätzlich auch ohne die Berufung auf einen wichtigen Grund wirksam (s. Teil 1, Kap. 2.4.8). Etwas anderes gilt aber nach allgemeiner Meinung dann, wenn der Geschäftsführer sein Amt zur Unzeit niederlegt; eine solche Amtsniederlegung zur Unzeit ist rechtsmissbräuchlich und damit unwirksam.

Amtsniederlegung zur Unzeit

Eine Amtsniederlegung zur Unzeit wird insbesondere dann angenommen, wenn der Alleingesellschafter, der gleichzeitig Alleingeschäftsführer ist, sein Amt ohne wichtigen Grund niederlegt und keinen Nachfolger bestellt. Besonders gefährlich ist die Amtsniederlegung des einzigen Geschäftsführers, wenn die Folge ist, dass die öffentlichen Pflichten der Gesellschaft dann nicht mehr erfüllt werden.

Dabei begründen die bei einem Verbleiben im Amt des Geschäftsführers einsetzenden Pflichten und eine bei deren Verletzung eingreifende Haftung keinen wichtigen Grund zur Amtsniederlegung. Auch der drohende Zusammenbruch der Gesellschaft ist kein wichtiger Grund, um das Geschäftsführeramt niederzulegen.

Selbst wenn ein wichtiger Grund vorliegen sollte – wie z. B. ein gestörtes Vertrauensverhältnis zu den Gesellschaftern, Einengung der Entscheidungsbefugnis des Geschäftsführers durch Satzungsänderung oder Gesellschafterbeschlüsse –, kann die Amtsniederlegung eine vorher bereits eingetretene Pflichtverletzungen nicht heilen. Ist also die Dreiwochenfrist des § 64 GmbHG bereits verstrichen, hat sich der Geschäftsführer bereits strafbar gemacht, die Amtsniederlegung ändert daran nichts mehr.

Darüber hinaus hat die Insolvenzordnung weit reichende Nachwirkungen auch einer bereits beendeten Organstellung aufgestellt: Gem. § 101 Abs. 1 Satz 2 InsO hat auch derjenige ehemalige Geschäftsführer die vollen Mitwirkungspflichten im Insolvenzverfahren, der nicht früher als zwei Jahre aus seiner Stellung ausgeschieden ist.

> Dem Geschäftsführer ist zu raten, sein Amt nur dann mit sofortiger Wirkung niederzulegen, wenn er hierfür einen wichtigen Grund hat. Ansonsten sollte er, sofern dies nicht vertraglich ausgeschlossen wurde, das Amt unter Einhaltung der Kündigungsfrist des Anstellungsvertrages niederlegen.

Tipp

3.8.4 »Gewerbliche Firmenbestattung«

Die Versuchung, auch in einer wirtschaftlich scheinbar aussichtslosen Lage mit sämtlichen zur Verfügung stehenden Mitteln zunächst ein Scheitern des Unternehmens zu verhindern und zuletzt das persönliche Vermögen vor der Inanspruchnahme durch Gesellschaftsgläubiger zu bewahren, führt zu einer erhöhten Anfälligkeit von Gesellschaftern und Geschäftsführern in der Krise.

Diese Anfälligkeit nutzen die sog. »Gewerblichen Firmenbestatter« aus, die in Tageszeitungen mit Anzeigen inserieren, in denen es heißt: »Drohende Insolvenz – Wir helfen und retten Ihr Vermögen«. Geht man diesen Angeboten nach, stößt man in aller Regel auf folgendes kriminelle »Geschäftsmodell«:

Kriminelle Geschäftsmodelle

Der Vertragspartner – häufig eine Gesellschaft mit Briefkastenadresse – erwirbt sämtliche Geschäftsanteile von der insolventen Gesellschaft zum symbolischen Kaufpreis von 1 €. Gleichzeitig zahlt der Geschäftsführer des insolventen Unternehmens dafür, dass der Geschäftsanteilskauf erfolgt, eine erhebliche Provision (10.000 € und mehr). Nach dem Verkauf der Anteile firmiert die Gesellschaft um, beruft den alten Geschäftsführer ab und bestellt einen neuen Geschäftsführer; gleichzeitig wird der Gesellschaftssitz verlegt. Der neue Inhaber und der neue Geschäftsführer unternehmen anschließend entweder gar nichts mehr (weil es ihnen nur um die Provision ging), oder die Vermögenswerte der Gesellschaft werden ohne ordnungsgemäßes Insolvenzverfahren liquidiert und an den neuen Inhaber ausgeschüttet.

Straftatbestände bei »gewerblicher Firmenbestattung«

Diese Vorgehensweise ist in hohem Maße kriminell. Folgende Straftatbestände kommen in Betracht:

- **Insolvenzverschleppung**
  Der Altgeschäftsführer kann durch die Veräußerung der Geschäftsanteile und seine anschließende Abberufung den bereits eingetretenen Straftatbestand nicht heilen und einer Strafverfolgung daher nicht entgehen. Der Neugeschäftsführer macht sich seinerseits wegen Insolvenzverschleppung strafbar.

- **Unterschlagung (§ 246 StGB)**
  Sowohl hinsichtlich des Altgeschäftsführers als auch hinsichtlich des Neugeschäftsführers kommt Unterschlagung wegen des Beiseiteschaffens von Betriebsvermögen in Betracht, das im (Sicherungs-)Eigentum eines Dritten steht. Ebenso ist der Tatbestand der Unterschlagung erfüllt, wenn im Vermögen der GmbH stehende Gegenstände ohne entsprechenden Wertausgleich weggeschafft werden.

- **Bankrottdelikte**
  Der Altgeschäftsführer kann sich durch die Veräußerung der Geschäftsanteile von einer eingetretenen Strafbarkeit wegen Verletzung der Buchführungs- bzw. Bilanzierungspflicht gem. § 283 Abs. 1 Nr. 5 bzw. Nr. 7 StGB nicht befreien.

- **Vorenthalten und Veruntreuen von Arbeitsentgelt (§ 266a StGB)**
  Auch hier gilt, dass sich der Altgeschäftsführer durch die Veräußerung der Geschäftsanteile von einer eingetretenen Strafbarkeit wegen Vorenthalten und Veruntreuen von Arbeitsentgelt nicht befreien kann.

Durch Veräußerung ihrer insolvenzreifen GmbH können deren Gesellschafter und Geschäftsführer eine Strafverfolgung damit zwar möglicherweise hinauszögern oder sogar ganz verhindern. Wird jedoch eine solche Vorgehensweise aufgedeckt, haben die Gesellschafter und Geschäftsführer mit dem konsequenten Vorgehen der Strafverfolgungsbehörden und erhöhten Strafen zu rechnen.

Tipp

Die Veräußerung der insolvenzreifen Gesellschaft an einen Aufkäufer soll häufig mit unzulässigen und strafbaren Mitteln die Durchführung eines Insolvenzverfahrens verhindern. Der Altgeschäftsführer kann sich hierdurch von seiner eigenen strafrechtlichen Verantwortung nicht befreien. Deshalb ist von dieser Strategie dringend abzuraten.

Unzulässige Abwehrstrategien und deren Folgen:

✔ Der Rechtsformwechsel zur Beseitigung der Antragsverpflichtung ist theoretisch zwar denkbar und zulässig, aufgrund der hierfür erforderlichen Zeit praktisch jedoch ungeeignet.

✔ Die Amtsniederlegung ist nur wirksam, wenn sie nicht zur Unzeit erfolgt. Im Übrigen beseitigt die Amtsniederlegung eine bereits eingetretene Strafbarkeit nicht; auch die Mitwirkungspflichten im Insolvenzverfahren bleiben bestehen.

✔ Die Veräußerung aller Geschäftsanteile mit dem Ziel, ein Insolvenzverfahren ohne Beseitigung der Insolvenzgründe zu vermeiden (»gewerbliche Firmenbestattung«), ist unzulässig und führt zur Erfüllung einer Vielzahl von Straftatbeständen.

4   Die Nichteinberufung der Gesellschafterversammlung nach § 49 Abs. 3 GmbHG

4.1   Voraussetzungen und Rechtsfolgen

Einberufungs-pflicht des Geschäftsführers

Gem. § 49 Abs. 3 GmbHG muss der Geschäftsführer die Gesellschafterversammlung unverzüglich einberufen, wenn sich aus der Jahresbilanz oder aus einer im Laufe des Geschäftsjahres aufgestellten Bilanz ergibt, dass die Hälfte des Stammkapitals verloren ist. Anders formuliert: Die Einberufungspflicht entsteht, wenn das Nettoaktiv-Vermögen der GmbH nicht mehr die Hälfte des satzungsmäßigen Stammkapitals abdeckt. Abzustellen ist hierfür auf die Werte der Handelsbilanz bzw. auf die fortgeführten Buchwerte bei Aufstellung einer Zwischenbilanz im Laufe des Geschäftsjahres.

Beispiel:

Stammkapital:	*50 T€*
Kapitalrücklage:	*20 T€*
Gewinnrücklage:	*10 T€*
Gewinnvortrag:	*30 T€*
Jahresverlust:	*./. 90 T€*

Lösung:
Die Summe aus Jahresverlust, Gewinnvortrag, Gewinnrücklage und Kapitalrücklage (./.30 T€) übersteigt die Hälfte des Stammkapitals (25 T€).

Aufstellung einer Zwischenbilanz

Die Vorschrift des § 49 Abs. 3 GmbHG ist nach ständiger Rechtsprechung des BGH (ZIP 1995, 560) nicht so zu verstehen, dass die Verpflichtung des Geschäftsführers erst einsetzt, wenn eine entsprechende Bilanz vorliegt. Der Geschäftsführer hat vielmehr die wirtschaftliche Lage des Unternehmens laufend zu beobachten und ist verpflichtet, sich bei krisenhafter Entwicklung durch Aufstellung einer Zwischenbilanz einen Überblick über den Vermögensstand zu verschaffen. Gegebenenfalls ist der Geschäftsführer angehalten, eine Zwischenbilanz in geeigneten Intervallen fortzuschreiben.

> **Tipp**
>
> Um seine Aufgabe, die wirtschaftliche Lage des Unternehmens laufend zu beobachten, erfüllen zu können, muss der Geschäftsführer für eine Organisation sorgen, die ihm die dafür erforderliche Übersicht über die wirtschaftliche und finanzielle Situation der Gesellschaft jederzeit ermöglicht.

Unterlässt es der Geschäftsführer, den Gesellschaftern einen Verlust in Höhe der Hälfte des Stammkapitals anzuzeigen, ist dies strafbar gem. § 84 Abs. 1 Nr. 1 StGB; der Strafrahmen beträgt Geldstrafe bis hin zu Freiheitsstrafe von bis zu drei Jahren. Strafbar ist also nicht etwa das Unterlassen der in § 49 Abs. 3 GmbHG vorgeschriebenen Einberufung der Gesellschafterversammlung, sondern nur das Unterlassen einer Information der Gesellschafter über den Verlust des Stammkapitals. Strafbar ist auch die bloße Fahrlässigkeit mit einem Strafrahmen von Geldstrafe bis zu Freiheitsstrafe bis zu einem Jahr (§ 84 Abs. 2 GmbHG).

Die Anzeigepflicht soll dazu führen, dass die Gesellschafter der GmbH rechtzeitig in die Lage versetzt werden, Sanierungsmaßnahmen zu prüfen und durchzuführen. Daher führt eine schuldhafte Verletzung der Einberufungspflicht gem. § 43 Abs. 2 GmbHG zur persönlichen Schadensersatzpflicht des Geschäftsführers.

> **Tipp**
>
> Sobald der Geschäftsführer feststellt, dass das Stammkapital (mindestens) zur Hälfte verloren ist, ist eine außerordentliche Gesellschafterversammlung mit dem Tagesordnungspunkt »Information der Gesellschafter über den Verlust des hälftigen Stammkapitals« einzuberufen.

4.2   Pflicht zur Einberufung der Gesellschafterversammlung bei Insolvenzreife

Wurden die Gesellschafter bereits korrekt gem. § 49 Abs. 3 GmbHG über den Verlust des hälftigen Eigenkapitals informiert, folgt aus dieser Vorschrift nicht die Verpflichtung zur erneuten Einberufung der Gesellschafterversammlung bei Eintritt der Insolvenzverfahrensreife. Allerdings sieht § 49 Abs. 2 GmbHG die Einberufung der Gesellschafterversammlung durch den Geschäftsführer auch dann vor, wenn dies im Gesellschaftsvertrag oder im Gesetz ausdrücklich bestimmt ist oder aber wenn es im Interesse der Gesellschaft erforderlich erscheint. Letzteres ist immer dann der Fall, wenn der Gesellschaft ohne die Versammlung ein nicht unerheblicher Scha-

Einberufung der Gesellschafterversammlung im Interesse der Gesellschaft

den droht oder es um riskante oder besonders kostspielige Geschäfte geht und der Geschäftsführer davon ausgehen muss, dass die Gesellschafter nicht erst nachträglich über die Billigung dieser Geschäfte entscheiden wollen.

Stellt ein Geschäftsführer einen Insolvenzgrund fest, sind im Regelfall erhebliche Maßnahmen zur Sanierung erforderlich, die von der Geschäftsführungsbefugnis eines Geschäftsführers nicht mehr gedeckt sind und einer Entscheidung durch die Gesellschafter bedürfen.

Tipp

Zur Vermeidung der Haftung gegenüber der Gesellschaft wegen der Verletzung der Pflicht zur Einberufung der Gesellschafterversammlung hat der Geschäftsführer bei Eintritt der Insolvenzverfahrensreife eine (erneute) Gesellschafterversammlung einzuberufen.

5 Haftung für Steuerschulden

5.1 Grundlage

Die Grundlage der Haftung des Geschäftsführers für Steuerschulden findet sich in § 69 AO i.V.m. § 34 AO. Danach haftet der gesetzliche Vertreter einer juristischen Person bei schuldhafter Verletzung ihrer steuerlichen Pflichten. Als gesetzlicher Vertreter der GmbH ist der Geschäftsführer also Adressat dieser Haftungsnorm und hat gemäß § 34 Abs. 1 Satz 1 AO alle steuerlichen Pflichten de Gesellschaft zu erfüllen. Hierzu gehören insbesondere

Der Geschäftsführer ist Adressat der steuerlichen Haftungsnormen

- die Führung der Bücher,
- die rechtzeitige Abgabe der Steuererklärung,
- die Auskunftserteilung,
- die rechtzeitige Entrichtung der Steuern,
- der Einbehalt der Steuern für Rechnung eines Dritten und die Verpflichtung, diese an das Finanzamt abzuführen.

Jede Verletzung dieser Pflichten kann eine persönliche Haftung auslösen, sofern sie dazu führt, dass Ansprüche aus dem Steuerschuldverhältnis nicht oder nicht rechtzeitig festgesetzt, nicht oder nicht rechtzeitig erfüllt oder Steuervergütungen bzw. -erstattungen rechtsgrundlos gewährt worden sind, sie also zu einem Schaden für den Steuergläubiger führt.

In der Krise des Unternehmens reagieren die Organe der Gesellschaft häufig dadurch, dass sie Steuerverbindlichkeiten nicht bedienen und sich damit zusätzliche Liquidität verschaffen. Damit setzt aber die soeben beschriebene persönliche Haftung des Geschäftsführers ein, weil er gerade dafür zu sorgen hat, dass der Steueranspruch bei Fälligkeit erfüllt werden kann. Der Geschäftsführer hat deshalb die Verpflichtung, rechtzeitig Rückstellungen zu bilden, so dass bei Eintritt der Fälligkeit die erforderlichen liquiden Mittel zur Bedienung der Steuerschulden auch vorhanden sind.

Mehrere Geschäftsführer haften als Gesamtschuldner; eine Aufteilung der Ressorts, etwa in Finanzen und Vertrieb, erkennt der BFH nur an, wenn sie förmlich und schriftlich fixiert ist. Eine vollständige Entlastung wird aber auch dadurch nicht erreicht. Die Geschäftsführer trifft eine wechselseitige Überwachungspflicht, die erfordert,

Enthaftung durch Ressortverteilung?

dass sich der nicht ressortführende Geschäftsführer laufend vom Ressortführer über die dessen Ressort betreffende Angelegenheiten informieren lässt (s. Teil 1, Kap. 5.6.2). Damit endet die Entlastung durch die Ressortverteilung mit Beginn der Unternehmenskrise.

Beispiel: BFH, Urteil vom 26.04.1984, ZIP 1984, 1345

Der Kläger war neben Herrn B. Geschäftsführer einer GmbH. In den Jahren 1972 bis 1975 leistete die GmbH aufgrund unrichtig abgegebener Voranmeldungen zu geringe Umsatzsteuervorauszahlungen. Die sich aus der Veranlagung für diese Jahre ergebenden Steuerschulden i.h.v. 40.000 € sind aufgrund der Insolvenz der GmbH nicht entrichtet worden. Das Finanzamt hat den Kläger per Haftungsbescheid in Anspruch genommen. Der Kläger hat sich damit verteidigt, dass er aufgrund interner Geschäftsverteilung für die steuerlichen Belange der Gesellschaft nicht zuständig war.

Lösung:

Hat der Gesellschaftsvertrag oder ein förmlicher Beschluss der Gesellschaft die Wahrnehmung der steuerlichen Belange der Gesellschaft einem von mehreren Geschäftsführern zugewiesen (§ 37 Abs. 1 GmbHG) oder ist dies kraft Zulassung in dem Gesellschaftsvertrag oder durch Beschluss der Gesellschafter in einer Geschäftsordnung der Geschäftsführer festgelegt (vgl. § 77 Abs. 2 AktG), treffen die steuerlichen Pflichten in erster Linie diesen Geschäftsführer. Die Verantwortung der anderen Geschäftsführer wird dadurch aber nicht vollständig aufgehoben (vgl. § 37 Abs. 2 Satz 2 GmbHG, § 93 Abs. 2 Satz 2 AktG). Vielmehr tritt der Umfang ihrer Pflichten nur insoweit und so lange zurück, wie für sie unter den Maßstäben der Sorgfalt eines ordentlichen Geschäftsmannes (§ 43 Abs. 1 GmbHG) kein Anlass besteht, anzunehmen, die steuerlichen Pflichten der Gesellschaft würden nicht exakt erfüllt. Die Gesamtverantwortung aller Geschäftsführer wird spätestens dann wirksam, wenn die laufende Erfüllung aller Verbindlichkeiten nicht mehr gewährleistet ist und infolgedessen Unregelmäßigkeiten in der Erklärung der Steuern oder der Erfüllung der Steuerschulden zu besorgen sind, oder wenn die Person des für die steuerlichen Belange primär zuständigen Geschäftsführers diese Besorgnis rechtfertigt.«

Haftung bei Steuererklärungen und Steueranmeldungen Hat sich der Geschäftsführer bei den Steuererklärungen und Steueranmeldungen eines zuverlässigen Steuerberaters bedient, entfällt eine Haftung des Geschäftsführers. Der BFH vertritt insoweit die Auffassung, dass dem Geschäftsführer ein Verschulden des steuerlichen Beraters der Gesellschaft bei der Fertigung von Steuererklärungen nicht zugerechnet werden kann; dies gilt aber nur, solange den Geschäftsführer persönlich kein Auswahlverschulden und kein

Überwachungsverschulden trifft, der Geschäftsführer also keinen Anlass hat, die inhaltliche Richtigkeit der von dem steuerlichen Berater gefertigten Steuererklärungen zu überprüfen.

Die steuerliche Haftung des Geschäftsführers endet, wenn ein vorläufiger Insolvenzverwalter bestellt wurde. Die Steueransprüche sind für Zeiträume vor Eröffnung des Insolvenzverfahrens einfache Insolvenzforderungen im Sinne des § 38 InsO und werden mit der Insolvenzquote bedient.

Ende der steuerlichen Haftung

Wenn der vorläufige Insolvenzverwalter als sogenannter »starker« vorläufiger Insolvenzverwalter mit voller Verfügungsbefugnis eingesetzt wird (§ 22 Abs. 1 InsO), darf er Steuerverbindlichkeiten aus dem Zeitraum vor seiner Bestellung nicht mehr bedienen; Folge hiervon ist, dass auch der Geschäftsführer für diese nach Einsetzung des »starken« vorläufigen Insolvenzverwalters fällig werdenden Steuerverbindlichkeiten nicht mehr haftet.

Wird ein sogenannter »schwacher« vorläufiger Insolvenzverwalter eingesetzt und angeordnet, dass Verfügungen des Schuldners nur mit Zustimmung des vorläufigen Insolvenzverwalters wirksam sind (§ 21 Abs. 2 Nr. 2 Halbsatz 2 InsO), bleibt die Verfügungsbefugnis im Insolvenzeröffnungsverfahren zwar beim Geschäftsführer, im Ergebnis gilt aber dasselbe wie bei einem »starken« vorläufigen Verwalter: Der vorläufige Insolvenzverwalter darf und wird die Zustimmung zur Begleichung von Alt-Umsatzsteuerverbindlichkeiten nicht erteilen, weil dadurch Insolvenzgläubiger außerhalb der Insolvenztabelle und damit entgegen der Verteilungsordnung der Insolvenzordnung befriedigt würden. Damit ist dem Geschäftsführer die Erfüllung der Steuerverbindlichkeit aber rechtlich unmöglich, womit er aus seiner persönlichen Verantwortlichkeit entlassen ist.

> **Tipp**
>
> Für Steueransprüche, die erst nach Einsetzung eines vorläufigen Insolvenzverwalters fällig werden, haftet der Geschäftsführer grundsätzlich nicht.

Fraglich ist, ob der Geschäftsführer in die Haftung gerät, wenn er in der Krise der Gesellschaft noch umsatzsteuerpflichtige Geschäfte tätigt, dann aber zur Abführung der Umsatzsteuer nicht mehr in der Lage ist und vor Fälligkeit der Umsatzsteuer aufgrund eines Antrags auf Eröffnung des Insolvenzverfahrens ein vorläufiger Insolvenzverwalter bestellt wird. Hierzu hat der BFH klargestellt, dass der Geschäftsführer auch in der Krise des Unternehmens grundsätzlich nicht verpflichtet ist, von Geschäften Abstand zu nehmen, die geeignet sind, Umsatzsteuer auszulösen; der Geschäftsführer bleibt auch in Krisenzeiten in seiner unternehmerischen Disposition grundsätzlich frei.

5.2   Haftungsumfang

5.2.1   Grundsatz der anteiligen Tilgung

Bereits oben wurde dargestellt, dass der Geschäftsführer die Pflicht hat, darauf zu achten, dass er keine Steuerverpflichtungen auslöst, welche die Gesellschaft anschließend nicht bedienen kann. Aus den damit verbundenen »Vorhaltepflichten« des Geschäftsführers ergibt sich indessen kein Vorrang der Steuergläubiger gegenüber sonstigen Gläubigern; lediglich die Benachteiligung der Finanzbehörden gegenüber anderen Gläubigern ist pflichtwidrig. Die Steuergläubiger sind zwar nicht privilegiert, dürfen aber auch nicht schlechter behandelt werden, als die anderen Gläubiger. Aus dieser Überlegung folgt der Grundsatz der anteiligen Tilgung, der für alle Ertrags- und Verkehrssteuern, insbesondere für die Umsatzsteuer, gilt.

Ertrag- und Verkehrssteuern, insbesondere Umsatzsteuer

Danach verletzt der Geschäftsführer dann seine Pflichten nach der Abgabenordnung, wenn er es versäumt, die Steuerschulden in etwa gleicher Weise zu tilgen, wie die Forderungen der anderen Gläubiger. Reichen also die Mittel nicht zur Befriedigung sämtlicher Verbindlichkeiten aus, sind die rückständigen Umsatzsteuerbeträge (inklusive Verspätungszuschlägen und Säumniszuschlägen) vom Geschäftsführer in ungefähr dem gleichen Verhältnis zu tilgen wie die Verbindlichkeiten gegenüber anderen Gläubigern. Ist dies nicht geschehen, so liegt im Umfang des die durchschnittliche Tilgungsquote unterschreitenden Differenzbetrags eine schuldhafte Pflichtverletzung vor, für die der Geschäftsführer als Haftungsschuldner einzustehen hat (Haftungssumme).

Beispiel:
Die Gesellschaft hat im Zeitraum vom 01.05. bis zur Insolvenzantragstellung am 24.08. keinerlei Umsatzsteuer bezahlt. In diesem Zeitraum sind Verbindlichkeiten der GmbH i.H.v. 100.000 € fällig geworden; hiervon hat die Gesellschaft 20% befriedigt.

Lösung:
Nach dem Grundsatz der anteiligen Haftung haftet der Geschäftsführer persönlich auf Zahlung der entsprechenden Quote, folglich i.H.v. von 20% der nicht bezahlten Umsatzsteuer.

Die Finanzämter stellen im Insolvenzverfahren diese Haftungsquo-te durch die Übersendung von Berechnungsbögen fest, in denen ge-nau die soeben angesprochenen Fragen beantwortet werden müssen. Die ordnungsgemäße Beantwortung der Fragen ist Voraussetzung für die durch den Grundsatz der anteiligen Tilgung eintretende Haf-tungsbeschränkung; der Geschäftsführer hat die Obliegenheit, an-hand von aussagekräftigen Unterlagen, Aufzeichnungen und Bank-belegen zur Aufklärung des Sachverhalts beizutragen.

Feststellung der Haftungsquote

Muster eines Berechnungsbogens des Finanzamts

1.	Berechnung der Gesamtverbindlichkeiten	
1.1.	Schuldenstand zu Beginn des Haftungszeitraumes (ohne Steuerrückstände)	€
	Zugang (+)/Abgang (./.) an Schulden im Sinne von 1.1 (ohne Berücksichtigung geleisteter Zahlungen) bis zur Zahlungseinstellung (Insolvenzeröffnung), z. B. Forderungsverzicht, Skonti, Rabatte	€
	Zu tilgen waren damit (bis zur Zahlungseinstellung) insgesamt	€
1.2.	Steuerschulden zu Beginn des Haftungszeitraums (zu berücksichtigen sind nicht nur die fälligen, sondern auch die bereits entstandenen Steuerschulden)	€
1.2.1.	Rückständige Lohnsteuer	€
1.2.2.	Übrige Steuerrückstände	€
1.3.	Zugang (+), Abgang (./.) an Steuerrückständen i.S.d. Nrn. 1.2.1. und 1.2.2. im Haftungszeitraum (ohne Berücksichtigung geleisteter Zahlungen)	€
1.3.1.	Lohnsteuer	€
1.3.2.	Übrige Steuern	€
1.4.	Rückständige Steuern insgesamt (Betrag aus Nrn. 1.2. und 1.3.)	€
1.4.1.	Davon übrige Steuern (Betrag aus Nrn. 1.2.2. und 1.3.2.)	€
1.5.	Die Gesamtverbindlichkeiten (Nrn. 1.1. + 1.4.) betragen	€
2.	Berechnung der Mittelverwendung	
2.1.	Summe der bezahlten Schulden im Sinne von 1.1. bis zur Zahlungseinstellung	€
2.2.	Summe der bezahlten Steuerverbindlichkeiten im Sinne von 1.4.1. einschließlich Umbuchungen bis zur Zahlungseinstellung	€
2.3.	Gesamtsumme der bezahlten Verbindlichkeiten	€
2.4.	Durchschnittliche Tilgungsquote (Betrag lt. Nrn. 2.3. in v. H. des Betrages lt. Nr. 1.5.)	€
3.	**Bei Anwendung des Prozentsatzes lt. Nr. 2.4. auf die Gesamtsumme der Sterrückstände lt. Nr. 1.4.1. hätte hierauf entrichtet werden müssen ein Betrag von**	€
4.	**Die Haftungssumme errechnet sich wie folgt:**	
4.1.	Betrag, der bei annähernd gleicher Behandlung von Schulden im Sinne von 1.1. und Steuerschulden im Sinne von 1.4.1. auf die Steuerrückstände hätte gezahlt werden müssen lt. Nr. 3.	€
4.2.	Betrag, der tatsächlich auf die Steuerrückstände (einschließlich Umbuchungen) gezahlt worden ist lt. Nr. 2.2. ./.	€
5.	**Ergebnis:** Haftungssumme beläuft sich auf =	€

Auf Grundlage dieser Berechnung, die vor Erlass des Haftungsbe-scheids im Anhörungsverfahren erfolgt, wird die Haftungsquote festgestellt und sodann der Haftungsbescheid erlassen. Kommt der Geschäftsführer seiner Verpflichtung, an der Aufklärung des Sachverhalts mitzuwirken, nicht nach, kann das Finanzamt von seiner Schätzungsbefugnis Gebrauch machen. Dafür hat das Finanzamt die Tatsachen zu ermitteln, die die größtmögliche Wahrscheinlichkeit für sich haben; das Finanzamt wird insbesondere einen Betriebsvergleich anhand der Vorjahresumsätze vornehmen.

Tipp

> Im Anhörungsverfahren ist der von den Finanzämtern verwendete Berechnungsbogen zur Ermittlung der anteiligen Haftung sorgfältig auszufüllen. Dadurch entgeht der Geschäftsführer einer Schätzung, die in den allermeisten Fällen zu einer deutlich höheren Haftung führt.

Auch hier zeigt sich im Übrigen wieder die Bedeutung einer ordnungsgemäßen Buchführung und Dokumentation: Ohne entsprechende Unterlagen kann der Geschäftsführer die Fragen des Finanzamts kaum beantworten und eine Schätzung des Finanzamts nicht entkräften.

5.2.2   Lohnsteuer

Der Grundsatz der anteiligen Tilgung gilt nicht für Lohnsteuerschulden als solche (aber etwa für Säumnis- und Verspätungszuschläge auf Lohnsteuer; BFH, Urteil vom 01.08.00 – VII R 110/99). Folge ist, dass der Geschäftsführer für rückständige Lohnsteuer in voller Höhe persönlich haftet. Die Haftung des Geschäftsführers für Lohnsteuerschulden ist insoweit mit der Haftung wegen Vorenthaltung von Sozialversicherungsbeiträgen vergleichbar (s. Kap. 6.3).

Treuhandfunktion bezüglich der Lohnsteuer

Grund für diese besondere Behandlung ist, dass der Geschäftsführer die Lohnsteuer nur treuhänderisch vom Arbeitslohn der Angestellten einbehält und an das Finanzamt abzuführen hat: Der Arbeitgeber ist gem. §41a Abs. 1 EStG verpflichtet, spätestens am zehnten Tag nach Ablauf eines jeden Lohnsteuer-Anmeldungszeitraums dem Finanzamt die Summe der in diesem Zeitraum einzubehaltenden Lohnsteuer anzugeben und die einbehaltene Lohnsteuer an das Finanzamt abzuführen. Lohnsteuer-Anmeldungszeitraum ist dabei grundsätzlich der Kalendermonat (§41a Abs. 2 Satz 1 EStG).

Maßgebend für die Einbehaltung ist aber der Zeitpunkt der tatsächlichen Lohnzahlung. Wird also z.B. der für den Monat Juni geschuldete Lohn vertragswidrig erst am 2. Juli bezahlt, so endet die sich aus §41a Abs. 1 Satz 1 Nr. 2 EStG ergebende Frist für die Abführung der Lohnsteuer erst am 10. August. Dabei ist zu beachten, dass eine Verpflichtung zur Abführung von Lohnsteuer überhaupt nicht besteht, wenn keine Löhne mehr ausbezahlt wurden. Werden allerdings die Nettolöhne ausgezahlt, ist der Geschäftsführer bei Fälligkeit verpflichtet, die Lohnsteuern zu entrichten. Reichen die vorhandenen Gelder nicht aus, um sowohl die den Arbeitnehmern geschuldeten Nettolöhne voll auszuzahlen als auch die Lohnsteuern an die Steuerbehörde abzuführen, so darf der Geschäftsführer die Nettolöhne nur gekürzt auszahlen und muss die entsprechenden Lohnsteuern aus den dann verbleibenden Mitteln errechnen und abführen.

Tipp

Weil der Geschäftsführer für nicht abgeführte Lohnsteuer in voller Höhe persönlich haftet, ist unbedingt dafür zu sorgen, dass die Lohnsteueransprüche bei Fälligkeit bedient werden können. Ggf. sind die Löhne und Gehälter nur gekürzt auszuzahlen, damit die darauf entfallende Lohnsteuer auch bezahlt werden kann.

Checkliste

Haftung des Geschäftsführers wegen Nichtabführung von Steuern

✔ Mehrere Geschäftsführer haften als Gesamtschuldner. Eine schriftliche und förmliche Ressortverteilung entbindet nicht von der Verpflichtung zur wechselseitigen Überwachung; in der Krise entlastet eine Ressortverteilung gar nicht.

✔ In der Regel wird der Grundsatz der anteiligen Tilgung bei der Berechnung der Haftung angewendet (insbesondere bei der Umsatzsteuer).

✔ Für nicht abgeführte Lohnsteuer haftet der Geschäftsführer in voller Höhe.

✔ Lohnsteuer ist nur geschuldet, wenn auch Löhne ausbezahlt wurden.

5.3 Durchsetzung der Steueransprüche

Die Steuerbehörde kann den Geschäftsführer durch Haftungsbescheid in Anspruch nehmen (§ 191 Abs. 1 AO), ohne den Gerichtsweg beschreiten zu müssen. Die Steuerbehörde hat dabei sowohl ein Entschließungs- als auch ein Auswahlermessen, d. h. es steht in ihrem Ermessen, ob sie den Geschäftsführer bzw. welchen, wenn es sich um mehrere handelt, sie in Anspruch nehmen will. Die Steuerbehörde ist auch nicht verpflichtet, zunächst das Ergebnis des Insolvenzverfahrens und die Ausschüttung einer etwaigen Insolvenzquote auf die Steuerforderung abzuwarten, vielmehr kann der Geschäftsführer in

Inanspruchnahme durch Haftungsbescheid

Anspruch genommen werden, sobald das Insolvenzverfahren eingeleitet wurde.

Wenn ein Haftungsbescheid ergeht, kann der Geschäftsführer hiergegen den Rechtsweg beschreiten und den Haftungsbescheid gem. § 348 Abs. 1 Nr. 4 AO mit dem Einspruch anfechten. Gegen die Einspruchsentscheidung ist sodann die Klage vor dem Finanzgericht möglich (§ 47 FGO).

5.4   Strafbarkeit

Steuerhinterziehung

In Krisensituationen werden typischerweise Steuerstraftaten gem. §§ 370 ff. AO begangen, vor allem Steuerhinterziehung. Die Steuerhinterziehung ist eine besondere Form des Betrugs (s. dazu Teil 1, Kap. 7.1.3). Steuerhinterziehung begeht,

● wer der Finanzbehörde oder einer anderen Behörde über steuerlich erhebliche Tatsachen unrichtige oder unvollständige Angaben macht (Steuerhinterziehung durch Handeln, § 370 Abs. 1 Nr. 1 AO).

Hauptfall der Steuerhinterziehung durch Handeln ist die Abgabe unrichtiger Jahres-Steuererklärungen oder Steueranmeldungen (z. B. Umsatzsteuervoranmeldung, Lohnsteueranmeldung, Kapitalertragsteueranmeldung) beim Finanzamt. Insbesondere in der Krise werden Umsatzsteuervoranmeldungen häufig nicht oder nicht mehr pünktlich abgegeben, was bereits den Tatbestand der Steuerhinterziehung erfüllt.

● wer die Finanzbehörden über steuerlich erhebliche Tatsachen pflichtwidrig in Unkenntnis lässt (Steuerhinterziehung durch Unterlassen, § 370 Abs. 1 Nr. 2 AO).

Hauptfall der Steuerhinterziehung durch Unterlassen ist die Nichtabgabe von Jahres-Steuererklärungen oder Steueranmeldungen, obwohl der Steuerpflichtige dazu verpflichtet wäre.

> **Beispiel:**
> *Die X-GmbH hat erhebliche Liquiditätsprobleme. Daher gibt der Geschäftsführer G nicht die notwendige Umsatzsteuervoranmeldung für den Monat Mai 2007 (Zahllast: 100 T€) ab. Am 16.06.2007 wird auf Antrag eines Gläubigers das Insolvenzverfahren über das Vermögen der X-GmbH eröffnet. Im Strafverfahren verteidigt sich G damit, dass die Finanzbehörden auch bei Abgabe der Umsatzsteuervoranmeldung wegen der Liquiditätsprobleme der X-GmbH nicht in der Lage gewesen wäre, erfolgreiche Vollstreckungsversuche zu unternehmen.*

Lösung:

Mit dieser Verteidigung hat G keinen Erfolg. Weil G keine Voranmeldung abgegeben hat, hatte das Finanzamt keine Kenntnis von der Zahllast der GmbH. Da die Voranmeldung gem. § 168 AO einer Steuerfestsetzung unter dem Vorbehalt der Nachprüfung gleichsteht und auch diese nach § 370 Abs. 4 AO zu einer Steuerverkürzung genügt, liegt ein Fall der Steuerhinterziehung objektiv und subjektiv vor. Nachdem die Strafbarkeit im Übrigen nicht die wirkliche Verletzung des Steueranspruchs oder die wirkliche Beeinträchtigung des Steueraufkommens voraussetzt, sondern vielmehr schon die »Gefährdung« des Steueranspruchs genügt, führt bereits die bloße Nichtfestsetzung zur Strafbarkeit, auf einen tatsächlichen Schaden kommt es nicht an.

Voraussetzung der Strafbarkeit ist, dass eine Steuerverkürzung eintritt. Steuerverkürzung liegt nach der Legaldefinition des § 370 Abs. 4 Satz 1 AO dann vor, wenn die Steuern nicht, nicht in voller Höhe oder nicht rechtzeitig festgesetzt werden.

Schließlich ist Voraussetzung, dass der Täter vorsätzlich handelt. Der Strafrahmen reicht von Geldstrafe bis zu Freiheitsstrafe bis zu fünf Jahren.

> Die bloße Nichtabgabe einer Umsatzsteuervoranmeldung kann die Strafbarkeit wegen Steuerhinterziehung begründen. Es ist daher unbedingt darauf zu achten, dass sämtliche Steuererklärungen und Voranmeldungen fristgerecht abgegeben werden.

Tipp

6   Verletzung von Schutzgesetzen nach § 823 Abs. 2 BGB

6.1   Überblick

Außerhalb vertraglicher Beziehungen können Ansprüche auf Grundlage unerlaubter Handlungen geltend gemacht werden (s. Teil 1, Kap. 6.2). Nachdem vertragliche Beziehungen in aller Regel nur mit der Gesellschaft selbst bestehen, nicht aber direkt mit dem Geschäftsführer, bedarf es eines besonderen Rechtsgrundes für eine direkte Inanspruchnahme des Geschäftsführers. Solche Ansprüche können sich aus unerlaubten Handlungen ergeben.

Verstoß gegen ein Schutzgesetz als unerlaubte Handlung

Eine unerlaubte Handlung liegt insbesondere dann vor, wenn der Geschäftsführer gegen ein »Schutzgesetz« verstößt; in diesem Fall ist der Geschäftsführer dem Gläubiger zum Ersatz des adäquat-kausal verursachten Schadens verpflichtet (§ 823 Abs. 2 BGB i.V.m. dem jeweiligen Schutzgesetz). Ein solches Schutzgesetz stellt die Vorschrift des § 64 Abs. 1 GmbHG dar; die Konsequenzen eines Verstoßes hiergegen wurden bereits im Rahmen der Haftung wegen Insolvenzverschleppung dargestellt (s. Kap. 3). Weitere Schutzgesetze, deren Verletzung vor allem in der Krise in Betracht kommt, sind § 41 GmbHG (Verletzung der Buchführungspflicht), § 266a StGB (Vorenthaltung von Sozialversicherungsbeiträgen) sowie § 1 Abs. 1 Gesetz über die Sicherung von Bauforderungen.

6.2   Verletzung der Buchführungspflicht

6.2.1   Buchführungspflicht

Die GmbH ist als Formkaufmann (§ 13 Abs. 3 GmbHG) zur Buchführung verpflichtet; dies gilt gleichermaßen für die GmbH & Co. KG (§§ 238 Abs. 1, 242 HGB). Gemäß § 41 GmbHG ist der Geschäftsführer verpflichtet, für die ordnungsgemäße Buchführung der Gesellschaft zu sorgen.

Die Buchführungspflicht ist eine öffentlich-rechtliche Pflicht, so dass die Zuordnung zum Geschäftsführer zwingend ist und weder durch Gesellschaftsvertrag oder Geschäftsordnung noch durch Vereinbarung unter den Geschäftsführern abbedungen werden kann. Das bedeutet aber nicht, dass der Geschäftsführer die Buchführungspflicht persönlich zu erfüllen hätte; er hat lediglich für eine ordnungsgemäße Buchführung zu sorgen, was dadurch geschehen kann, dass der Geschäftsführer qualifiziertes Fachpersonal einstellt und angemessen überwacht. Der Geschäftsführer erfüllt seine Buchführungspflicht auch, wenn er die Buchführungsaufgaben an einen zuverlässigen Dritten, z.B. einen Steuerberater vergibt.

Einsatz von qualifiziertem Fachpersonal

Der Inhalt der Buchführungspflicht ergibt sich aus den Vorschriften über die Rechnungslegung (§§ 238 ff. HGB, §§ 42, 42a GmbHG) und den Grundsätzen ordnungsgemäßer Buchführung. Im Allgemeinen umfasst die Buchführungspflicht die Aufzeichnung aller Geschäftsvorfälle, die Aufstellung der Eröffnungsbilanz, des Jahresabschlusses und des Lageberichts, die Erteilung des Auftrags für die Abschlussprüfung sowie die Pflicht zur Aufbewahrung aller relevanten Unterlagen (zur allgemeinen Dokumentationspflicht s. Teil 1, Kap. 5.3.4.7).

Von besonderer Bedeutung ist in diesem Zusammenhang, dass der Geschäftsführer den Jahresabschluss innerhalb der ersten drei Monate des Geschäftsjahres für das vergangene Geschäftsjahr aufstellen muss (§ 264 Abs. 1 Satz 2 HGB), bei kleinen Kapitalgesellschaften (§ 267 Abs. 1 HGB) muss der Jahresabschluss spätestens innerhalb der ersten sechs Monate des Geschäftsjahres aufgestellt werden (§ 264 Abs. 1 Satz 3 HGB).

Aufstellung des Jahresabschlusses

Kapitalgesellschaft im Einzelabschluss (Beträge in Mio. €)			
	klein	**mittelgroß**	**groß**
Bilanzsumme	≤ 4.015	≤ 16.016	> 16.016
Umsatz	< 8.030	≤ 33.120	> 33.120
Arbeitnehmer	≤ 50	≤ 250	> 250
	2 von 3 nicht überschritten	2 von 3 nicht überschritten	2 von 3 überschritten

Größenklassen

6.2.2 Rechtsfolgen

Eine Verletzung der Buchführungspflicht stellt außerhalb eines Insolvenzverfahrens eine Ordnungswidrigkeit dar (§ 334 Abs. 1 HGB). Im eröffneten Insolvenzverfahren oder nach Abweisung des Eröffnungsantrags mangels Masse ist die Verletzung der Buchführungspflicht strafbar (§ 283b StGB; s. Teil 1, Kap. 7.1.2). Der Strafrahmen reicht von Geldstrafe bis zu Freiheitsstrafe bis zu zwei Jahren. Die verspätete Aufstellung der Bilanz stellt im eröffneten Insolvenzverfahren oder nach Abweisung des Eröffnungsantrags mangels Masse eine Straftat gem. § 283 Abs. 1 Nr. 7b StGB dar (Bankrott); eine rechtskräftige Verurteilung nach diesen Delikten führt dazu, dass der Betroffene auf die Dauer von fünf Jahren seit der Rechtskraft des Urteils nicht Geschäftsführer sein kann (§ 6 Abs. 2 Satz 3 GmbHG).

Tipp

> Die Akten aus Insolvenzverfahren werden von Amts wegen an die Staatsanwaltschaft übermittelt, damit dort die Prüfung von Insolvenzdelikten erfolgen kann. Nachdem die Verletzung der Buchführungspflicht ohne Schwierigkeiten festgestellt werden kann, führt dieses Delikt in der Praxis häufig zu strafrechtlichen Verurteilungen. Die Frist für die Aufstellung des Jahresabschlusses ist daher unbedingt zu beachten.

Des Weiteren kann ein persönlicher Gläubiger des Geschäftsführers auf dieser Grundlage durch einen Versagungsantrag die Restschuldbefreiung im Insolvenzverfahren über das Vermögen des Betroffenen verhindern: die Verurteilung wegen eines Bankrottdelikts ist ein Versagungsgrund im Sinne des § 290 Abs. 1 Nr. 1 InsO.

Darüber hinaus haftet der Geschäftsführer der Gesellschaft gegenüber für einen durch die Verletzung der Buchführungspflicht eingetretenen Schaden (§ 43 Abs. 2 GmbHG, s. Teil 1, Kap. 5.3). Ob andere Gläubiger auf die Verletzung der Buchführungspflicht direkte Ansprüche gegen den Geschäftsführer stützen können, ist umstritten. Der BGH ist der Auffassung, dass dies nur dann der Fall sei, wenn ein Außenstehender im Vertrauen auf das ihm zugänglich gemachte, unzulängliche Buchwerk zu Vermögensdispositionen, insbesondere zur Gewährung eines Kredites an die Gesellschaft, veranlasst wurde und gerade deswegen bei der Gesellschaft keine Befriedigung erlangen konnte, weil diese, entgegen dem buchmäßig dargestellten Bild, nicht kreditwürdig war. In der Literatur wird hingegen die Auffassung vertreten, dass die Verletzung der Buchführungspflicht zum einen insolvenzfördernd ist, weil die Funktion der Buchführung entfalle, der wirtschaftlichen Selbstprüfung zu dienen. Zum anderen behindere die unzulängliche Buchführung den aus einem Titel gegen die GmbH vollstreckenden Gläubiger. Aus diesem Grunde tendiert die überwiegende gesellschaftsrechtliche Literatur dazu, einem Gläubiger der Gesellschaft einen unmittelbaren Schadenersatzanspruch gegen den Geschäftsführer zuzubilligen, wenn dieser seine Verpflichtungen zur ordnungsgemäßen Buchführung verletzt hat; es wird prognostiziert, dass der BGH sich zukünftig dieser Auffassung anschließen wird.

Vor diesem Hintergrund ist es von außerordentlicher Bedeutung, die Buchführung ordnungsgemäß auszuführen und Jahresabschlüsse inhaltlich richtig und innerhalb der vorgeschriebenen Zeit aufzustellen.

Schadenersatz-
ansprüche Dritter?

Konsequenzen für den Geschäftsführer bei Verletzung der Verpflichtung zur ordnungsgemäßen Buchführung

✔ Der Geschäftsführer hat insbesondere für die rechtzeitige Bilanzierung zu sorgen.

✔ Die verspätete Bilanzerstellung ist ein Bankrottdelikt i.S.d. § 283 Abs. 1 Nr. 7b StGB, die Verletzung der Buchführungspflicht ist strafbar gem. § 283b StGB. Die rechtskräftige Verurteilung wegen eines dieser Delikte führt zur fehlenden Eignung als Geschäftsführer.

✔ Bei Verletzung der Buchführungspflicht ist ein unmittelbaren Schadenersatzanspruch der Gläubiger gegen den Geschäftsführer denkbar (Auffassung der Rechtslehre).

Checkliste

6.3   Vorenthaltung von Sozialversicherungsbeiträgen

6.3.1   Voraussetzungen

6.3.1.1   Arbeitnehmeranteil

Der Geschäftsführer ist verpflichtet, bei Fälligkeit die Sozialversicherungsbeiträge an die zuständigen Sozialversicherungsträger abzuführen (§ 28e Abs. 1 SGB IV). Diese Sozialversicherungsbeiträge setzen sich zusammen aus Arbeitgeberanteil und Arbeitnehmeranteil. Für den Arbeitnehmeranteil gilt (ähnlich wie bei der Lohnsteuer), dass der Arbeitgeber den Betrag treuhänderisch vom Arbeitslohn einbehält und für den Arbeitnehmer an die Sozialversicherungsträger abführt.

Treuhandfunktion bezüglich des Arbeitnehmeranteils

6.3.1.2   Fälligkeit

Die Zahlung der Sozialversicherungsbeiträge hat gem. § 23 Abs. 1 SGB IV bis zum 15. des Monats zu erfolgen, der auf den Monat folgt, zu dem der Lohnanspruch des Arbeitnehmers fällig geworden ist. Nichtzahlung zum Fälligkeitszeitpunkt bedeutet Vorenthaltung i.S.d. § 266a StGB; bereits die schlichte Nichtzahlung am Fälligkeitstage ist tatbestandsmäßig.

Es ist nochmals ausdrücklich darauf hinzuweisen, dass die Strafbarkeit nur die Nichtabführung der Arbeit**nehmer**anteile zur Sozialversicherung betrifft. Die Nichtabführung der Arbeit**geber**anteile ist nicht tatbestandsmäßig. In diesem Zusammenhang ist besonders zu betonen, dass die Sozialversicherungsbeiträge auch dann in voller Höhe fällig werden, wenn Löhne und Gehälter nicht oder nur gekürzt ausgezahlt wurden; die Verpflichtung zur Abführung der Sozialversicherungsbeiträge knüpft allein an das Entstehen der Lohn- und Gehaltsforderung an, nicht an deren Erfüllung.

Aus diesem Grunde ist es besonders wichtig, dafür zu sorgen, dass die Arbeitnehmeranteile zur Sozialversicherung bei Fälligkeit auch bedient werden können.

Tipp

> Sollte bei Fälligkeit der Sozialversicherungsbeiträge nicht der vollständige Betrag bezahlt werden können, ist vor Fälligkeit ein Schreiben an den Sozialversicherungsträger zu richten, in dem diesem mitgeteilt wird, dass der bezahlte Betrag vorrangig auf die Arbeitnehmeranteile zur Sozialversicherung zu verrechnen ist.

Der Sozialversicherungsträger hat eine Tilgungsbestimmung, wonach vorrangig eine Verrechnung mit Arbeitnehmeranteilen erfolgen soll, mit der Folge, dass der Straftatbestand des § 266a StGB nicht erfüllt ist. Der Überlegung, in jeder Teilzahlung der GmbH liege eine stillschweigende Tilgungsbestimmung hinsichtlich der Arbeitnehmeranteile zur Sozialversicherung, weil die Nichtzahlung straf- und haftungsrechtliche Folgen für den Geschäftsführer haben könne, ist der Bundesgerichtshof ausdrücklich entgegengetreten.

Stundungs-vereinbarung

Eine weitere Möglichkeit zur Vermeidung der Strafbarkeit besteht darin, vor Fälligkeit mit dem Sozialversicherungsträger eine Stundungsvereinbarung zu treffen. Durch die Stundung tritt die Fälligkeit später ein, so dass der Tatbestand des § 266a StGB auch erst zu diesem späteren Zeitpunkt erfüllt werden kann. Die Stundung muss dabei unbedingt vor Eintritt der Fälligkeit vereinbart werden, weil eine nachträgliche Stundungsvereinbarung die bereits eingetretene Strafbarkeit nicht beseitigen kann. In der Praxis ist es dabei von besonderer Bedeutung, die Stundung schriftlich zu vereinbaren, damit später auch der entsprechende Nachweis erbracht werden kann. Nicht genügend ist, wenn der Geschäftsführer deshalb von einer »stillschweigenden« Stundung ausgeht, weil der Sozialversicherungsträger über eine längere Zeit eine verspätete Bezahlung der Arbeitnehmerbeiträge geduldet hat.

6.3.1.3 Vorsatz

Voraussetzung des § 266a StGB ist weiter, dass der Geschäftsführer vorsätzlich handelt. Dabei ist nicht erforderlich, dass der Geschäftsführer die Absicht hat, die Beiträge auf Dauer vorzuenthalten; der Wille, sie am Fälligkeitstage nicht abzuführen, genügt. Genügend ist sogar ein billigendes Inkauf-Nehmen, was schon dann gegeben ist, wenn der Geschäftsführer die Vorstellung gebilligt hat, dass die Arbeitnehmerbeiträge möglicherweise vorenthalten werden und er nicht auf eine rechtzeitige Abführung hingewirkt hat.

Fraglich ist, ob vorsätzliches Handeln auch dann vorliegt, wenn der Geschäftsführer darauf vertraut, die Hausbank werde wie bisher Kredit gewähren und den Scheck, mit dem die Arbeitnehmerbeiträge bezahlt werden sollen, trotz Überschreitens der Kreditlinie auch einlösen. Der BGH hat in einem ähnlichen Fall den Vorsatz verneint (BGH, Urteil vom 01.10.1991, ZIP 1991, 1511) und argumentiert, in einem solchen Fall könne nicht davon ausgegangen werden, dass der Geschäftsführer die Vorenthaltung billigend in Kauf genommen habe. Dieses Urteil ist jedoch auf Widerspruch in der Literatur gestoßen; der Geschäftsführer sollte sich darauf nicht verlassen, sondern sicherstellen, dass am Fälligkeitstage die Zahlung auch geleistet wird.

> Werden in finanziell angespannter Situation die Gehälter aus einem Bankkredit gezahlt, sollte sich der Geschäftsführer von der Bank die verbindliche Zusage geben lassen, dass die Bank zum Fälligkeitstag auch die Sozialversicherungsbeiträge zur Verfügung stellt.

Tipp

Fraglich ist, ob sich der Geschäftsführer mit der Argumentation verteidigen kann, dass er nach der Ressortaufteilung nicht für Finanzfragen zuständig ist. Anders als im Zusammenhang mit Steueransprüchen (dazu s. Kap. 5.1) ist der BGH deutlich strenger und geht davon aus, dass der Geschäftsführer aufgrund der Gesamtverantwortung und Allzuständigkeit seine straf- und damit auch haftungsrechtliche Verantwortlichkeit durch eine interne Zuständigkeitsregelung nicht aufheben, sondern lediglich beschränken kann (BGH, Urteil vom 15.10.1996, ZIP 1996, 2017). Demnach hat der Geschäftsführer jedenfalls weitreichende Überwachungspflichten, die Veranlassung zum Eingreifen geben, wenn Anhaltspunkte dafür bestehen, dass die Erfüllung von der Gesellschaft obliegenden Aufgaben durch den (intern) zuständigen Geschäftsführer oder den mit der Erledigung beauftragten Arbeitnehmer nicht mehr gewährleistet ist. Diese Überwachungspflichten sind außerordentlich streng.

Entlastung durch Ressortverteilung?

Beispiel: BGH, Urteil vom 09.01.2001, ZIP 2001, 422

Die Krankenkasse K nimmt den G – mit F gemeinsam Geschäftsführer der X-GmbH – wegen nicht abgeführter Arbeitnehmeranteile zur Sozialversicherung i.H.v. 40 T€ in Anspruch. Die X-GmbH ist insolvent. G verteidigt sich damit, dass er sich während der Krise der X-GmbH telefonisch bei einem Mitarbeiter und selbst bei einem Mitgeschäftsführer nach der Abführung der Sozialversicherungsbeiträge erkundigt habe.

Lösung:
Dies hat der BGH nicht für ausreichend gehalten und ausgeführt, dass der Geschäftsführer in Anbetracht der bekannten Krisensituation gehalten war, konkrete und hinreichend deutliche Anweisungen für die pünktliche Beitragszahlung zum Fälligkeitszeitraum zu geben; zusätzlich musste er sich durch geeignete Maßnahmen (wie etwa telefonische Rückfragen bei den in Frage kommenden Bankinstituten) vergewissern, dass die Zahlungen pünktlich erfolgten.

6.3.1.4 Unzumutbarkeit normgemäßen Verhaltens

Eine strafrechtliche Verantwortung trifft den Geschäftsführer nicht, wenn der Gesellschaft im Zeitpunkt der Fälligkeit der Arbeitnehmeranteile zur Sozialversicherung die Zahlung unmöglich ist, weil die Gesellschaft zahlungsunfähig ist. Die dadurch eintretende Unmöglichkeit normgemäßen Verhaltens lässt die Tatbestandsmäßigkeit entfallen. Nach ständiger Rechtsprechung des BGH kann die haftungsrechtliche Verantwortung unter dem Gesichtspunkt der Unzumutbarkeit normgemäßen Verhaltens aber nur dann angenommen werden, wenn die Gesellschaft im Fälligkeitszeitpunkt schlechthin außerstande war, die nötigen Gelder aufzubringen, um die Arbeitnehmeranteile abzuführen. Nachdem der Geschäftsführer dafür Sorge zu tragen hat, dass die wirtschaftlich gesehen fremden Gelder am Fälligkeitstage dem Sozialversicherungsträger zugeleitet werden, muss der Geschäftsführer gegebenenfalls eine entsprechende Rückstellung bilden: Sind im Zeitpunkt der Fälligkeit der Lohnzahlungen noch hinreichend Mittel vorhanden, die Nettolohnforderungen zu befriedigen, reichen sie aber nicht mehr aus, auch die Abgabenzahlungen zu leisten, so entgeht der Geschäftsführer einer Haftung nur dann, wenn er die Nettolöhne nur teilweise auszahlt und den Arbeitnehmeranteil an den Versicherungsträger abführt. Der Bundesgerichtshof geht dabei ausdrücklich von einem Vorrang der Beitragsschuld gegenüber anderen Verpflichtungen der Gesellschaft aus.

Erfordernis der Bildung von Rückstellungen

Beispiel: BGH, Urteil vom 21.01.1997, ZIP 1997, 412
Die Krankenkasse K nimmt den G – Geschäftsführer der X-GmbH – wegen nicht abgeführter Arbeitnehmeranteile zur Sozialversicherung i.H.v. 80 T€ in Anspruch. Die X-GmbH ist insolvent. G verteidigt sich damit, dass die X-GmbH am Fälligkeitstage nicht in der Lage gewesen sei, Zahlungen zu leisten, weil zuvor die letzten liquiden Mittel zur Befriedigung anderer fälliger Forderungen von Lieferantengläubigern aufgewendet wurden.

Lösung:
Mit dieser Argumentation hat G keinen Erfolg. Der BGH hat dazu ausgeführt: »Ein Arbeitgeber muss rechtzeitig, jedenfalls in dem kurzen und

regelmäßig überschaubaren Zeitraum, der zwischen Fälligkeit des Arbeitsentgelts und der Fälligkeit der Arbeitnehmerbeiträge liegt, dafür sorgen, dass er die erforderlichen Zahlungsmittel zur Verfügung hat. Dies wird im Normalfall eines Unternehmens mit geregelten wirtschaftlichen und organisatorischen Verhältnissen keine außergewöhnlichen Vorkehrungen erfordern.

Drängen sich jedoch aufgrund der konkreten finanziellen Situation, vor allem bei einer erkennbar verzweifelten Wirtschaftslage, deutliche Bedenken auf, ob am Fälligkeitstage ausreichend Mittel vorhanden sein werden, so ist der Arbeitgeber verpflichtet, durch besondere Maßnahmen, etwa die Aufstellung eines Liquiditätsplans und die Bildung ausreichender Rücklagen unter Zurückstellung anderweitiger Zahlungspflichten, notfalls sogar durch Kürzungen der ausgezahlten Löhne, seine Fähigkeit zur Abführung der Sozialversicherungsbeiträge soweit wie möglich sicherzustellen. (...) Die auf diese Weise bereitzustellenden Mittel dürfen nicht anderweit, auch nicht zur Befriedigung bestehender Verbindlichkeiten des Arbeitgebers, eingesetzt werden, sondern haben ausschließlich der fristgerechten Entrichtung der Arbeitnehmerbeiträge zu dienen.«

Nach dem Beschluss des BGH vom 30.07.2003, NJW 2003, 3787, gilt dieser Vorrang der Beitragsschuld allerdings nicht während des Laufs der Dreiwochenfrist des § 64 Abs. 1 GmbHG. Der Schutzzweck des § 64 Abs. 2 Satz 2 GmbHG, die verteilungsfähige Vermögensmasse einer insolvenzreifen GmbH im Interesse der Gesamtheit der Gläubiger zu erhalten, stünde mit der strafbewehrten Pflicht zur Zahlung von Arbeitnehmeranteilen in Widerspruch. Dieser Widerspruch wurde vom BGH dahingehend aufgelöst, dass die Regelung des § 64 Abs. 2 Satz 1 GmbHG während des Laufs der Dreiwochenfrist die Nichtabführung der Arbeitnehmerbeiträge rechtfertigt.

Angesichts der Schwierigkeiten, den Beginn der Insolvenzantragsfrist zuverlässig festzustellen, ist dieses Urteil für den Geschäftsführer außerordentlich gefährlich: Erfolgt die Zahlung innerhalb der Dreiwochenfrist, haftet der Geschäftsführer gem. § 64 Abs. 2 Satz 1 GmbHG, weil die Zahlung nicht mit der Sorgfalt eines ordentlichen Kaufmanns vereinbar ist. Unterbleibt die Zahlung, droht dem Geschäftsführer die persönliche Haftung gem. § 823 Abs. 2 BGB i.V.m. § 266a StGB, wenn bei Fälligkeit der Sozialversicherungsbeiträge die Dreiwochenfrist bereits abgelaufen ist.

Dreiwochenfrist und Vorrang der Beitragsschuld

6.3.2   Rechtsfolgen

Aus der Treuhandstellung des Arbeitgebers folgt die Strafbewehrung; wenn also der Arbeitnehmeranteil zur Sozialversicherung bei Fälligkeit nicht abgeführt wird, macht sich der Geschäftsführer strafbar gem. § 266a StGB. Der Strafrahmen beträgt Geldstrafe bis Freiheitsstrafe bis zu fünf Jahren, in besonders schweren Fällen Freiheitsstrafe von sechs Monaten bis zu zehn Jahren.

Daneben gilt, dass § 266a StGB ein Schutzgesetz im Sinne des § 823 Abs. 2 BGB ist. Folge hiervon ist, dass der Geschäftsführer für die nicht abgeführten Arbeitnehmeranteile zur Sozialversicherung persönlich und in voller Höhe haftet. Nachdem die Forderung der Sozialversicherungsträger auf einer vorsätzlichen unerlaubten Handlung beruht, führt dies zusätzlich dazu, dass im Rahmen eines etwa **Konsequenzen** vom Geschäftsführer aufgrund eigenen Vermögensverfalls beantrag- **für das persönliche** ten Insolvenzverfahrens die Forderungen der Sozialversicherungs- **Restschuldbe-** träger nicht von der Restschuldbefreiung erfasst werden: Gemäß **freiungsverfahren** § 302 Nr. 1 InsO werden von der Erteilung der Restschuldbefreiung Verbindlichkeiten des Schuldners aus einer vorsätzlich begangenen unerlaubten Handlung nicht berührt, wenn der Gläubiger die entsprechende Forderung unter Angabe dieses Rechtsgrundes zur Insolvenztabelle angemeldet hat. In der Praxis ist festzustellen, dass die Sozialversicherungsträger von diesem Recht zunehmend Gebrauch machen, so dass die Verpflichtung, die Arbeitnehmeranteile zur Sozialversicherung bei Fälligkeit abzuführen, für den Geschäftsführer von besonderer Bedeutung ist.

Tipp

> Nachdem die Nichtabführung der Arbeitnehmeranteile zur Sozialversicherung zur persönlichen Haftung des Geschäftsführers führt und darüber hinaus strafbar ist, hat der Geschäftsführer unbedingt – vorrangig vor allen anderen Verbindlichkeiten (auch vor Lohnsteuerverbindlichkeiten) – für eine fristgerechte Begleichung der Arbeitnehmeranteile zu sorgen.

6.4   § 1 Abs. 1 Gesetz über die Sicherung von Bauforderungen (GSB)

6.4.1   Überblick

Der Gesetzgeber hat dieses über Jahrzehnte hin völlig in Vergessenheit geratene Gesetz aus dem Jahre 1909 durch Novellierung in den Jahren 1969 und 1974 in Erinnerung gerufen. Das Gesetz findet in der Praxis nunmehr zunehmend Anwendung und ist für den **Zunehmende** Geschäftsführer mit hohen Haftungsrisiken verbunden. Das GSB **Praxisrelevanz** will sicherstellen, dass das Baugeld nur für die Kosten des Baus und nicht für andere Zwecke verwendet wird. § 1 Abs. 1 GSB verpflichtet den Empfänger von Baugeld daher, dieses nur zur Befriedigung der Bauhandwerker zu verwenden. Nachdem insbesondere in wirtschaftlichen Schwierigkeiten eingehende Gelder häufig zur Begleichung derjenigen Gläubiger eingesetzt werden, die den größten Druck ausüben, verwirklicht sich die Haftung nach dem GSB regelmäßig in Zeiten der Krise der Gesellschaft.

6.4.2   Voraussetzungen
6.4.2.1   Persönlicher Schutzbereich

Zu dem Personenkreis, der durch die Norm geschützt werden soll, gehören alle die Personen, die an der Herstellung des Baues aufgrund eines Werk-, Dienst- oder Lieferungsvertrages beteiligt sind. Dazu gehören insbesondere:

- Handwerker,
- Generalunternehmer,
- Generalübernehmer,
- Subunternehmer,
- Architekten und Fachingenieure,
- Baustofflieferanten.

6.4.2.2   Baugeld

Baugeld ist nach § 1 Abs. 3 GSB solches, das nicht dem Eigenkapital des Bauherren entstammt, sondern mit grundpfandrechtlich gesicherten Darlehen aufgenommen und zur Begleichung der Baukosten gedacht ist. Damit kommen nur Fremdmittel, nicht Eigenmittel als Baugeld i.S.d. § 1 GSB in Betracht. Hinzukommen muss die Zweckbestimmung, dass mit dem Geld die Baukosten bestritten werden sollen. Diese Zweckbestimmung ergibt sich aus dem Darlehensvertrag.

Definition nach § 1 Abs. 3 GSB

6.4.2.3   Baugeldempfänger

Baugeldempfänger ist in erster Linie, wer als Grundstückeigentümer zugleich Bauherr ist und grundpfandrechtlich gesicherte Darlehen zur Durchführung des Bauvorhabens aufnimmt. Daneben können Baugeldempfänger auch solche Personen sein, die selbst an der Herstellung des Bauwerks beteiligt sind. Vertragliche Beziehungen mit dem Geldgeber, also regelmäßig mit der Bank, sind nicht erforderlich, um als Baugeldempfänger qualifiziert zu werden. Insbesondere bei größeren Bauvorhaben erteilt der Bauherr die Aufträge nicht direkt an die Endunternehmen, sondern schaltet Zwischenpersonen ein, die als Baugeldempfänger in Betracht kommen.

Hierzu gehören insbesondere der Generalunternehmer, der die werkvertragliche Herstellung des Bauwerkes schuldet und diese Pflicht erfüllt, indem er die Bauarbeiten teilweise selbst ausführt, teilweise hierfür Subunternehmer einsetzt. Der Bundesgerichtshof sieht den Generalunternehmer als Baugeldempfänger i.S.d. § 1 GSB

Generalunternehmer und Generalübernehmer als Baugeldempfänger

an, und zwar hinsichtlich des Teils der ihm als Vergütung bezahlten Beträge, der auf die Leistung seiner Subunternehmer entfällt.

Auch der Generalübernehmer, der dem Auftraggeber die Errichtung des Bauwerks schuldet und diese komplett an Nachunternehmer vergibt, ist Baugeldempfänger, weil er die Rolle des Bauherrn übernimmt, der sich um den Bau nicht selbst kümmert. Dies gilt auch für den Baubetreuer, der Aufträge zwar im Namen des Bauherrn abschließt, den Bau jedoch selbständig abwickelt und zur Bezahlung der Rechnungen das Baugeld vom Bauherrn erhält.

6.4.2.4 Baugeldverwendungspflicht

Kein Bestreiten von Kosten des Grundstückser-werbs/der Hypothekenbeschaffung

Der Baugeldempfänger ist grundsätzlich verpflichtet, das erhaltene Baugeld nur zur Befriedigung solcher Personen zu verwenden, die an der Herstellung des Baus aufgrund eines Werk-, Dienst- oder Liefervertrages beteiligt waren. Er darf damit auch nicht die aus dem Grundstückserwerb oder der Hypothekenbeschaffung entstehenden Kosten, z. B. Gerichtskosten, Steuern, Maklerprovisionen und Notargebühren sowie die allgemeinen Unkosten, also Gehälter oder Bürokosten tilgen. Auch darf das Baugeld nicht im allgemeinen Geschäftsgang zur Bestreitung von allgemeinen Unkosten, Gehältern oder Bürokosten verwendet werden.

Eine anderweitige Verwendung des Baugeldes ist bis zu dem Betrage statthaft, in dessen Höhe der Empfänger aus anderen Mitteln Gläubiger der bezeichneten Art bereits befriedigt hat. Ist der Empfänger selbst an der Herstellung des Baues beteiligt (wie z. B. der Generalunternehmer), so darf er gem. § 1 Abs. 2 GSB das Baugeld in Höhe der Hälfte des angemessenen Wertes der von ihm in den Bau verwendeten Leistung oder, wenn die Leistung von ihm noch nicht für den Bau verwendet worden ist, der von ihm geleisteten Arbeit und der von ihm gemachten Auslagen für sich behalten.

Beispiel:

Der G verpflichtet sich gegenüber dem Bauherrn B, die Gewerke Estrich, Fenster und Sanitär auszuführen. Hierfür vereinbart er mit B einen Pauschalpreis i.H.v. 30.000 €. Das Gewerk Sanitär führt er selbst zu einem objektiven Wert von 15.000 € aus. Das Material für die Leistung befindet sich im Lager des G und ist bezahlt. Das Gewerk Estrich vergibt er für 5.000 € an E, das Gewerk Fenster für 10.000 € an F. Nach Fertigstellung aller Leistungen zahlt der B an G 20.000 €.

Lösung:

G darf die Hälfte des objektiven Wertes seiner Leistungen i.H.v. 7.500 € behalten und braucht nur die übrigen 12.500 € des erhaltenen Geldes auszuzahlen. Eine bestimmte Reihenfolge oder eine gleichmäßige Befrie-

digung der Baugläubiger muss G dabei nicht beachten; er darf also etwa an F 10.000 € und an E 2.500 € auszahlen, ohne die Baugeldverwendungspflicht zu verletzen.

6.4.2.5 Vorsatz

Bei einem Verstoß gegen das GSB muss der Geschäftsführer vorsätzlich handeln, wobei bedingter Vorsatz ausreicht. Vom Vorsatz ist auszugehen, wenn der Baugeldempfänger die baugeldbegründenden Umstände für möglich oder nicht ganz fern liegend hält und einen Verstoß gegen die Verwendungspflicht billigend in Kauf nimmt oder sich zumindest damit abfindet.

6.4.3 Rechtsfolgen eines Verstoßes

Will ein Baugläubiger gegen den Geschäftsführer einen Anspruch wegen Verstoßes gegen das GSB durchsetzen, so braucht er nur darzulegen und zu beweisen, dass der Beklagte als Geschäftsführer der Gesellschaft Baugeld in mindestens der Höhe der Werklohnforderung erhalten hat und dass von diesem Geld trotz unterbliebener Begleichung der fälligen Ansprüche nichts mehr vorhanden ist; der Geschäftsführer haftet sodann persönlich in Höhe der ausgefallenen Werklohnforderung. Will sich der Geschäftsführer gegen die Inanspruchnahme verteidigen, muss er die anderweitige ordnungsgemäße Verwendung des Geldes darlegen. Hierzu dient das Baubuch: Der Baugeldempfänger ist gem. § 2 GSB verpflichtet, ein Baubuch zu führen, das u.a. die auf jede Forderung geleistete Zahlung und die Zeit der Zahlung festzuhalten hat. Dieses Baubuch ist dem Gläubiger auf Verlangen vorzulegen. Hat der Baugeldempfänger dieses Baubuch nicht oder nicht ordentlich geführt, so wird zugunsten der Baugläubiger davon ausgegangen, dass in Höhe der im Grundbuch eingetragenen Grundpfandrechte auch Baugelder gewährt worden sind. Der Baugeldempfänger hat dann nachzuweisen, wie er mit diesem Geld umgegangen ist.

Entlastung durch Führung eines Baubuchs

> Die Verwendung von Baugeld für andere Zwecke führt zur persönlichen Haftung des Geschäftsführers. Baugeld ist daher unbedingt zweckentsprechend zu verwenden; die zulässige Verwendung ist durch die Führung eines Baubuchs zu dokumentieren.

Tipp

Hat der Geschäftsführer kein Baubuch geführt, muss er substantiiert darlegen und aufschlüsseln, welche Zahlungen auf das Bauwerk geleistet worden sind und in welcher Art und Weise das Baugeld an die jeweiligen Bauhandwerker weitergeleitet worden ist.

Beispiel:

Ein Grundstückseigentümer bzw. Bauträger, Baubetreuer oder General-übernehmer (Auftraggeber) lässt mit Fremdmitteln ein Bauwerk errich-ten. Diese Fremdmittel sind durch eine Grundschuld gesichert. Die fi-nanzierende Bank zahlt die Fremdmittel an den Auftraggeber nach Bau-tenstand aus. Der Auftraggeber verwendet die Fremdmittel zur Erfüllung anderweitiger Verpflichtungen. Bevor der Auftraggeber die Baubeteilig-ten an diesem Bauvorhaben befriedigen kann, fällt er in Insolvenz. Die Baubeteiligten haben nur noch Insolvenzforderungen.

Lösung:

§ 823 Abs. 2 BGB i.V.m. § 1 GSB eröffnet einen Schadensersatzanspruch gegen den Geschäftsführer der Gesellschaft, der gegen die Vorschriften des GSB verstoßen hat. Im Ergebnis ermöglicht das GSB eine Art Durch-griffshaftung, wenn ein Baubeteiligter mit seiner Bauforderung ausfällt.

6.5 Insolvenzsicherung von Altersteilzeit-Wertguthaben (§ 7d Abs. 1 SGB IV bzw. § 8a AltTZG)

6.5.1 Überblick

Im Zuge der Flexibilisierung von Arbeitszeit erfreuen sich langfris-tig angelegte Arbeitszeitkonten zunehmender Beliebtheit. Da der Ar-beitnehmer mit seiner Arbeitsleistung in Vorleistung geht und die Fälligkeit des Vergütungsanspruchs beträchtlich hinausgeschoben wird, ist die Sicherung des angesparten Wertguthabens im Fall der Insolvenz des Arbeitgebers von außerordentlicher Bedeutung.

6.5.2 § 7d Abs. 1 SBG IV bzw. § 8a AltTZG als Schutzgesetz?

BAG: §7d Abs. 1 SGB IV ist kein Schutzgesetz

Beispiel: BAG, Urteil vom 16.08.2005, ZIP 2006, 344
Der Arbeitnehmer A schloss Anfang 2000 mit der X-GmbH, seiner dama-ligen Arbeitgeberin, eine Altersteilzeitvereinbarung. Danach sollte sein Arbeitsverhältnis ab dem 01.03.2000 als Altersteilzeitarbeitsverhältnis vorgeführt werden und am 28.02.2005 ohne Kündigung enden. Die Frei-stellungsphase sollte am 01.09.2002 beginnen. Im August 2002 wurde das Altersteilzeitarbeitsverhältnis verlängert. Die Arbeitsphase sollte nunmehr am 28.02.2003 und das Arbeitsverhältnis am 28.02.2006 en-den. Diese Vereinbarungen unterzeichnete der Geschäftsführer G der X-GmbH. Maßnahmen zur Insolvenzsicherung des während der Arbeits-phase erarbeiteten Wertguthabens des A erfolgten nicht. Am 01.04.2003

wurde das Insolvenzverfahren über das Vermögen der X-GmbH eröffnet, am 04.04.2003 zeigte der Insolvenzverwalter die Masseunzulänglichkeit an. A nimmt G auf Ersatz des Schadens in Anspruch, der ihm durch die unterbliebene Insolvenzsicherung seines Wertguthabens entstanden ist.

Lösung:

Das BAG wies die Klage des A ab. Begründet wird die Klageabweisung damit, dass § 7d Abs. 1 SGB IV keine Schutzgesetzeigenschaft aufweise. Die Norm verfolge zwar den Zweck, den einzelnen Arbeitnehmer vor dem Verlust seines Wertguthabens wegen Insolvenz des Arbeitgebers zu schützen. Eine persönliche Haftung des GmbH-Geschäftsführers wegen Schutzgesetzverletzung setze jedoch voraus, dass das Schutzgesetz die Verantwortung für den Insolvenzschutz eindeutig dem Arbeitgeber zuweise. Daran fehle es im Falle des § 7d Abs. 1 SBG IV, der die Pflicht zur Absicherung des Wertguthabens gerade beiden Vertragsparteien auferlegt.

Allerdings wurde mit dem zum 01.07.2004 eingefügten § 8a AltTZG die Rechtslage für die Arbeitgeberseite verschärft. Diese Vorschrift weist nun ausschließlich dem Arbeitgeber die Pflicht zur Absicherung von Wertguthaben zu. Damit entfällt zugleich das Hauptargument des BAG, mit dem in der oben genannten Entscheidung der Schutzgesetzcharakter des § 7d SGB IV verneint wurde. Demgemäß muss sich die Praxis darauf einstellen, dass die Rechtsprechung den Schutzgesetzcharakter von § 8a AltTZG zukünftig bejahen wird. Der Geschäftsführer sollte vor diesem Hintergrund zukünftig bei Altersteilzeitarbeitsverhältnissen auf eine ausreichende Insolvenzsicherung achten, um jegliches Risiko einer persönlichen Haftung auszuschließen.

Schutzgesetz-
eigenschaft von
§ 8a AltTZG

7   Eigenkapitalersetzende Gesellschafterleistungen

7.1   Einführung

Die Eigenkapitalausstattung der kleinen und mittelständischen Unternehmen ist für das Betreiben des Geschäftsbetriebes häufig deutlich zu gering. Der Kapitalbedarf kann auch in vielen Fällen nicht immer durch Fremdkapital gedeckt werden. Die Gesellschafter sind daher häufig bereit (und gezwungen), eigene Mittel auf Grundlage von Darlehensverträgen oder auf Grundlage von anderen Vertragsbeziehungen der Gesellschaft zur Verfügung zu stellen. Gegen diese Maßnahme gibt es keine Einwendungen; Gesellschafterdarlehen sind grundsätzlich zulässig (Grundsatz der Finanzierungsfreiheit).

Wenn jedoch der Punkt erreicht ist, in dem die Gesellschaft in die Krise gerät, muss sich der Gesellschafter nach der Gesetzeslage entscheiden: Entweder er führt die Gesellschaft fort und finanziert sie über das statutarische Eigenkapital hinaus weiter – dann muss der Gesellschafter seine Leistung so behandeln lassen, als handele es sich um Eigenkapital. Oder der Gesellschafter zieht seine Gesellschafterleistung ab – dann muss das Unternehmen entweder durch ein Insolvenzverfahren oder das im GmbH-Gesetz vorgesehene außergerichtliche Liquidationsverfahren aus dem Wirtschaftsverkehr ausscheiden.

Diese Konsequenzen sind den Gesellschaftern, die ihre Gesellschafterleistungen häufig auch aus steuerlichen Motivationen heraus erbringen, oft nicht bewusst, mit der Folge, dass die Rechtsfolgen der eigenkapitalersetzenden Gesellschafterleistung erst nach Beantragung der Insolvenz deutlich werden. Für den Geschäftsführer birgt die die Zahlung auf eigenkapitalersetzende Gesellschafterforderungen erhebliche zivilrechtliche und strafrechtliche Haftungsrisiken.

Muster eines Baubuches

Deckblatt

Baubuch

Baustelle: Wohn- und Geschäftshaus XY
Straße: ABC-Straße

Grundbuch: Flurstück Nr. ... im Grundbuch Blatt Nr. ... des Grundbuchs ... Gemarkung ...

Art des Bauwerks: Wohn- und Geschäftshaus
Bauherr: Z-GmbH

Aufbewahren bis (§ 2 letzter Satz GSB)

Seite 1
I. Baugläubiger 1 (§ 2 Abs. 3 Nr. 1 und 2 GSB)

Art der Dienstleistung oder Lieferung: Maurerarbeiten

Ausführender:			Vereinbarte Vergütung:		
Wohnort:					
Datum des Vertrages:					
Voranschlagsumme:			Abrechnungssumme:		
Datum	Geschäftsvorfälle	Debet	Kredit	Bemerkungen

Seite 2
I. Baugläubiger 2 (§ 2 Abs. 3 Nr. 1 und 2 GSB)

Art der Dienstleistung oder Lieferung: Isolierarbeiten

Ausführender:			Vereinbarte Vergütung:		
Wohnort:					
Datum des Vertrages:					
Voranschlagsumme:			Abrechnungssumme:		
Datum	Geschäftsvorfälle	Debet	Kredit	Bemerkungen

Seite 3
I. Baugläubiger 3 (§ 2 Abs. 3 Nr. 1 und 2 GSB)

Art der Dienstleistung oder Lieferung: Stuckarbeiten

Ausführender: Vereinbarte Vergütung:

Wohnort:

Datum des Vertrages:

Voranschlagsumme: Abrechnungssumme:

Datum	Geschäftsvorfälle	Debet	Kredit	Bemerkungen

Seite 4
II. Eigene Leistungen in den Bau und die dafür entnommenen Mittel (§ 1 Abs. 2 und § 2 Abs. 3 Nr. 6 GSB)

Datum	Geschäftsvorfälle	Debet	Kredit	Bemerkungen

Seite 5
III. Zur Bestreitung der Baukosten zugesicherte und vereinnahmte Mittel (§ 2 Abs. 3 Nr. 3 und 4 GSB)

Name:

Wohnort:

Zugesicherte Summe:

Datum des Vertrages: Vereinbarung:

Datum	Geschäftsvorfälle	Debet	Kredit	Bemerkungen

Seite 6
IV. Zu anderen Zwecken zugesicherte und vereinnahmte Mittel (§ 2 Abs. 3 Nr. 3 und 4 GSB)

Name:

Wohnort:

Zugesicherte Summe:

Datum des Vertrages: Vereinbarung:

Datum	Geschäftsvorfälle	Debet	Kredit	Bemerkungen

Seite 7
V. Abtretungen, Pfändungen und sonstige Verfügungen über die unter III. und IV. bezeichneten Mittel (§ 2 Abs. 3 Nr. 5 GSB)

Nr.	Übernahme der Forderung	Datum, Art der Verfügung und die in Betracht kommenden Mittel	Betrag	Bemerkungen

7.2 Grundfall

7.2.1 Voraussetzungen

Der vom Gesetzgeber angenommene Grundfall besteht darin, dass ein Gesellschafter, der mit mindestens 10 % am Kapital der Gesellschaft beteiligt ist, der Gesellschaft zu einem Zeitpunkt ein Darlehen gewährt, in dem ein Gesellschafter als ordentlicher Kaufmann Eigenkapital zugeführt hätte. Anders ausgedrückt: Der Gesellschafter steht in der Krise der Gesellschaft vor der Wahl, neues haftendes Kapital zuzuführen oder die Liquidation der Gesellschaft einzuleiten; er ergreift aber keine dieser beiden Handlungsvarianten, sondern will der Gesellschaft wie ein außenstehender Dritter durch eine andere Leistung (Darlehensgewährung) aus der Krise helfen.

Darlehensgewährung in der Krise

Beispiel: BGH, Urteil vom 14.12.1959, BGHZ 31, 258 ff.
X ist alleiniger Gesellschafter der G-GmbH. Die G-GmbH ist mit einem Stammkapital von 25.000 € ausgestattet. Das Stammkapital wurde voll eingezahlt, war aber wenige Wochen nach Aufnahme des Geschäftsbetriebes bereits weitgehend verbraucht. Daraufhin gewährt X der G-GmbH ein Darlehen i.H.v. 56.000 €. X erhielt hierauf aus den von der G-GmbH nach und nach erwirtschafteten Einnahmen 25.000 € zurück. Auf Erstattung dieses Betrages nimmt der Insolvenzverwalter X in Anspruch.

Lösung:
Der Bundesgerichtshof gab dem Insolvenzverwalter recht und führte Folgendes aus:
»Ohne die ›Darlehen‹ wäre die Gesellschaft (...) zahlungsunfähig, möglicherweise auch überschuldet gewesen. (...) Durch die gewährten ›Darlehen‹ wurde der Eintritt der Zahlungsunfähigkeit verhindert. (...) Sollte der mit den ›Darlehen‹ verfolgte Zweck erreicht werden, so durften diese Gelder nicht als Schulden der Gesellschaft erscheinen, sondern waren vom Beklagten und der GmbH zunächst so zu behandeln, als seien sie haftendes Kapital.«

Wenn der Gesellschafter seine Gesellschafterhilfe zu einer Zeit erbringt, in der die Gesellschaft noch gesund ist, ist die Leistung nicht von Beginn an eigenkapitalersetzend. Mit Eintritt der Krise entsteht aber für den Gesellschafter wiederum der Entscheidungszwang: Der Gesellschafter muss prüfen, ob er die Gesellschaft fortführen will oder nicht; entscheidet er sich für die Fortführung, unterlässt aber die hierfür gebotene Kapitalzuführung und verlangt, hinsichtlich seiner Gesellschafterleistung weiter wie ein außen stehender Gesellschaftsgläubiger behandelt zu werden, muss er aufgrund seiner Finanzierungsfolgenverantwortung hinnehmen, dass seine Leistung

Stehenlassen eines Darlehens

von diesem Zeitpunkt an wie funktionales Eigenkapital behandelt wird. Voraussetzung ist allerdings, dass der Gesellschafter objektiv die Möglichkeit hat, die Gesellschafterhilfe entweder abzuziehen (vertragliche Möglichkeiten, insbesondere Kündigung des Darlehens) oder die Gesellschaft zu liquidieren (gesellschaftsrechtliche Möglichkeiten, insbesondere Auflösung der GmbH, § 60 Abs. 1 Nr. 2 GmbHG). Besteht weder eine Abzugsmöglichkeit durch Kündigung noch durch Liquidation (hierfür ist mangels anderweitiger gesellschaftsvertraglicher Regelungen eine Dreiviertelmehrheit erforderlich), tritt eine Verhaftung der Gesellschafterleistung als Eigenkapital nicht ein.

Tipp

> Die Verhaftung eines Gesellschafterdarlehens als Eigenkapital setzt mit Beginn der Krise der Gesellschaft ein. Damit der Gesellschafter sein Risiko richtig bewerten und eine auf vollständiger Tatsachengrundlage beruhende kaufmännische Entscheidung treffen kann, gilt auch hier, dass die Finanz- und Ertragslage der Gesellschaft zuverlässig festgestellt werden muss.

Feststellung der Krisensituation

Entscheidender Zeitpunkt für die Verhaftung einer Gesellschafterleistung ist also der Beginn der Krise. Die Kontrollfrage für die Feststellung der Krisensituation lautet: Hätte ein Dritter der Gesellschaft in der jetzigen wirtschaftlichen Situation ein Darlehen gewährt, hätte die Gesellschaft also zu marktüblichen Bedingungen am Kapitalmarkt ein Darlehen erhalten können? Es wird folglich die Frage nach der Kreditwürdigkeit der Gesellschaft gestellt. Diese Frage kann nur anhand einer Vielzahl von Indizien beantwortet werden. Indizien, die die Kreditunwürdigkeit bestätigen, sind:

- Eintritt von Insolvenzgründen (Überschuldung, Zahlungsunfähigkeit, drohende Zahlungsunfähigkeit),
- bilanzielle Überschuldung,
- andauernde Liquiditätsschwäche,
- wiederholte Jahresfehlbeträge im Vorfeld des für die Frage des Eigenkapitalersatzes maßgeblichen Zeitpunktes,
- Gewährung von Krediten durch Außenstehende nur unter der Bedingung der Stellung von Gesellschaftersicherheiten,
- Unterlassen von Zahlungen wie Gehältern und Sozialversicherungsbeiträgen, die für die Aufrechterhaltung des Geschäftsbetriebes unerlässlich sind.

7.2.2   Rechtsfolgen

Finanzierungsfolgenverantwortung

Wenn diese soeben dargestellte Krisensituation eingetreten ist, löst ein dennoch gewährtes Darlehen oder ein außerhalb der Krise gewährtes, bei Eintritt der Krise aber stehen gelassenes Darlehen die Finanzierungsfolgenverantwortung aus: Der Gesellschafter muss die oben dargestellte Entscheidung treffen, bei Gewährung/Stehenlassen des Darlehens seine Leistung also wie Eigenkapital behandeln lassen, oder durch Abzug seiner Gesellschafterleistung bzw. formellen Beschluss gem. § 60 Abs. 1 Nr. 2 GmbHG die Liquidation der Gesellschaft herbeiführen.

Wenn sich der Gesellschafter zur Darlehensgewährung in der Krise bzw. zum Stehenlassen seines Darlehens in der Krise entschließt, wird sein Darlehen so behandelt, als handele es sich um Eigenkapital. Daran kann auch eine anschließende Abtretung des Darlehensanspruchs an einen gesellschaftsfremden Dritten nichts ändern. Rückzahlungen auf die Darlehensforderung sind daher verboten; etwa doch erfolgende Zahlungen können von der Gesellschaft, nach Insolvenzeröffnung vom Insolvenzverwalter, für einen bis zu fünf Jahre zurückreichenden Zeitraum zurückverlangt werden (§§ 30, 31 GmbHG). Nachdem diese Konstellation nahezu in jedem Insolvenzverfahren vorkommt, wird jeder Insolvenzverwalter Zahlungen auf Gesellschafterdarlehen für den soeben genannten Zeitraum von fünf Jahren daraufhin untersuchen, ob die Rückzahlung nach Eintritt der Krise der Gesellschaft erfolgte. Sollte dies der Fall sein, wird der Insolvenzverwalter die Ansprüche auf Rückzahlung in das Gesellschaftsvermögen gegen die Gesellschafter verfolgen.

Behandlung des Darlehens wie Eigenkapital

> Bei der Prüfung, ob zur Sanierung der Gesellschaft Mittel durch die Gesellschafter bereitgestellt werden, ist zu berücksichtigen, dass etwa in der Krise erfolgte Rückführungen von Gesellschafterdarlehen vom Insolvenzverwalter zurückverlangt werden. Diese Beträge sind damit ohnehin bereits verloren und können ohne wirtschaftlichen und rechtlichen Nachteil in Erfüllung der Rückzahlungspflicht gegenüber der Gesellschaft zur Sanierung eingesetzt werden.

Tipp

Sollten keine Rückzahlungen erfolgt sein, nimmt der Gesellschafter mit seiner eigenkapitalersetzenden Forderung nur als nachrangiger Insolvenzgläubiger am Insolvenzverfahren teil (§ 39 Abs. 1 Nr. 5 InsO), was zur Folge hat, dass der Darlehensgläubiger erst dann Zahlungen auf seine Forderung erwarten kann, wenn alle einfachen (nicht nachrangigen) Insolvenzgläubiger im Sinne des § 38 InsO vollständig befriedigt wurden. Im wirtschaftlichen Ergebnis bedeutet dies in den allermeisten Fällen, dass auf die Darlehensforderung keinerlei Zahlungen mehr erfolgen werden.

7.3   Eigenkapitalersetzende Sicherheiten

7.3.1   Voraussetzungen

Das Recht der kapitalersetzenden Gesellschafterleistungen genießt
Umgehungsschutz. Die Gesellschafterleistung kann daher nicht nur

Bestellung von
Sicherheiten

in einer Darlehensgewährung bestehen, sondern auch darin, dass
ein mit mindestens 10 % am Stammkapital beteiligter Gesellschafter
für einen Kredit eines fremden Dritten eine Sicherheit stellt, also
eine Bürgschaft übernimmt oder eine Grundschuld an seinem Privatvermögen bestellt. Auch hier gilt, dass die Stellung der Sicherheit in der Krise oder das Stehenlassen einer außerhalb der Krise
gewährten Sicherheit nach Eintritt der Krise zu einer Verhaftung der
Gesellschafterleistung als Eigenkapital führt.

> **Beispiel: BGH, Urteil vom 27.09.1976, BGHZ 67, 171, 182**
> *Der Kläger ist Insolvenzverwalter über das Vermögen der im Jahr 2002*
> *in Insolvenz geratenen X-GmbH. Die X-GmbH hat im Jahr 1998 bei der*
> *B-Bank ein Darlehen in Höhe von 150 T€ aufgenommen, für dass sich*
> *der Gesellschafter G der X-GmbH bis zum Höchstbetrag von 100 T€ ver-*
> *bürgt hat. Ab dem Jahr 1999 gerät die X-GmbH in die Krise. G lässt sei-*
> *ne Bürgschaft dennoch stehen, statt sie gem. § 775 Abs. 1 Nr. 1 BGB*
> *(wesentliche Vermögensverschlechterung des Hauptschuldners) abzu-*
> *ziehen. Anschließend wird die Kreditforderung der B-Bank aus Gesell-*
> *schaftsmitteln vollständig zurückgeführt; G wird dadurch aus seiner*
> *Bürgschaft frei. Der Insolvenzverwalter verlangt von G die Erstattung*
> *des Bürgschaftsbetrages (100 T€) in die Insolvenzmasse.*
>
> **Lösung:**
> *Der Insolvenzverwalter setzt sich durch. Der BGH hat hierzu ausge-*
> *führt:»Auch die Bürgschaftsübernahme durch einen Gesellschafter*
> *kann wie eine Einlageleistung zu behandeln sein, wenn sie nichts wei-*
> *ter als ein Weg ist, einer vor dem wirtschaftlichen Zusammenbruch ste-*
> *henden Gesellschaft durch persönlichen Vermögenseinsatz, aber unter*
> *Vermeidung einer sonst gebotenen Kapitalerhöhung, neue Mittel zuzu-*
> *führen, wenn wirtschaftlich also derselbe Erfolg eintritt, wie wenn der*
> *Gesellschafter in gleicher Lage unmittelbar ein Darlehen gewährt.«*

Alle Sicherheiten, die als Kreditunterlage dienen können, werden
zu funktionalem Eigenkapital umqualifiziert, wenn die Voraussetzungen vorliegen. Dazu gehören

- Schuldversprechen, Kautionen,
- sicherungsweise Übereignung von Gegenständen,
- Bestellung dinglicher Sicherheiten an den Gesellschaftern gehörenden Immobilien,

- Sicherungszession,
- Verpfändung von Bankkonten, Garantieerklärung.

7.3.2 Rechtsfolgen

Folge ist wiederum, dass eine Befriedigung der Regressforderung des Sicherheitengebers nicht erfolgen darf; die Gesellschaft hat zusätzlich einen Anspruch darauf, dass der Sicherheitengeber seine Leistung vorrangig, also vor dem Verbrauch des Gesellschaftsvermögens, erbringt. Wenn also eine Kreditforderung, für die ein Gesellschafter Sicherheiten gestellt hat, in der Krise aus Gesellschaftsmitteln zurückgeführt wurde und der Sicherheitengeber aus diesem Grunde aus seiner Sicherheit frei geworden ist, löst dieses Freiwerden einen entsprechenden Erstattungsanspruch der Gesellschaft aus (§§ 30, 31, 32a, 32b GmbHG). Denn diese Leistungen aus dem gebundenen Vermögen befreien zugleich den Gesellschafter von seiner Sicherungsverpflichtung – dies wird wie eine verbotene Rückzahlung haftenden Kapitals behandelt. Auch dieser Anspruch wird von der Gesellschaft, im eröffneten Insolvenzverfahren vom Insolvenzverwalter, geltend gemacht.

Das Freiwerden aus der Sicherheit löst den Erstattungsanspruch aus

Beispiel:

Einziger Gesellschafter der X-GmbH ist G. Die X-GmbH nimmt bei der B-Bank ein Darlehen über 500 T€ auf. Die Gesellschaft bestellt hierfür eine Sicherheit aus dem Gesellschaftsvermögen durch Bestellung einer Grundschuld an einem im Eigentum der Gesellschaft stehenden Grundstück. Daneben übernimmt G eine Bürgschaft in Höhe von 200 T€. Als die X-GmbH in die Krise gerät, zieht G seine Bürgschaft nicht ab. Es kommt schließlich zur Insolvenzeröffnung; die offene Darlehensforderung der B-Bank beläuft sich zu diesem Zeitpunkt auf 450 T€. Nach Insolvenzeröffnung verwertet die B-Bank ihre Grundschuld durch Zwangsversteigerung und erzielt 350 T€, so dass sich die Restforderung auf 100 T€ beläuft. In dieser Höhe nimmt die B-Bank den G aus der Bürgschaft in Anspruch. Anschließend nimmt auch der Insolvenzverwalter den G auf Zahlung von 100 T€ auf Grundlage der §§ 30, 31, 32a, 32b GmbHG in Anspruch.

Lösung:

Mit Recht: G ist in Höhe von 100 T€ aus seiner Bürgschaft freigeworden, und zwar deshalb, weil die Gesellschaft eigenes Vermögen zur Rückführung der gesicherten Forderung eingesetzt hat. In dieser Höhe steht der Gesellschaft ein Erstattungsanspruch zu, der nach Eröffnung des Insolvenzverfahrens vom Insolvenzverwalter geltend gemacht wird.

7.4   Insbesondere: Eigenkapitalersetzende Nutzungsüberlassung

Eine Gesellschafterleistung kann schließlich auch in der mietweisen Überlassung von Gegenständen durch einen mit mindestens 10 % am Stammkapital beteiligten Gesellschafter an die Gesellschaft bestehen. Typisch sind diese Konstellationen in den Fällen der Betriebsaufspaltung, in der die Gesellschafter der GmbH gleichzeitig Eigentümer eines Grundstücks sind und dieses Grundstück der Gesellschaft mietweise zur Verfügung stellen. Angeknüpft wird hier nicht an die Kreditwürdigkeit, sondern an die Überlassungswürdigkeit. Es kommt also darauf an, ob ein nicht zum Kreis der Gesellschafter gehörender Dritter den Gegenstand zu den gleichen Bedingungen überlassen hätte. Auch hier gilt, dass die Gesellschafterleistung in der Krise als Eigenkapital verhaftet wird, wenn sie nicht abgezogen wird. Folge des Gewährens in der Krise bzw. des Stehenlassens nach Eintritt der Krise trotz Abzugsmöglichkeit ist wiederum, dass die Bezahlung des Mietzinses eine verbotene Rückgewähr von Eigenkapital darstellt und von der Gesellschaft, im eröffneten Insolvenzverfahren vom Insolvenzverwalter, zurückgefordert werden kann.

(Marginalie: Vermietung, insbesondere bei Betriebsaufspaltung)

Beispiel: BGH, Urteil vom 14.12.1992, ZIP 1993, 189
Die K-KG betreibt ein Bauunternehmen. Die Gesellschafter der K-KG gründen sodann die personenidentische G-GmbH; die K-KG vermietet daraufhin an die G-GmbH das Betriebsgrundstück sowie ihr sämtliches Betriebsvermögen. Nachdem die GmbH drei Jahre später in Insolvenz gefallen ist, verlangt der Insolvenzverwalter sämtliche gezahlten Mieten mit der zutreffenden Argumentation zurück, die Betriebsaufspaltung habe von Anfang an kapitalersetzenden Charakter gehabt, so dass die K-KG keine Mietzahlungen hätte fordern und erhalten dürfen.

Lösung:
Der Insolvenzverwalter setzt sich durch. Der BGH führt aus: »Vermietet oder verpachtet ein Gesellschafter der GmbH das ganze für deren Unternehmen benötigte Anlagevermögen, so liegt darin eine eigenkapitalersetzende Leistung, wenn die Gesellschaft weder selbst über die zur Anschaffung einer solchen Betriebseinrichtung erforderlichen Mittel verfügt, noch sich diese aus eigener Kraft auf dem Kapitalmarkt zu üblichen Bedingungen beschaffen könnte und ein vernünftig handelnder Vermieter oder Verpächter, der nicht an der Gesellschaft beteiligt ist und sich auch nicht an ihr beteiligen will, mit dieser einen entsprechenden Nutzungsüberlassungsvertrag über die komplette Betriebseinrichtung unter den gegebenen Umständen nicht schließen würde.«

Die Ansprüche verjähren wiederum in fünf Jahren mit der Folge, dass der Insolvenzverwalter die Lage der Gesellschaft bis zu fünf Jahre zurückverfolgen muss, um festzustellen, wann die Krise eingetreten ist; ab diesem Zeitpunkt können bezahlte Mieten eine verbotene Rückgewähr von Eigenkapital und damit vom Gesellschafter zurückzuerstatten sein.

Darüber hinaus hat der Insolvenzverwalter jedenfalls bis zur ersten vertraglichen Beendigungsmöglichkeit das Recht, den überlassenen Gegenstand weiter zu nutzen, ohne Mietzinszahlungen leisten zu müssen. Dies führt für die häufig ebenfalls fremdfinanzierten Grundstückseigentümer zu der wirtschaftlichen Konsequenz, dass das Grundstück weiterhin vom Insolvenzverwalter genutzt wird, aber zukünftig keinerlei Mietzinszahlungen geleistet werden (der Insolvenzverwalter vielmehr Mietzinszahlungen aus der Vergangenheit zurückfordert), was die Kapitaldienstfähigkeit der Grundstückseigentümer häufig in Frage stellt. Wenn der Überlassungsvertrag dies vorsieht, müssen die Gesellschafter sogar zusätzliche Leistungen ohne Entgelt erbringen.

Unentgeltliche Nutzung bis zur ersten vertraglichen Beendigungsmöglichkeit

Beispiel: BGH, Urteil vom 26.06.2000, ZIP 2000, 1491
Die Beklagten sind Eigentümer eines betrieblich von der G-GmbH genutzten Grundstücks. An der G-GmbH sind die Beklagten mehrheitlich beteiligt. Nach Eröffnung des Insolvenzverfahrens verlangt der Insolvenzverwalter die bezahlte Miete zurück, weil die Mietzinszahlung der unzulässigen Rückgewähr von Eigenkapital gleichsteht. Die Beklagten verteidigen sich gegen diese Forderung des Insolvenzverwalters; sie wollen mit einer Gegenforderung, gerichtet auf die Erstattung von Mietnebenkosten (Entwässerung/Heizung), für die Zeit nach der Insolvenzeröffnung aufrechnen.

Lösung:
Mit dieser Aufrechnung können sich die Beklagten nicht durchsetzen. Die Umqualifizierung eines Miet- oder Pachtverhältnisses über ein Grundstück in funktionales Eigentum erstreckt sich grundsätzlich auf alle in dem Gebrauchsüberlassungsvertrag eingegangenen Verpflichtungen des Gesellschafters. Soweit der Gesellschafter nach diesem Vertrag auch die Versorgung des Grundstücks – etwa mit Wärme, Wasser oder Strom – schuldet, ist er verpflichtet, die während der Krise der Gesellschaft dafür entstehenden Kosten zu tragen, und kann einen etwa aufgrund einer vertragsgemäß jährlich vorzunehmenden Abrechnung entstehenden Erstattungsanspruch nicht durchsetzen.

7.5 Exkurs: Eigenkapitalersetzende Forderungen im Überschuldungsstatus

Nachrangige Insolvenz-forderungen

Im eröffneten Insolvenzverfahren werden eigenkapitalersetzende Forderungen gem. § 39 Abs. 1 Nr. 5 InsO als nachrangige Insolvenzforderungen behandelt, kommen also nur zum Zug, wenn alle einfachen (nicht nachrangigen) Insolvenzgläubiger befriedigt wurden (was in der Praxis nur in den allerseltensten Fällen vorkommt). Die Frage, ob eine eigenkapitalersetzende Forderung im Überschuldungsstatus zu passivieren ist, wurde im Urteil des BGH vom 08.01.2001, ZIP 2001, 235 bejaht. Etwas anderes gilt nur dann, wenn der betreffende Gesellschafter einen sog. »Rangrücktritt« erklärt hat.

Beispiel: BGH, Urteil vom 08.01.2001, ZIP 2001, 235

Die G-GmbH erwirtschaftet erstmals im Geschäftsjahr 1992 ein negatives Betriebsergebnis, das zu einem nicht durch Eigenkapital gedeckten Fehlbetrag i.h.v. 85 T€ führt. Im Geschäftsjahr 1993 erhöht sich dieser Fehlbetrag auf 1.200 T€. Im November 1993 und im Mai 1994 gewähren die Gesellschafter X und Y der G-GmbH Darlehen i.h.v. jeweils 1.000 T€. Noch im Juni 1994 leistet der Geschäftsführer Z der G-GmbH Zahlungen an einen Lieferantengläubiger, dessen Forderung bereits überfällig ist. Ende Juli 1994 wird die Eröffnung des Insolvenzverfahrens beantragt, das im August 1994 eröffnet wird. Der Insolvenzverwalter nimmt den Geschäftsführer gem. § 64 Abs. 2 GmbHG in Anspruch und trägt vor, dass die Gesellschaft bereits im Juni 1994 überschuldet war. Der Geschäftsführer verteidigt sich damit, dass eine Überschuldung deshalb nicht vorgelegen habe, weil die Darlehensforderungen der Gesellschafter eigenkapitalersetzend und daher im Überschuldungsstatus nicht zu berücksichtigen seien.

Lösung:

Mit dieser Argumentation kann sich der Geschäftsführer nicht durchsetzen. Der BGH führt insoweit aus:»Forderungen eines Gesellschafters aus der Gewährung eigenkapitalersetzender Leistungen sind, soweit für sie keine Rangrücktrittserklärung abgegeben worden ist, in der Überschuldungsbilanz der Gesellschaft zu passivieren. (...) Damit eine Passivierung im Überschuldungsstatus unterbleiben kann, hat der Gesellschafter-Gläubiger sinngemäß zu erklären, (...) er wolle wegen der genannten Forderungen erst nach der Befriedigung sämtlicher Gesellschaftsgläubiger und – bis zur Abwendung der Krise – auch nicht vor, sondern nur zugleich mit den Einlagerückgewähransprüchen seiner Mitgesellschafter berücksichtigt, also so behandelt werden, als handele es sich bei seiner Gesellschafterleistung um statutarisches Kapital.«

Der Gesellschafter muss also erklären, dass seine Forderung in den Rang hinter die Forderungen aller anderen Gläubiger der Gesellschaft zurücktritt und erst nach Befriedigung aller anderen Gläubiger aus zukünftigen Gewinnen nach Wiederherstellung des Kapitals bzw. aus einem zukünftigen Liquidationserlös oder aus anderem freien Vermögen zu bedienen ist. Hier ist unbedingt auf die richtige Formulierung zu achten, weil ansonsten die Gefahr besteht, dass die Finanzverwaltung handels- und steuerbilanziell ein Passivierungsverbot für die mit Rangrücktritt belegte Verbindlichkeit annehmen könnte, was zu dem unerwünschten Effekt führt, dass außerordentliche Erträge (Buchgewinne) entstehen. Die Rangrücktrittserklärung soll aber an der handels- bzw. steuerbilanziellen Behandlung der Forderung nichts ändern, sondern nur zur Folge haben, dass die betroffene Forderung im Überschuldungsstatus nicht mehr zu passivieren ist. Rangrücktritts-
erklärung

Grund für diese auf den ersten Blick nicht nachvollziehbare Differenzierung ist, dass der Geschäftsführer die oftmals schwierige Frage, ob eine Forderung eigenkapitalersetzend ist oder nicht, nicht entscheiden soll. Vielmehr soll der Gesellschafter-Gläubiger die ausdrückliche Erklärung abgeben, dass er mit seiner Forderung im Rang zurücktritt; gibt er diese Erklärung nicht ab, ist seine Forderung im Überschuldungsstatus zu passivieren.

Für den Gesellschafter-Gläubiger einer eigenkapitalersetzenden Forderung bedeutet diese Rechtslage, dass eine zur Beseitigung der Überschuldung rechtlich erforderliche Rangrücktrittserklärung wirtschaftlich keine Auswirkungen hat: Im eröffneten Insolvenzverfahren ist eine eigenkapitalersetzende Forderung mit oder ohne Rangrücktrittserklärung nur eine nachrangige Insolvenzforderung.

Tipp

In der Krise hat der Geschäftsführer die Gesellschafter-Gläubiger zur Vermeidung einer Überschuldung aufzufordern, mit ihren Forderungen im Rang zurückzutreten. Wirtschaftlich ist die Rangrücktrittserklärung für eine eigenkapitalersetzende Forderung nicht nachteilig, weil die Forderung im eröffneten Insolvenzverfahren ohnehin nur als nachrangige Insolvenzforderung zum Zuge kommt und daher in den allermeisten Fällen wirtschaftlich wertlos ist.

7.6 Haftungsrisiken des Geschäftsführers

7.6.1 Überblick

Risiko der Strafbarkeit und zivilrechtliche Haftung

Die Rückgewähr einer eigenkapitalersetzenden Gesellschafterleistung kann zu einer Strafbarkeit nach § 266 StGB (Untreue) führen (s. Teil 1, Kap. 7.1.6) und damit auch zu einer zivilrechtlichen Haftung gem. § 823 Abs. 2 BGB i.V.m. § 266 StGB. Darüber hinaus kommt insbesondere eine persönliche Haftung des Geschäftsführers gem. § 43 Abs. 1, Abs. 3 GmbHG in Betracht.

7.6.2 Grundfall

Für den Geschäftsführer besteht das Risiko darin, dass er gem. § 43 Abs. 1, Abs. 3 GmbHG neben den Gesellschaftern für die schuldhafte unzulässige Darlehensrückerstattung haftet. Der Geschäftsführer darf also ein der GmbH von einem Gesellschafter in der Krise gewährtes Darlehen bzw. ein außerhalb der Krise gewährtes, bei Eintritt der Krise aber stehengelassenes Darlehen nicht zurückgewähren, wenn dadurch eine Unterbilanz oder gar eine Überschuldung der Gesellschaft eintreten oder auch nur vertieft würde. Der Geschäftsführer muss sich daher zur Vermeidung seiner persönlichen Haftung Klarheit darüber verschaffen, wann ein Darlehen mangels Kreditwürdigkeit eigenkapitalersetzend ist, insbesondere dann, wenn der darlehensgebende Gesellschafter die Rückgewähr des Darlehens verlangt und die Gesellschafterversammlung den Geschäftsführer anweist, die Rückzahlung vorzunehmen.

7.6.3 Eigenkapitalersetzende Sicherheiten

Macht der Kreditgeber gegen die Gesellschaft seinen durch den Gesellschafter gesicherten Rückforderungsanspruch in der Krise der Gesellschaft geltend, so hat der Geschäftsführer dafür Sorge zu tragen, dass der Rückforderungsanspruch des Kreditgebers aus den Sicherheiten des Gesellschafters und nicht aus dem Vermögen der Gesellschaft befriedigt wird. Kommt der Geschäftsführer dieser Verpflichtung nicht nach und leistet aus dem Gesellschaftsvermögen Zahlungen auf den Rückforderungsanspruch des Darlehensgebers, so steht diese Leistung rechtlich und wirtschaftlich einer Rückzahlung eines eigenkapitalersetzenden Darlehens an den Gesellschafter gleich mit der Folge, dass wiederum eine Haftung des Geschäftsführers gem. § 43 Abs. 1, Abs. 3 GmbHG droht.

Erscheinungsformen eigenkapitalersetzender Gesellschafter-leistungen und deren Behandlung durch den Geschäftsführer

✔ Es liegt ein Darlehen eines mit mehr als 10 % am Stammkapital der Gesellschaft beteiligten Gesellschafters vor.

✔ Kreditsicherheiten, insbesondere Bürgschaften und Grundschul-den, aus dem Vermögen des Gesellschafters können eigenkapital-ersetzend sein.

✔ Eine Nutzungsüberlassung (Miete) ist eine typische eigenkapital-ersetzende Gesellschafterleistung.

✔ Zahlungen auf eigenkapitalersetzende Forderungen lösen einen Erstattungsanspruch der Gesellschaft aus. Dieser Anspruch wird im eröffneten Insolvenzverfahren vom Insolvenzverwalter geltend gemacht.

✔ Eigenkapitalersetzende Forderungen sind im Überschuldungsstatus grundsätzlich zu passivieren; etwas anderes gilt nur dann, wenn der Gesellschafter-Gläubiger einen Rangrücktritt erklärt hat.

✔ Die Zahlung auf eine eigenkapitalersetzende Forderung kann für den Geschäftsführer eine Untreuehandlung i.S.d. § 266 StGB darstellen. Daneben kommt die persönliche Haftung für die zurück-gewährte Leistung gem. § 43 Abs. 3 GmbHG in Betracht.

8 Kapitalerhaltung bei Management Buy-Out und Cash-Management

8.1 Einführung

Als »Management Buy-Out (MBO)« bezeichnet man den Erwerb des Unternehmens durch die leitenden Mitarbeiter, während das »Cash-Management« ein Verrechnungssystem für verbundene Unternehmen ist. Die Behandlung dieser Institute mag im vorliegenden Zusammenhang (»Typische Fehler des Geschäftsführers in der Krise«) überraschend erscheinen, weil beide während des laufenden Geschäftsbetriebs außerhalb der Krise gegenständlich sind. Mit Eintritt der Krise oder nach Eröffnung eines Insolvenzverfahrens können jedoch im Zusammenhang mit diesen Instituten ergriffene Maßnahmen (insbesondere Auszahlungen und/oder Darlehensgewährungen an Gesellschafter und/oder Bestellung von Sicherheiten), die vor Eintritt der Krise und vor Eröffnung des Insolvenzverfahrens unbedenklich erschienen, Haftungsfallen für den Geschäftsführer darstellen, so dass eine Darstellung an dieser Stelle angezeigt ist.

8.2 Grundlage: Der Kapitalbindungstatbestand des § 30 Abs. 1 GmbHG

Nach § 30 Abs. 1 GmbHG darf das zur Erhaltung des Stammkapitals erforderliche Vermögen der Gesellschaft an die Gesellschafter nicht ausgezahlt werden. Die Bestimmung dient dem Schutz des haftenden Gesellschaftsvermögens. Das Gesetz geht dabei von der Sicherung des Reinvermögens der Gesellschaft in Höhe einer bestimmten nominalen Rechnungsziffer (Stammkapital) aus. Die Pflichten zur Erhaltung des Stammkapitals greifen mithin nur, wenn das Reinvermögen der Gesellschaft einen bestimmten Rechnungsbetrag – das im **Formelle Unter-** Handelsregister eingetragene Stammkapital – unterschreitet (sog. **kapitalisierung** formelle Unterkapitalisierung).

Adressat der Pflichten zur Kapitalerhaltung ist in erster Linie der Geschäftsführer der Gesellschaft. Er darf keine verbotswidrigen Auszahlungen i.S.d. § 30 Abs. 1 GmbHG vornehmen. Für eine dennoch vorgenommene Auszahlung haftet der Geschäftsführer persönlich (§ 43 Abs. 1, Abs. 3 GmbHG). Dies gilt ungeachtet einer entgegenstehenden Weisung der Gesellschafter, wenn die Zahlung zur Befriedigung der Gesellschaftsgläubiger erforderlich ist.

Beispiel:

X ist Geschäftsführer der G-GmbH, deren Stammkapital 50 T€ beträgt. Nach fortgeschriebenen Buchwerten weist die G-GmbH Aktiva i.H.v. 100 T€ aus und neben dem Stammkapital weitere Passiva i.H.v. 75 T€. Damit besteht eine Unterbilanz i.H.v. 25 T€ (das Reinvermögen der Gesellschaft deckt also nicht mehr das Stammkapital). Die Gesellschafter A und B weisen den X an, das auf dem Geschäftskonto der G-GmbH befindliche Guthaben i.H.v. 10 T€ zu gleichen Teilen an A und B auszukehren. X nimmt die Auszahlung vor. Später fällt die G-GmbH in Insolvenz. Der Insolvenzverwalter nimmt den X auf Rückzahlung der ausgezahlten 10 T€ in Anspruch.

Lösung:

Damit setzt sich der Insolvenzverwalter durch. Der Geschäftsführer haftet gem. § 43 Abs. 1, Abs. 3 GmbHG. Der Einwand des Geschäftsführers X, er habe nur eine Weisung der Gesellschafter befolgt, hilft ihm nicht, weil der Rückzahlungsbetrag in der Insolvenz der G-GmbH zur Befriedigung der Insolvenzgläubiger erforderlich ist.

8.3 Verstoß gegen die Kapitalbindungspflicht beim typischen Fall des Management Buy-Out?

Grundsätzlich ist der Anwendungsbereich des § 30 Abs. 1 GmbHG nur eröffnet, wenn eine Auszahlung aus dem zur Erhaltung des Stammkapitals erforderlichen Vermögen erfolgt. Fraglich ist, ob auch eine bloße Gefährdung des Gesellschaftsvermögens zugunsten der Gesellschafter eine analoge Anwendung des § 30 Abs. 1 GmbHG rechtfertigt. Ein für die Praxis bedeutender Fall, in dem das zur Erhaltung des Stammkapitals erforderliche Vermögen zwar nicht notwendig gemindert, jedoch erheblich gefährdet wird, ist die Besicherung von Gesellschafterschulden gegenüber Dritten aus dem Gesellschaftsvermögen. Diese Situation ist typisch beim sog. »Management Buy-Out«.

Gefährdung des Gesellschaftsvermögens als Fall des § 30 Abs. 1 GmbHG?

> **Beispiel:**
>
> *Die Geschäftsführer X und Y der G-GmbH erwerben von den Gesellschaftern A und B der G-GmbH sämtliche Geschäftsanteile. Da X und Y den Kaufpreis nicht selbst aufbringen können, nehmen sie hierfür einen Bankkredit bei der B-Bank auf, der durch eine Sicherungsgrundschuld an dem im Eigentum der G-GmbH stehenden Betriebsgrundstück besichert wird. Der B-Bank ist der gesamte Sachverhalt bekannt. Zum Zeitpunkt der Besicherung weist die G-GmbH keine Unterbilanz aus, hat aber auch keinerlei Rücklagen oder Gewinnvorträge.*

Unter welchen Voraussetzungen in diesem Fall, bei dem eine Unterbilanz nicht feststeht, ein Verstoß gegen § 30 GmbHG vorliegt, wird in der Literatur kontrovers diskutiert (wenn eine Unterbilanz feststeht, gilt nach allgemeiner Meinung schon die Bestellung und nicht erst die Verwertung der Sicherheit als Auszahlung i.S.d. § 30 GmbHG). Das Problem liegt darin, dass jenseits der Stammkapitalgrenze nach überwiegender Ansicht nur solche Auszahlungen verboten sind, die unter Zugrundelegung der Fortführungswerte der Jahresbilanz eine Unterbilanz herbeiführen.

Die Bestellung von Kreditsicherheiten ist bilanzneutral

Die Bestellung von Kreditsicherheiten ist jedoch nach § 251 HGB lediglich unter der Bilanz zu vermerken, so dass sie zwar erkennbar sind, sich aber auf die Vermögenslage nicht auswirken. Die Bestellung von Kreditsicherheiten ist damit bilanzneutral und kann eine Unterbilanz im Regelfall nicht herbeiführen. Im Regelfall, d. h. wenn der Gesellschafter im Zeitpunkt der Bestellung der Kreditsicherheit solvent bzw. kreditwürdig ist, kann der gesamte Vorgang erst zu einem späteren Zeitpunkt bilanzwirksam werden, und zwar dann, wenn mit der Inanspruchnahme der Gesellschaft aus der Kreditsicherheit gerechnet werden muss. Erst dieser aufgrund der Wahrscheinlichkeit der Inanspruchnahme begründete Wechsel der bilanziellen Bewertung kann dann eine Unterbilanz herbeiführen.

Der nach der Bestellung der Sicherheit mit der Verschlechterung der Vermögensverhältnisse beim Gesellschafter einhergehende Wechsel des bilanziellen Wertansatzes ist selbst aber keine »Auszahlung« i.S.d. § 30 Abs. 1 GmbHG, da hierdurch der Gesellschaft keine wirtschaftliche Substanz entzogen wird. In der Verwertung der Sicherheit durch den Sicherungsnehmer liegt ebenfalls keine Auszahlung »an den Gesellschafter«; denn der Gesellschafter erlangt durch die Verwertung der Sicherheit weder unmittelbar noch mittelbar einen wirtschaftlichen Vorteil, da er aufgrund der Inanspruchnahme der Gesellschaft aus der Kreditsicherheit nunmehr einem Regressanspruch der Gesellschaft ausgesetzt ist.

Von der Besicherung eines Gesellschafterkredits durch die Gesellschaft jenseits der Stammkapitalgrenze kann mithin im Einzelfall eine beträchtliche Gefährdung des zur Erhaltung des Stammkapitals erforderlichen Vermögens ausgehen.

Deshalb wird in der Literatur teilweise vertreten, dass die Gefährdung des zur Erhaltung des Stammkapitals erforderlichen Vermögens als notwendige Folge eines bilanzorientierten Auslösemoments der Auszahlungssperre hingenommen, die im Beispiel dargestellte Handhabung also als zulässig angesehen werden müsse.

Nach anderer Ansicht ist in diesen Fällen im Interesse eines effektiven Gläubigerschutzes Abhilfe notwendig. Vorgeschlagen werden zwei Lösungswege:

Gläubigerschutz: Lösungswege

- **Ausweitung des Adressatenkreises des Auszahlungsverbots**
  Die Gefährdung des zur Erhaltung des Stammkapitals erforderlichen Vermögens soll dadurch verhindert werden, dass ausnahmsweise die Vorschrift des § 30 Abs. 1 GmbHG auch dem außenstehenden Dritten, hier dem Sicherungsnehmer, entgegengehalten werden kann, und zwar dann, wenn der Dritte die Gesellschaftereigenschaft seines Kreditnehmers im Zeitpunkt der Bestellung der Kreditsicherheit aus dem Gesellschaftsvermögen kannte bzw. kennen musste. Folge dieser Lösung wäre im Beispielsfall, dass die B-Bank die Grundschuld nicht verwerten dürfte.

- **Vorverlagerung der Auszahlungssperre**
  Besicherungen der Gesellschaft zugunsten eines Gesellschaftsgläubigers sollen nur dann zulässig sein, wenn sie durch entsprechende freie Rücklagen oder Gewinnvorträge jenseits der Stammkapitalgrenze kompensiert werden. Folge wäre im Beispielsfall, dass die Gesellschafter-Geschäftsführer X und Y Schuldner eines Rückzahlungsanspruchs in Höhe des Wertes des weggegebenen Gesellschaftsvermögens wären.

Höchstrichterliche Rechtsprechung gibt es zu dieser konkreten Fallgestaltung nicht. Allerdings hat der Bundesgerichtshof für die Darlehensgewährung in der Entscheidung des BGB vom 24.11.2003, BGHZ 157, 72, darauf abgestellt, dass die Kreditgewährung der Gesellschaft an den Gesellschafter, die nicht aus Rücklagen oder Gewinnvorträgen, sondern zu Lasten des gebundenen Vermögens der GmbH erfolgt, auch dann grundsätzlich als verbotene Auszahlung von Gesellschaftsvermögen zu bewerten ist, wenn der Rückzahlungsanspruch gegen den Gesellschafter im Einzelfall vollwertig sein sollte. Nachdem aber die Sicherheitenbestellung der Darlehensgewährung wirtschaftlich gleichsteht, ist anzunehmen, dass der Bundesgerichtshof auch in diesem Fall i.S.d. der zweiten Ansicht (Vorverlagerung der Auszahlungssperre) entscheiden wird. In jedem Fall ist die dargestellte Vorgehensweise mit erheblichen Haftungsrisiken sowohl für die (Gesellschafter-)Geschäftsführer als auch für die Sicherungsnehmer (in aller Regel Kreditinstitute) behaftet.

8.4   Cash-Management

8.4.1   Wirtschaftlicher Zweck des Cash-Managements

Unter Cash-Management (auch Sweeping oder Cash-Pooling genannt) versteht man ein Verrechnungssystem für verbundene Unternehmen, das dazu dient, einen Gesamtsaldo aus den Konten sämtlicher Konzernunternehmen zu bilden und damit eine optimale konzerninterne Liquiditätsversorgung sicherzustellen. Damit können der Finanzbedarf des Konzerns und seiner einzelnen Unternehmen besser geplant und kontrolliert und die Aussichten, durch die Nachfrage höherer Volumina interessantere Konditionen zu erhalten, verbessert werden. Auf diese Weise soll erreicht werden, dass sich die debitorischen und kreditorischen Salden der einzelnen Konzernunternehmen ganz oder teilweise ausgleichen, damit nicht eine Konzerngesellschaft zum Sollzins Mittel aufnimmt, während die andere überschüssige Mittel zu einem niedrigeren Habenzins anlegen muss. Ein etwaiger Sollsaldo entsteht dann nur auf dem Zielkonto, für das eine entsprechende Kreditlinie eingeräumt wird. Durch diese Gestaltung wird der Kreditbedarf für die Firmengruppe insgesamt reduziert. Gleichzeitig wird auch der Kreditrahmen, den die Bank dem Konzern zur Verfügung stellt, entsprechend niedriger gehalten; der Kreditbedarf muss nämlich nur für das Unternehmen, bei dem das Zielkonto geführt wird, bemessen und an den zu erwartenden Salden ausgerichtet werden. Der Rückgriff auf dieses System ist sowohl bei nationalen als auch bei internationalen Konzernen und Unternehmensgruppen zur Selbstverständlichkeit geworden.

Sicherstellung einer optimalen konzerninternen Liquiditätsversorgung

8.4.2   Gefahren des Cash-Managements

So vorteilhaft das dargestellte Verfahren in einem gesunden Konzern auch sein mag, so riskant ist es in der Krise des cashpoolverwaltenden Unternehmens für die in das Cash-Management einbezogenen Konzernunternehmen. Wenn diese nämlich täglich ihre gesamte Liquidität an die Muttergesellschaft abführen, bedeutet dies, dass sie in dem Zeitpunkt, in dem die Muttergesellschaft von einem Verfügungsverbot betroffen ist oder in dem ein Insolvenzverfahren über ihr Vermögen eröffnet wird, ihrer sämtlichen Zahlungsmittel beraubt und damit möglicherweise gezwungen sind, ihrerseits ein Insolvenzverfahren wegen Zahlungsunfähigkeit zu beantragen, obwohl sie nicht überschuldet sind, oder weil ihre Überschuldung dadurch ausgelöst wird, dass durch die Abführung ihrer Liquidität an die

Krise des cashpoolverwaltenden Unternehmens

Muttergesellschaft hohe Forderungen an diese entstanden sind, die wegen deren Insolvenz wertberichtigt werden müssen. Es bestehen damit zusammengefasst folgende Gefahren bei der Beteiligung an einem konzernweiten Cash-Management-System:

- **Übernahme des Bonitätsrisikos**
Durch die Abführung der Liquidität an die Muttergesellschaft entsteht das Risiko, dass die Muttergesellschaft die Mittel nicht mehr zurückzahlen kann.

- **Entzug benötigter Liquidität**
Beim Cash-Management besteht stets die Gefahr, dass nicht nur überschüssige Liquidität freiwillig abgeführt wird, sondern darüber hinaus der abführenden Gesellschaft sinnvoll verwendbare Mittel entzogen werden.

- **Gefährdung einer eigenständigen Liquiditätsversorgung**
Die zentrale Unternehmensfunktion »Finanzierung« wird aufgegeben und ganz der Muttergesellschaft überlassen; eigenständige Bankverbindungen gibt es nicht mehr.

- **Nicht marktgerechte Konditionen**
Die Habenzinsen sind zu niedrig oder die Sollzinsen zu hoch angesetzt worden.

8.4.3   Haftungsgefahren für den Geschäftsführer
8.4.3.1   Verstoß gegen den Kapitalbindungstatbestand

Eine Unterbilanz liegt dann vor, wenn das Aktivvermögen der Gesellschaft die Summe der auf der Passivseite ausgewiesenen echten Passiva und der Stammkapitalziffer nicht mehr abdeckt. Würde man diese streng bilanzielle Betrachtungsweise durchhalten, bedeutete dies für Darlehen der Gesellschaft an einen Gesellschafter, dass eine Auszahlung nur dann vorliegt, wenn der Bilanzansatz des Rückzahlungsanspruchs bei ordnungsgemäßer Bilanzierung nicht dem Betrag der Minderung der Aktiva aufgrund der Auszahlung entspricht. Ansonsten ändert sich der Wert des Vermögens nicht, sondern nur dessen Zusammensetzung: Eine Geldforderung gegen die eigene Bank wird durch eine Forderung gegen die Muttergesellschaft ausgetauscht. Eine Auszahlung i.S.d. § 30 Abs. 1 GmbHG könnte demnach bei der Darlehensgewährung nur dann vorliegen, wenn der Darlehensrückzahlungsanspruch gefährdet und daher nicht mehr vollwertig ist.

Streng bilanzielle Betrachtungsweise

Jedenfalls in diesem Fall gilt: führt bei Eintritt einer Unterbilanz bei der Tochtergesellschaft und bei gleichzeitigem Eintritt der Krise bei der Muttergesellschaft die Tochtergesellschaft ihre Liquidität aufgrund eines vereinbarten Cash-Managements an die Muttergesellschaft ab, liegt ein Verstoß gegen § 30 Abs. 1 GmbHG vor, für den der Geschäftsführer gem. § 43 Abs. 1, Abs. 3 GmbHG haftet.

Fraglich ist, ob dies auch gilt, wenn der Darlehensrückzahlungs-anspruch vollwertig ist, also außerhalb der Krise der Muttergesellschaft. Nach der soeben dargestellten streng bilanziellen Betrachtungsweise liegt an sich eine »Auszahlung i.S.d. § 30 Abs. 1 GmbHG nicht vor. Dieser streng bilanziellen Betrachtungsweise hat der Bundesgerichtshof eine Absage erteilt.

Beispiel: BGH, Urteil vom 24.11.2003, BGHZ 157, 72

»Kreditgewährungen an Gesellschafter, die nicht aus Rücklagen oder Gewinnvorträgen, sondern zu Lasten des gebundenen Vermögens der GmbH erfolgen, sind auch dann grundsätzlich als verbotene Auszahlung von Gesellschaftsvermögen zu bewerten, wenn der Rückzahlungsanspruch gegen den Gesellschafter im Einzelfall vollwertig sein sollte.«

Erhaltung einer die Stammkapitalziffer deckenden Haftungsmasse

Der Bundesgerichtshof hat sich damit von der streng bilanziellen Betrachtungsweise gelöst und argumentiert, dass sich der Kapitalschutz nicht in einer Garantie der bilanziellen Rechnungsziffer erschöpfe, sondern die Erhaltung einer die Stammkapitalziffer deckenden Haftungsmasse erfordere. Übertragen auf die Situation im Cash-Pool bedeutet dies, dass es zu einer Kreditgewährung der Tochtergesellschaft an die Mutter nicht kommen darf, soweit durch die Auszahlung das Gesellschaftsvermögen in Höhe der Stammkapitalziffer angegriffen wird; die Aktivierung des Darlehensrückzahlungsanspruchs macht diese Auszahlung nicht zulässig. Nicht entschieden ist vom Bundesgerichtshof damit der Fall, in dem das Stammkapital durch Gesellschaftsvermögen voll gedeckt ist und ein Kontoguthaben der Tochtergesellschaft besteht, aus dem sie ein Darlehen an die Muttergesellschaft ausreicht. Es sind keine Gründe ersichtlich, warum in diesem jenseits der durch die §§ 30, 31 GmbHG gezogenen Grenze liegenden Fall ein werthaltiger Anspruch gegen die Muttergesellschaft nicht aktivierungsfähig sein sollte und damit zum bilanziellen Ausgleich anderer Verbindlichkeiten der Tochtergesellschaft dienen kann; denn hier ist nicht nur die bilanzmäßige Rechnungsziffer garantiert, sondern auch die Stammkapitalziffer deckende Haftungsmasse vorhanden.

Beispiel:

Bei der Tochtergesellschaft T-GmbH ist das Stammkapital von 50 T€ vollständig durch das Gesellschaftsvermögen gedeckt; die T-GmbH hat darüber hinaus ein Kontoguthaben bei der Hausbank B, das regelmäßig zwischen 70 T€ und 100 T€ schwankt. Aufgrund der Cash-Pool-Vereinbarung mit der Muttergesellschaft M-GmbH führt die T-GmbH ihr Kontoguthaben bis zu einem Sockelbetrag von 30 T€ darlehensweise an die Muttergesellschaft M-GmbH ab.

Zusammenfassend ist festzuhalten: Angesichts der Entwicklung der Rechtsprechung gilt für den Geschäftsführer, dass er im Rahmen des Cash-Managements Darlehen an die Muttergesellschaft nur ausreichen darf, wenn das Stammkapital der Tochtergesellschaft durch Gesellschaftsvermögen voll gedeckt ist und die Tochtergesellschaft ein Kontoguthaben unterhält, aus dem das Darlehen ausgereicht werden kann.

8.4.3.2 Haftung wegen existenzvernichtenden Eingriffs

Die Rechtsprechung hat dem Vermögensschutz durch § 30 GmbHG durch das Institut des »Verbots des existenzvernichtenden Eingriffs« einen Schutz der Liquidität der Gesellschaft bzw. einen Schutz der Gesellschaft vor Illiquidität zur Seite gestellt (s. Teil 1, Kap. 6.3). Voraussetzungen dieser Haftung wegen existenzvernichtenden Eingriffs sind:

Der existenzvernichtende Eingriff

- pflichtwidriger Eingriff des Gesellschafters in das Gesellschaftsvermögen unter Außerachtlassung der gebotenen angemessenen Rücksichtnahme auf die Erhaltung der Fähigkeit der Gesellschaft zur Bedienung ihrer eigenen Verbindlichkeiten und damit die Zweckbindung des Gesellschaftsvermögens zu Gunsten der Gläubiger in einem ins Gewicht fallenden Maße,
- eine dadurch bedingte, ins Gewicht fallende Beeinträchtigung der Fähigkeit der GmbHG, ihre Verbindlichkeiten ganz oder teilweise zu erfüllen, die regelmäßig in die Insolvenz der Gesellschaft mündet, und
- die Unmöglichkeit des Ausgleichs des zugefügten Nachteils nach den §§ 30, 31 GmbHG.

Führt also das Cash-Management dazu, dass durch den Abzug der Liquidität bei der Tochtergesellschaft deren Insolvenz herbeigeführt wird, ist neben der Haftung des Geschäftsführers der Muttergesellschaft eine Haftung auch des Geschäftsführers der Tochtergesellschaft denkbar: Dieser darf die existenzvernichtenden Weisungen der Muttergesellschaft nicht befolgen und die Liquidität nicht mehr an diese abführen; tut er es dennoch, kommt eine persönliche Haftung gem. § 43 Abs. 1, Abs. 3 GmbHG in Betracht. Daneben besteht die Gefahr, dass sich die Geschäftsführer sowohl der Mutter- als auch der Tochtergesellschaft strafrechtlich wegen Untreue (§ 266 StGB) verantworten müssen und damit auch zivilrechtlich gem. §§ 823 Abs. 2, 830 BGB i.V.m. § 266 StGB in die persönliche Haftung geraten.

Beispiel: BGH, Urteil vom 17.09.2001, NJW 2001, 3622 (»Bremer Vulkan«)

Der Schutz einer abhängigen GmbH gegen Eingriffe ihres Alleingesellschafters folgt nicht dem Haftungssystem des Konzernrechts des Aktienrechts (§§ 291 ff., 311 ff. AktG), sondern ist auf die Erhaltung ihres Stammkapitals und die Gewährleistung ihres Bestandsschutzes beschränkt, der eine angemessene Rücksichtnahme auf die Eigenbelange der GmbH erfordert. An einer solchen Rücksichtnahme fehlt es, wenn die GmbH infolge der Eingriffe ihres Alleingesellschafters ihren Verbindlichkeiten nicht mehr nachkommen kann.

Lösung:

Veranlasst der Alleingesellschafter die von ihm abhängige GmbH, ihre liquiden Mittel in einen von ihm beherrschten konzernierten Liquiditätsverbund einzubringen, trifft ihn die Pflicht, bei Dispositionen über ihr Vermögen auf ihr Eigeninteresse an der Aufrechterhaltung ihrer Fähigkeit, ihren Verbindlichkeiten nachzukommen, angemessene Rücksicht zu nehmen und ihre Existenz nicht zu gefährden. Kommt er dieser Verpflichtung nicht nach, kann er sich eines Treubruchs i.S.d. § 266 Abs. 1 StGB schuldig machen.

8.4.4 Vermeidung der Haftung durch richtige Ausgestaltung des Cash-Managements

Sorgfältige
Vertragsgestaltung

Cash-Management-Systeme sind in der Praxis sinnvoll und rechtlich möglich, wenn sie als Instrument des Finanzmanagements und nicht des Krisenmanagements eingesetzt werden. Eine risikomindernde, sorgfältige Vertragsgestaltung sollte dabei folgende Punkte beachten:

- **Transparenz und vollständige Dokumentation**
  Sämtliche Zahlungsvorgänge müssen detailliert aufgezeichnet werden.
- **Installierung eines Frühwarnsystems**
  Erforderlich sind kurzfristige Kündigungsmöglichkeiten bei Auftreten von wirtschaftlichen Schieflagen und die Schaffung von ausreichenden Informationsmöglichkeiten zur effektiven Ausübung von Kündigungsrechten.
- **Verhaltenspflichten**
  Die Darlehensvergabe von der Tochter- an die Muttergesellschaft ist an bestimmte Vorgaben und Auflagen zu knüpfen (Maximalbeträge, ausreichende Bonität des Darlehensnehmers).
- **Vertragliche Bestimmungen zum Schutz des Kapitals und der Liquidität**
  Die Cash-Management-Vereinbarung sollte vorsehen, dass Mittel, die zur Erhaltung des Stammkapitals gem. § 30 GmbHG erforder-

lich sind, nicht abzuführen sind. Gleiches gilt für Mittel, deren Abzug die Existenz der Gesellschaft gefährden würde. Darüber hinaus ist ein sofortiges Kündigungsrecht für den Fall des Eintritts der Krise bei der Muttergesellschaft vorzusehen.

- **Separate Behandlung von Sockelbeträgen**
  Von der Gesellschaft dauerhaft benötigte Beträge (Sockelbeträge) sollten nicht von der Cash-Management-Vereinbarung erfasst werden. Der Gesellschaft sollte ein Mindestmaß an frei verfügbarer Liquidität zugestanden werden.

Ein zentralisiertes Cash-Management kann nur mit einer aktuellen und umfassenden Liquiditätsplanung des Gesamtkonzerns einhergehen. Die Konzernleitung hat nicht nur einen konsolidierten Liquiditätsplan des Gesamtkonzerns zeitnah aufzustellen und gleichermaßen zeitnah zu aktualisieren; unerlässlich ist auch, dass die einzelnen Liquiditätspläne der in das Cash-Management einbezogenen Konzerngesellschaften zeitnah aufgestellt und zeitnah aktualisiert werden sowie unverzüglich zur Kenntnis der Konzernleitung gelangen.

Checkliste

Haftungsgefahren für den Geschäftsführer im Zusammenhang mit Management Buy-Out und Cash-Management

✔ Die beim Management Buy-Out in der Praxis übliche Besicherung der Darlehen an die Gesellschafter aus dem Gesellschaftsvermögen kann nach einer vordringenden Auffassung an § 30 Abs. 1 GmbHG zu messen sein und daher Rückzahlungsansprüche gegen den Geschäftsführer gem. § 43 Abs. 1, Abs. 3 GmbHG auslösen.

✔ Beim Cash-Management droht dem Geschäftsführer die Haftung wegen Verstoßes gegen den Kapitalbindungstatbestand sowie wegen Mitwirkung beim sog. existenzvernichtenden Eingriff.

✔ Durch die richtige Vertragsgestaltung können die Haftungsgefahren des Cash-Managements minimiert werden.

Glossar

Altgläubiger
Gläubiger, der zum Zeitpunkt des Eintritts der Insolvenzreife bereits Forderungen gegen die Gesellschaft hatte, also zu einem Zeitpunkt Gläubiger geworden ist, zu dem das Unternehmen noch nicht insolvenzreif war.

Abberufung
Beendigung einer Organstellung.

Absonderung
Geltendmachung der vorzugsweisen Befriedigung aus einem zur Masse gehörenden Gegenstand.

Actio pro socio
Klageweise Geltendmachung eines Rechts der Gesellschaft im eigenen Namen des Gesellschafters.

Akzessorietät, akzessorische Haftung
Der Umfang der eigenen Haftung hängt von einer anderen Verbindlichkeit ab. Typisches Beispiel ist die Haftung des Bürgen, die sich nach dem jeweiligen Bestand der gesicherten Hauptverbindlichkeit richtet (§ 767 BGB).

Anfechtung
a) Zivilrechtlich: rückwirkende Vernichtung einer Willenserklärung (§§ 119 ff., 2078 BGB);
b) Insolvenzrechtlich: Rückabwicklung einer für die Gläubiger nachteiligen Rechtshandlung;
c) Gesellschaftsrechtlich: Vernichtung eines wirksamen aber fehlerhaften Gesellschafterbeschlusses.

ARGE = Arbeitsgemeinschaft
Zusammenschluss von mindestens zwei (Bau-)Unternehmen zur gemeinsamen Auftragserfüllung; BGB-Gesellschaft.

Aschenputtel-GmbH
Von Anfang an unterkapitalisierte Gesellschaft, die nicht in der Lage ist, die absehbaren Risiken ihres Geschäftsbetriebes zu bestehen und ihre entsprechenden Verbindlichkeiten zu erfüllen (OLG Düsseldorf, Urteil vom 26.10.2006 – I-6 U 248/05, ZIP 2007, 227).

Auflösung
Beginn der Liquidation von Gesellschaften; die aufgelöste Gesellschaft besteht bis zur Beendigung weiter.

Aussonderung
Geltendmachung der Nichtzugehörigkeit eines Gegenstands zur Insolvenzmasse.

Baubuch
Die Dokumentation der ordnungsgemäßen Verwendung von Baugeld, insbesondere die Aufzeichnung der auf jede Forderung geleisteten Zahlung und die Zeit der Zahlung.

Baugeld
Mittel, die mit grundpfandrechtlich gesicherten Darlehen aufgenommen werden und zur Begleichung der Baukosten gedacht sind.

Bestellung
Berufung zum Organ der Gesellschaft.

Beweislast
Risiko der Nichtbeweisbarkeit eines Umstandes im Prozess. Grundsätzlich trägt jede Partei die Beweislast für die Voraussetzungen der ihr günstigen Norm.

BGB-Gesellschaft
Personengesellschaft (§§ 705 ff. BGB); unbeschränkte Haftung der Gesellschafter, denen Geschäftsführung und Vertretung grds. gemeinschaftlich zusteht.

Bilanz
Das Verhältnis des Vermögens und der Schulden darstellender Abschluss (§ 242 HGB).

Bilanzielle Überschuldung
Überschuldung nach fortgeführten Buchwerten, in der Handelsbilanz in der Regel als »nicht durch Eigenkapital gedeckter Fehlbetrag« ausgewiesen.

Buchführungspflicht
Öffentliche Verpflichtung, welche die Aufzeichnung aller Geschäftsvorfälle, die Aufstellung der Eröffnungsbilanz, des Jahresabschlusses und des Lagebericht, die Erteilung des Auftrags für die Abschlussprüfung sowie die Pflicht zur Aufbewahrung aller relevanten Unterlagen umfasst.

Buchwert
Handelsbilanzieller Wertansatz auf Grundlage der handelsrechtlichen Vorschriften (s. auch Zeitwert).

Cash-Management
Verrechnungssystem für Konzerne, das dazu dient, einen Gesamtsaldo aus den Konten sämtlicher Konzernunternehmen zu bilden und damit einen optimalen konzerninternen Liquiditätsausgleich sicherzustellen.

Controlling
Steuerung des Unternehmens zur Erreichung der Ziele (strategisches Controlling) bzw. zur Einhaltung des Budgets (operatives Controlling).

Differenzhaftung
s. Unterbilanzhaftung.

D&O-Versicherung
Directors & Officers Liability Assurance, Haftpflichtversicherung für Mitglieder der Geschäftsführung und des Aufsichtsrats.

Drohende Zahlungsunfähigkeit
Zustand, bei dem der Schuldner voraussichtlich nicht in der Lage sein wird, seine bestehenden und künftigen Zahlungsverpflichtungen im Zeitpunkt der Fälligkeit zu erfüllen.

Due diligence
(englisch: Gebotene Sorgfalt) Prüfung eines Unternehmens, das verkauft werden soll oder Beteiligungskapital aufnehmen will: Der Interessent erhält Einblick in bestimmte vertrauliche Unterlagen des Unternehmens um sich einen Überblick zu verschaffen, was er eigentlich kaufen würde.

Fahrlässigkeit
Außerachtlassen der objektiv erforderlichen Sorgfalt.

Fortführungsprognose
Prognose zum zukünftigen Fortbestand des Unternehmens; die Fortführungsprognose ist Zahlungsfähigkeitsprognose und setzt eine nach betriebswirtschaftlichen Grundsätzen durchzuführende Ertrags- und Finanzplanung voraus.

Fortführungswert
Zeitwert eines Vermögensgegenstandes bei angenommener Fortführung des Unternehmens (»going concern«).

GbR
Gesellschaft bürgerlichen Rechts, BGB-Gesellschaft.

Gefährdungshaftung
Verschuldensunabhängige Haftung (Beispiel: ProdHaftG).

Gesellschaft bürgerlichen Rechts
BGB-Gesellschaft (§§ 705 ff. BGB).

Going concern
s. Fortführungswert.

Gründung
Abschluss des (GmbH-)Gesellschaftsvertrages.

Grundsatz der anteiligen Tilgung
Ertrags- und Verkehrssteuern sind in etwa gleicher Weise zu tilgen, wie die Forderungen anderer Gläubiger, wenn die Mittel zur Befriedigung sämtlicher Verbindlichkeiten nicht ausreichen.

Insolvenzgeld
Anspruch des Arbeitnehmers gegen die Bundesagentur für Arbeit bei Insolvenz des Arbeitgebers.

Insolvenzgründe
Voraussetzung für die Eröffnung des Insolvenzverfahrens; Insolvenzgründe sind Zahlungsunfähigkeit, drohende Zahlungsunfähigkeit und (bei juristischen Personen) Überschuldung.

Insolvenzverschleppung
Versäumung der Pflicht, nach Eintritt der Zahlungsunfähigkeit oder der Überschuldung un-

verzüglich, spätestens aber innerhalb von drei Wochen Antrag auf Eröffnung des Insolvenzverfahrens zu stellen.

Insolvenzverwalter
Durch den Insolvenzeröffnungsbeschluss eingesetzte Person, auf welche die Verwaltungs- und Verfügungsbefugnis des Insolvenzschuldners übergeht (s. auch vorläufiger Insolvenzverwalter).

Jahresabschluss
Bilanz und Gewinn- und Verlustrechnung bilden den Jahresabschluss (§ 242 Abs. 3 HGB), bei Kapitalgesellschaften ist noch ein Anhang erforderlich (§ 264 HGB).

Kausalität
Rechtlich beachtliche Ursächlichkeit (z. B. für einen Schaden).

Kommanditgesellschaft, KG
Personenhandelsgesellschaft, bei der die Gesellschafter unterschiedlich haften: die Komplementäre unbeschränkt, die Kommanditisten beschränkt auf ihre Einlage (§§ 161 ff. HGB).

Konkurs
Das frühere Konkursverfahren wurde mit der Einführung der Insolvenzordnung am 01.01.1999 abgeschafft und durch das Insolvenzverfahren ersetzt.

Körperschaft
Eine vom Wechsel ihrer Mitglieder unabhängige Vereinigung (Beispiel Verein: Der Verein selbst bleibt trotz Ein- und Austritten unverändert).

KonTraG
Gesetz zur Kontrolle und Transparenz im Unternehmen.

Kreditunwürdigkeit
Zustand, wenn die Gesellschaft zu marktüblichen Bedingungen am freien Kapitalmarkt ein Darlehen nicht erhalten kann.

Krise
Zustand eines Schuldners oder schuldnerischen Unternehmens, der seine Lebensfähigkeit in Frage stellt, das heißt seine Existenz bedroht.

Legalzession
Gesetzlicher Forderungsübergang, z. B. nach § 67 VVG.

Limited (Ltd.)
Abkürzung für Private Limited Company, eine Kapitalgesellschaft englischen Rechts.

Liquidation
Abwicklung einer aufgelösten Gesellschaft (Beendigung der Geschäfte, Einziehung der Forderungen, Umsetzung des Vermögens in Geld, Tilgung der Verbindlichkeiten, und Verteilung des verbleibenden Überschusses an die Gesellschafter).

Liquidationswert
s. Zerschlagungswert.

Management Buy-Out (MBO)
Erwerb des Unternehmens durch die leitenden Mitarbeiter.

Neugläubiger
Diejenigen Gläubiger, die erst nach dem Zeitpunkt, zu dem der Insolvenzantrag pflichtgemäß hätte gestellt werden müssen, Gläubiger des Unternehmens geworden sind.

Offene Handelsgesellschaft, OHG
Personenhandelsgesellschaft (§§ 123 ff. HGB); unbeschränkte Haftung der Gesellschafter, die grds. einzelvertretungsberechtigt sind (§ 125 HGB).

PLC
s. Limited.

Rangrücktrittserklärung
Erklärung, dass eine Forderung in den Rang hinter die Forderungen aller anderen Gläubiger der Gesellschaft zurücktritt und erst nach Befriedigung aller anderen Gläubiger aus zukünftigen Gewinnen nach Wiederherstellung des Kapitals bzw. aus einem zukünftigen Liquidationserlös oder aus anderen freien Vermögen zu bedienen ist.

Risiko-Management
Vorsorge gegen Gefahren, die den Erfolg des Unternehmens beeinträchtigen können.

Satzung
Gesellschaftsvertrag.

Schaden
Differenz zwischen dem tatsächlichen Vermögen und dem hypothetischen Vermögen ohne ein schädigendes Ereignis.

Schutzgesetz
Rechtsnorm, die den Schutz eines anderen bezweckt; die schuldhafte Verletzung eines Schutzgesetzes löst einen zivilrechtlichen Schadensersatzanspruch aus.

Stammkapital
Das bei der Gründung der GmbHG durch Einlagen der Gesellschafter aufzubringende Gesellschaftsvermögen.

Stille Reserve
Differenz zwischen dem handelsbilanziellen Buchwert eines Vermögensgegenstandes und dem höheren Zeit-/ Verkehrswert.

Subsidiarität
Eine gesetzliche Regelung ist nur dann anwendbar, wenn eine andere nicht greift.

Überschuldung
Zustand, bei dem das Vermögen des Schuldners nach Zeitwerten die bestehenden Verbindlichkeiten nicht mehr deckt.

Überschuldungsstatus
Vermögensstatus nach Zeitwerten, in dem die Aktiva und Passiva der Gesellschaft einander gegenübergestellt werden.

Unechte Vor-GmbH
Trotz Abschluss eines GmbH-Gesellschaftsvertrages wegen Fehlens/Aufgabe der Eintragungsabsicht keine Vor-GmbH, sondern eine BGB-Gesellschaft.

Unterbilanz
Zustand, bei dem das Reinvermögen nach Buchwerten die Stammkapitalziffer nicht erreicht.

Unterbilanzhaftung
Haftung für die Differenz zwischen nominalem und tatsächlichem Stammkapital im Zeitpunkt der Eintragung der GmbH im Handelsregister (auch Differenz- oder Vorbelastungshaftung).

Verfall
Staatliche Einziehung des aus einer Straftat Erlangten (§ 73e StGB).

Verkehrssicherungspflicht
Handlungspflicht, Dritte gegen Gefahren aus der eigenen Sphäre durch geeignete Maßnahmen abzusichern.

Verlustdeckungshaftung
Haftung für Verluste der Vor-GmbH, wenn diese nicht ins Handelsregister eingetragen wird.

Vermögensstatus
s. Überschuldungsstatus.

Vorbelastungshaftung
s. Unterbilanzhaftung.

Vorgesellschaft (Vor-GmbH)
Gesellschaft im Zeitraum zwischen Abschluss des Gesellschaftsvertrages und Eintragung im Handelsregister (s. auch unechte Vor-GmbH).

Vorgründungsgesellschaft
Zusammenschluss von Personen mit dem Ziel, eine GmbH zu gründen.

Vorläufiger Insolvenzverwalter
Im Insolvenzeröffnungsverfahren eingesetzter Gutachter, der die Insolvenzmasse zu sichern und zu erhalten hat: der vorläufige Insolvenzverwalter ist gerade noch nicht der eigentliche Insolvenzverwalter, kann also in der Regel (als schwacher Verwalter im Gegensatz zum eher seltenen starken vorläufigen Verwalter) noch keine verbindlichen Erklärungen für die Zeit nach Eröffnung des Insolvenzverfahrens abgeben.

Vorstand
Organ eines Vereins oder einer Aktiengesellschaft.

Zahlungsunfähigkeit
Zustand, in dem die Gesellschaft nicht in der Lage ist, ihre fälligen Zahlungspflichten zu erfüllen.

Zeitwert
Tatsächlicher Marktpreis eines Vermögensgenstands (s. auch Buchwert).

Zerschlagungswert
Zeitwert eines Vermögensgegenstands bei angenommener Stilllegung des Unternehmens (»Liquidation«).

Literaturverzeichnis

Baumbach/Hueck: GmbH Gesetz, Kommentar, 17. Auflage, 2000

Baumbach/Hopt: Handelsgesetzbuch, Kommentar, 31. Auflage, 2003

Becksches Handbuch der GmbH, 3. Auflage, 2002

Dierksmeier, Jochen: Die englische Limited in Deutschland – Haftungsrisiko für Berater, BB 2005, 1516 ff.

Geißler, Markus: Strittige Restanten bei der Haftung des GmbH-Geschäftsführers aus culpa in contrahendo, ZIP 2001, 2184 ff.

von Gerkan/Hommelhoff (Herausgeber): Handbuch des Kapitalersatzrechts, 2. Auflage, 2002

Götker, Uwe: Der Geschäftsführer in der Insolvenz der GmbH, 1999

Goette, Wulf: Aus der neueren Rechtsprechung des BGH zum GmbH-Recht, ZIP 2005, 1481 ff.

Hommelhoff/Goette/Kleindiek: Eigenkapitalersatzrecht in der Praxis, 3. Auflage, 2003

Just, Clemens: Die englische Limited in der Praxis, 2005

Keller, Richard: Unternehmenssanierung, 1999

Keitsch, Detlev: Risikomanagement, 2007

Kiethe, Kurt: Persönliche Haftung von Organen der AG und der GmbH – Risikovermeidung durch D&O Versicherung, BB 2003, 537

Lutter/Hommelhoff: GmbH Gesetz, Kommentar, 15. Auflage, 2000

Lutter/Scheffler/Schneider: Handbuch der Konzernfinanzierung, 1998

Maurer, Frank: Untreue bei der juristischen Person unter besonderer Berücksichtigung des Eigenkapital-(ersatz-) rechts, GmbHR 2004, 1549 ff.

Meyke, Rolf: Die Haftung des GmbH-Geschäftsführers, 4. Auflage, 2004

Müller-Gugenberger/Bieneck: Wirtschaftsstrafrecht, 3. Auflage, 2000

Münchener Handbuch des Gesellschaftsrechts, Bd. 3, GmbH, 2. Auflage, 2003

Münchener Kommentar zur Insolvenzordnung, Kommentar, 2001

Obermüller, Manfred: Insolvenzrecht in der Bankpraxis, 6. Auflage, 2002

Oppenländer/Trölitzsch: Praxishandbuch der GmbH-Geschäftsführung, 2004

Palandt, Otto: Bürgerliches Gesetzbuch, Kommentar, 64. Auflage 2005

Roth/Altmeppen: GmbH Gesetz, Kommentar, 4. Auflage, 2002

Rowedder/Schmidt-Leithoff: GmbH Gesetz, Kommentar, 4. Auflage, 2002

Schmidt, Karsten: Gesellschaftsrecht, 4. Auflage, 2002

Schmidt, Karsten/Uhlenbruck: Die GmbH in Krise, Sanierung und Insolvenz, 2. Auflage, 1999

Scholz, Franz: GmbH Gesetz, Kommentar, 9. Auflage, 2002

Schultze, Thilo: Die Änderung des Firmennamens bei drohender Insolvenz, DZWiR 2005, 56 ff.

Schulz, Jörn-Christian: Kommentar zum BGH vom 17.2.2003 – II ZR 281/00 GmbHR 2003, 468 f.

Schulze-Hagen, Alfons: Schadensersatz bei zweckwidriger Verwendung von Baugeld, NJW 1996, 2403

Sernetz/Haas: Kapitalaufbringung und -erhaltung in der GmbH, 2003

Simon/Leuering: Der existenzvernichtende Eingrif – eine Bestandsaufnahme, NJW-Spezial, 2005, 267

Uhlenbruck, Wilhelm: Insolvenzordnung, Kommentar, 12. Auflage, 2003

Vetter, Jochen: Rechtliche Grenzen und praktische Ausgestaltung von Cash-Management-Systemen, in: Gesellschaftsrechtliche Vereinigung (Gesellschaftsrecht in der Diskussion 2002)

Wabnitz/Janovsky: Handbuch des Wirtschafts- und Steuerstrafrechts, 2. Auflage 2004

Wilken, Oliver: Cash-Management und qualifiziert faktische Konzernierung, DB 2001, 2338

Zöller, Richard: Zivilprozessordnung, Kommentar, 24. Auflage 2005

Stichwortverzeichnis

A

Abberufung des Geschäftsführers 22
Ablauf einer Umwandlung 13
Absolute Rechte 97
Abspaltung 15
Abwehrstrategien, ungeeignete 180
Actio pro socio 50
Aktiengesellschaft 6
Altersteilzeit-Wertguthaben 210
Altgläubiger 174
Altlasten 139
Amtsniederlegung 180, 182, 185
Anfechtungsklage 76
Angaben auf Geschäftsbriefen 100
Anstellungsverhältnis 18, 23
Anstellungsvertrag 44
Anteilige Haftung 36
Antiterror-Verordnungen 141
Arbeitnehmer 18
Arbeitnehmer-Sozialversicherungsbeiträge,
   Nichtabführen von 136
Arbeitnehmerähnlicher Selbständiger 19
Arbeitnehmeranteil zur Sozialversicherung
   201 f., 204 f.
Aufgelöste Gesellschaft 49
Auflösung der Vorgründungsgesellschaft
   durch GmbH-Gründung 32
Aufsichtsrat 27
Aufsichtsrat, fakultativer 27
Aufsichtsrat, obligatorischer 27
Aufspaltung 15
Ausgliederung 15
Ausscheiden aus einer Kapitalgesellschaft 12
Ausscheiden aus einer Personengesellschaft 12
Ausscheiden eines Gesellschafters 12
Außenwirtschaft 141

B

Bankrott 199
Bankrottdelikt 184
Bareinlage 34
Baubuch 209, 213

Baugeld 66, 206 ff.
Baugeldempfänger 207, 209
Baugeldverwendungspflicht 208
Beherrschungs- und
   Gewinnabführungsverträge 26
Bestechlichkeit 68, 136
Bestechung 67, 136
Bestellung des Geschäftsführers 18, 47
Betriebsaufspaltung 220
Betriebshaftpflichtversicherung 143 f.
Betrug 128
Betrug und Untreue 101
Beweislast 80, 96, 112, 115
BGB-Gesellschaft 6, 30
Bilanzfälschung 127
Bremer Vulkan 108, 234
Buchführung 56, 106, 134
Buchführungspflicht 198 f., 201
Buchführungspflicht, Verletzung der 198
Buchführung und Bilanzierung 126
Buchwert 162, 186

C

Cash-Management 226, 230, 233 f.
Cash-Pooling 230
Corporate Governance 61
Corporate Opportunity 63
Culpa in contrahendo (c.i.c.) 87

D

D&O-Versicherung 143
Debitorenmanagement 65
Differenzhaftung 35
Dispositive Zuständigkeit 26
Dokumentation 60, 134
Dreiwochenfrist 169, 183, 205
Drohende Zahlungsunfähigkeit 167
Durchgriffshaftung 104

E

Eigeninteresse 93
Eigenkapital 216

Eigenkapitalersetzende
  Gesellschafterleistungen 212
Eigenkapitalersetzende Sicherheiten 218
Eigentumsvorbehalt 64
Embargo 141
Entlastung 74
Entlastung und Generalerledigung 25
Entstehung 29
Entstehung der Körperschaft 7
Erhaltung von Stammkapital 227, 234
Ermessensspielraum 57, 59, 67
Existenzgefährdung 57, 109
Existenzvernichtender Eingriff 108
Exportkontrolle 141

F
Fehlbetragshaftung 34
Finanzierungsfolgenverantwortung 215, 217
Firmenbestattung, gewerbliche 180, 183, 185
Formelle Unterkapitalisierung 226
Formwechsel 16
Fortführungsprognose 160 f., 168
Fortführungswert 157, 160, 162, 170
Freiwerden aus der Sicherheit 219
Frühwarnsystem 149

G
GbR mbH 11
Gefährdungshaftung 114
Generalerledigung/Generalbereinigung 77
Generalverantwortung 73
Gerätesicherheitsgesetz (GSG) 116
Gesamthandsgemeinschaft 9
Gesamtschuldner 96
Gesamtschuldnerische Haftung 84
Geschäfts- und Betriebsgeheimnis 136
Geschäftsführer, faktischer 83, 170
Geschäftsführer der GmbH & Co. KG 85
Geschäftsführung 9
Gesellschaft bürgerlichen Rechts 6
Gesellschafterbeschluss 49, 51, 79
Gesellschafterdarlehen 212, 216 f.
Gesellschafterhilfe 215
Gesellschafterversammlung 25, 62, 74
Gesellschaftsvermögen 9
Gesellschaftsvertrag 7, 29
Gesetz gegen den unlauteren Wettbewerb
  (UWG) 118
Gesetz über die elektromagnetische
  Verträglichkeit von Geräten (EMVG) 116
Going-concern 161
Grundsatz der anteiligen Tilgung 192, 194 f.
Grundsatz der Finanzierungsfreiheit 212

Grundstrukturen 5
Gründung 7, 29
Gründungsaufwand 34 f.

H
Haftung, Beginn und Ende 47
Haftung der Mitgesellschafter 111
Haftung des Fremdgeschäftsführers 113
Haftung des Geschäftsführers gegenüber den
  Gesellschaftern 44
Haftung gegenüber der Gesellschaft 171
Haftung gegenüber Dritten 87, 174
Haftungsausschluss 50
Haftungsbescheid 195
Haftungsbeschränkung 3, 11, 30, 50, 78
Haftungsbeschränkung bei der
  Personengesellschaft 10
Haftungsgefahren für den Geschäftsführer
  231
Haftungsquote 193
Haftungsrisiken des Geschäftsführers 224
Haftungsrisiko 59
Haftungsumfang 112, 192
Haftung wegen existenzvernichtenden
  Eingriffs 233
Handelndenhaftung 38, 41
Handelsbilanz 157, 169, 186
Handelsgesellschaft 12
Handelsregister 7

I
Insolvenzanfechtung 76
Insolvenzantrag 21
Insolvenzantrag, verfrühter 178
Insolvenzantragspflicht 152, 171, 179 f.
Insolvenzantragstellung 171, 177 f.
Insolvenz der Gesellschaft 110
Insolvenzforderung, nachrangige 222 f.
Insolvenzgeld 20
Insolvenzgläubiger, nachrangige 217
Insolvenzgründe 152 f., 169, 188
Insolvenzverschleppung 137, 152, 177, 181,
  184
Insolvenzverwalter 48
Instrumentarien zur Krisenfrüherkennung
  149
Intellectual Property 121
Internet-Domain 122
Irreführende Werbung 119, 137
Irrtum 130

J
Jahresabschluss 66, 127

K

Kapitalausstattung 57
Kapitalerhaltung bei Management Buy-Out
  und Cash-Management 226
Kapitalerhöhung 70
Kapitalgesellschaft 5
Kaufmann 18, 90
Kausalität 81, 96
Kommanditgesellschaft 7, 51, 85
Komplementär-GmbH 51, 85
Körperschaften 6
Kostenkalkulation 57
Kreditbetrug 132
Kreditunwürdigkeit 148, 216
Kreditwürdigkeit 216, 220, 224
Krise 103, 148, 215 ff.
Krisenanzeichen 150
Krisenfrüherkennung 147 ff.
Krisenursachen 148
Kündigung des Geschäftsführers 23
Kündigungsfrist 23
Kündigungsfrist, Zwei-Wochen-Frist 23

L

Lebensmittel- und Bedarfsgegenständegesetz
  (LMBG) 117
Lebensmittelbuch 118
Lederspray-Fall 138
Legalzession 51
Limited (Ltd.) 5, 239
Liquidationswerte 160
Liquiditätslücke 155
Liquiditätsplan 156, 168 f., 235
Liquiditätsplanung 55, 156, 159
Lizenzanalogie 124
Lizenzvertrag 58
Lohnsteuer 194 f.

M

Management Buy-Out (MBO) 70, 227
Mannesmann-Urteil 134
Marke 121
Medizinproduktegesetz (MPG) 117
Missbrauch der Vertretungsmacht 20, 22

N

Neugläubiger 174 f., 178
Nichtabführung 136
Nichteinberufung der
  Gesellschafterversammlung 186
Niederlegung des Amts des Geschäftsführers
  24

O

Offene Handelsgesellschaft 6
Organe 5
Organisation 140
Organisation des Geschäftsbetriebes 98
Organisationsmangel 98
Organisationspflicht 54, 73
Organisation und Dokumentation 55

P

Patent und Gebrauchsmuster 122
Personen- und Sachschäden 144
Personengesellschaft 5
Personenhandelsgesellschaft 12
Persönliche Haftung des Geschäftsführers 124
Pflichten bei der Geschäftsführung 25, 48
Pflichten in der Krise 71
Prämienzahlung 134
Private Limited Company 239
Produkt- oder Umwelthaftung 144
Produktfehler 73, 114
Produkthaftung 58, 143
Produkthaftungsgesetz 114
Produktsicherheitsgesetz (ProdSG) 116
Prognosezeitraum 167
Prozessvertretung 79

Q

Qualitätssicherung 115
Quotenschaden 174

R

Rangrücktritt 222 f.
Rangrücktrittserklärung 163, 223
Rechtsfähigkeit 8
Rechtsfähigkeit der Kapitalgesellschaften 8
Rechtsformwechsel 180, 185
Rentabilität 57
Repräsentationsaufwand 133
Ressortaufteilung 72, 138, 190, 203
Ressortverteilung 190, 195
Richtigkeit der Bilanz 127
Risikogeschäft 57
Risikomanagement (KonTraG) 59
Rückgewähr von Eigenkapital 221
Rückstellung 60, 189
Rückzahlung 45

S

Sacheinlage, minderwertige 34
Sacheinlage, verdeckte 70
Satzungsänderung 22
Schmiergeld 67

Schutzgesetze 100, 198
Sittenwidrige Schädigung 101
Sittenwidrigkeit 101
Software 123
Sorgfaltspflicht 48, 52
Sozialversicherungsbeiträge 203, 205
Sozialversicherungspflicht 19
Sozialversicherungsträger 202, 204, 206
Spaltung 14
Spenden 67
Sphärenvermischung 106
Stammkapital 186, 226, 232
Stammkapitalhaftung der Gesellschafter 43
Stammkapitalziffer 231 f.
Statusfeststellung 20
Statutarisches Eigenkapital 212
Stehenlassen des Darlehens in der Krise 217
Steueranmeldung 190
Steueranspruch 189, 191
Steuererklärung 190
Steuergläubiger 192
Steuerhinterziehung 68, 141, 196
Steuerrecht 141
Steuerschulden 189, 192 f.
Steuerschulden, Haftung für 189
Steuerschuldverhältnis 189
Steuerverbindlichkeit 191
Steuerverkürzung 197
Stille Beteiligung 54
Stille Reserven 157, 165 f.
Störerhaftung 139
Strafrecht 126
Strohmann 83
Subsidiarität 112
Subventionsbetrug 131
Sweeping 230

T
Täterschaft durch Unternehmensleitung 130
Täuschung 128
Tilgungsbestimmung 202
Tilgungsquote 192
Trennungsprinzip 8, 33, 75, 104
Treuepflicht 52

U
Überlassungswürdigkeit 220
Überschuldung 54, 153, 156 f., 161, 163, 169,
    176, 178, 223 f.
Überschuldung, bilanzielle 176
Überschuldungsstatus 162, 168 f., 222 f.
Überschuldungsstatus unter
    Zerschlagungsgesichtspunkten 166

Überwachung 140
Überwachungspflicht 73
Umqualifizierung von Sicherheiten zu
    Eigenkapital 218
Umsatzsteuer 195
Umwandlung 12, 181
Umweltrecht 139
Umweltstrafrecht 140
Unechte Vorgesellschaft 40
Unerlaubte Handlung 96
Unmittelbare Rechtsgutverletzung 97
Unterbilanz 35, 224, 228, 231
Unterbilanzhaftung 35, 37
Unterkapitalisierung 107, 148
Unternehmensgegenstand 53
Unternehmenskennzeichen 122
Unternehmensverkauf 49
Unterschlagung 184
Untreue 22, 53, 59, 67, 69, 109, 114, 132
Unzumutbarkeit normgemäßen Verhaltens 204
Urheberrecht und Geschmacksmuster 123
US-Business Judgment Rule 61

V
Verfall 136
Verfall, § 73 StGB 68
Vergleichende Werbung 120
Verhaftung der Gesellschafterleistung
    als Eigenkapital 220
Verhaltensstörer 139
Verjährung 82
Verkehrssicherungspflicht 98
Verletzung von Schutzgesetzen 99
Verlustdeckungshaftung 35, 40, 42
Vermögensbetreuungspflicht 135
Vermögensstatus (Überschuldungsstatus) 156
Vermögensübertragung 15
Vermögensverfügung 130
Vermögensvermischung 105
Verschmelzung 13
Verschulden 72, 92, 97
Verschuldensmaßstab und
    Verschuldensvermutung 72
Verschwiegenheit (»due diligence«) 63
Versicherung 51
Vertragsverhandlungen (c. i. c) 87
Vertreter ohne Vertretungsmacht 31, 36, 95
Vertretung 9
Vertretung bei der Personengesellschaft 10
Vertretungsmacht 20, 95
Vor-GmbH 31
Vorbelastungsbilanz 37 f.
Vorbelastungshaftung 35

Vorenthalten und Veruntreuen von
 Arbeitsentgelt 184
Vorenthaltung von Sozialversicherungs-
 beiträgen 201
Vorgesellschaft (»Vor-GmbH«) 32
Vorgründungsgesellschaft 30
Vorleistungen/Kreditgeschäfte 64
Vorsatz 202

W

Weisungen der Gesellschafter 26, 54, 62
Weisungsabhängigkeit 19
Werktitel 122
Wettbewerbsrecht/Gewerbliche Schutzrechte
 118
Wettbewerbsverbot 63
Widersprechende Erklärungen 21
Wohnsitz 17

Z

Zahlung der Sozialversicherungsbeiträge 201
Zahlungsfähigkeitsprognose 161
Zahlungsstockung 154 f., 159
Zahlungsunfähigkeit 153 ff., 159, 169, 178
Zahlungsunfähigkeit, drohende 153, 167, 169
Zahlungsunfähigkeit, Feststellung der 155
Zahlung vor Fälligkeit 53
Zeichnung der Liquidatoren 101
Zeitwert 157
Zerschlagungswert 157
Zuständigkeit der Gesellschafter 26
Zustandsstörer 139
Zustimmungsvorbehalt 62
Zwei-Wochen-Frist (Kündigung) 23
Zwischenbilanz 186